产业体系重构视角下的东北振兴问题研究

NORTHEAST CHINA

STUDY ON THE REVITALIZATION OF NORTHEAST CHINA FROM THE PERSPECTIVE OF RESTRUCTURING OF INDUSTRIAL SYSTEM

图书在版编目（CIP）数据

产业体系重构视角下的东北振兴问题研究/董静媚著. —北京：经济管理出版社，2019. 8
ISBN 978 - 7 - 5096 - 6615 - 9

Ⅰ. ①产…　Ⅱ. ①董…　Ⅲ. ①产业经济—区域经济发展—研究—东北地区
Ⅳ. ①F127. 3

中国版本图书馆 CIP 数据核字（2019）第 101248 号

组稿编辑：胡　茜
责任编辑：钱雨荷　胡　茜
责任印制：黄章平
责任校对：赵天宇

出版发行：经济管理出版社
（北京市海淀区北蜂窝 8 号中雅大厦 A 座 11 层　100038）
网　　址：www. E-mp. com. cn
电　　话：（010）51915602
印　　刷：北京晨旭印刷厂
经　　销：新华书店
开　　本：720mm × 1000mm /16
印　　张：14. 75
字　　数：264 千字
版　　次：2020 年 4 月第 1 版　2020 年 4 月第 1 次印刷
书　　号：ISBN 978 - 7 - 5096 - 6615 - 9
定　　价：69. 00 元

前　言

东北地区是我国重要的区域经济板块，是中国老工业基地最集中的区域。改革开放以来，在计划经济体制向市场经济体制转轨的过程中，东北开始出现经济衰退迹象，尤其是在进入20世纪90年代以后，东北地区的发展衰落更加明显，产生了“东北现象”。2003年中央开始实施东北振兴战略以后，东北地区经济一度以高于全国平均水平的态势快速增长。但从2012年以来，在全球经济危机和国内经济“三期叠加”的错综复杂环境下，东北经济增长速度在全国各省份排名中开始持续垫底，出现了“断崖式”下滑，甚至出现负增长，整个东北地区重新陷入严重的发展困境，被称为“新东北现象”，引起政府和社会各界的关注。

本书认为，对新经济形势下的东北地区发展问题进行新的深入研究对于未来的东北振兴具有重要意义。本书通过从产业体系的视角对东北地区的问题进行较长历史时间跨度和多角度、多因素的深入研究和考察，对当前东北地区的产业体系衰退问题研究得到较深层次的理论认识；同时对如何重构产业体系以重建地区产业体系竞争力的问题进行研究，通过产业体系重构模式的理论分析和案例研究得出启示，并根据全书研究给出东北地区的产业体系重构思路。

本书主要分为五个部分，分别为框架构建、现状分析、实证研究、重构模式研究和东北重构思路。其中第一部分框架构建包括第一章和第二章，该部分提出论文研究的背景与意义，对东北老工业基地和国内外老工业区等相关文献进行回顾和评述，之后提出本书对东北地区关于产业体系视角的研究框架。

第二部分为第三章，通过较长历史时期的指标分析，对东北地区经济和产业发展历史与现状、产业结构演变历程进行研究，发现东北地区经济衰退明显等特征，并从内外因素角度对其经济衰退原因进行分析。

第三部分是实证部分，包括第四章至第六章，主要对东北地区的产业体系衰退情况和相关影响因素进行研究。其中第四章从产业体系的竞争力、产业体系的运行环境和集聚程度三方面对东北三省的产业体系时空特征进行研究，得出以下几方面结果：第一，无论是三大产业视角还是细分产业视角，1978～1993年东北三省的产业竞争力都呈逐渐下降的趋势，尤其是第二产业和第三产业。而1993～2015年，除吉林省的第二产业竞争力略有提升外，辽宁省和黑龙江省第二产业竞争力下滑的趋势不但没有得到扭转，反而加剧了，且辽宁省和黑龙江省第二产业竞争力下滑的幅度大于吉林省第二产业竞争力上升的幅度。第二，从产业的运行环境分析，东北城市运行情况并不乐观，一半左右的城市发展环境质量在全国平均水平之下，说明东北产业体系已经遭遇巨大的困难与挑战甚至开始陷入严重衰退的境地。第三，从全国范围的产业集聚程度视角分析，除第一产业的经济重心在1990～2014年向东北区域偏移了一些，第二产业和第三产业的经济重心都在偏离东北区域，其中第二产业的偏离幅度更大，另外，细分制造业的集聚程度变化也表明了东北三省的制造业地位逐渐弱化。因此，结合这三方面的研究，可以认为当前东北三省的产业体系已经面临极大的衰退风险。

第五章是产业结构变迁对东北经济增长的影响研究，本章先是对三大产业、九大行业、二十一个细分制造业的经济增长贡献率进行测算，测算结果显示，东北三省的第二产业、工业、部分制造业的经济增长贡献率大幅度下滑。之后为研究东北地区产业结构变迁与经济增长的关系，本章构建了产业结构服务化与合理化等用来衡量产业结构变迁的指标，并采取VAR模型对产业结构变迁与经济增长的关系进行研究，发现无论是协整检验、格兰杰因果检验还是脉冲响应结果都能证明东北地区的产业结构变迁对经济增长未起到积极促进作用，因此我们可以认为东北地区的产业结构变迁并不符合东北的发展利益，很可能是旧的优势产业逐渐衰亡而新的具有比较优势的产业没有及时形成的过程，也即东北地区的产业结构目前处于衰退阶段，而新的具有经济增长动力的产业体系与产业结构并没有形成。

第六章对产业结构变化的影响因素进行深入分析，主要从东北地区自身和全国整体层面两个思路进行全面研究。第一种思路是以东北三省的产业结构进行研究，通过对反映东北地区产业结构变化的产业结构服务化指标和制造业比重指标，采用灰色关联度方法对影响因素进行研究，得出何种因素在导致东北地区产业结构变化过程中发挥主要作用。第二种思路是考虑到东北三省作为我国区域经济的一部分，东北地区的产业结构变化同时会受到其他区域经济和产业结构变化的影响，因此产业全国空间布局发生变化的这个因素也成为东北地区产业结构变化发生的原因。由于从第四章和第五章的研究中已经得知东北地区的第二产业和制造业占全国的比重在下滑，因此这里通过研究全国层面制造业集聚程度变化的影响因素来为研究东北地区的产业结构变化影响因素提供参考，这一过程主要通过使用地理加权回归模型的方法进行整体、分区、分时间段的研究。

本章发现影响东北地区产业结构变化的因素构成复杂：一是因素的种类较多；二是不同因素在东北三省呈现不同的影响程度，同时东北地区产业结构变化的影响因素与东部、中部、西部地区的影响因素也不完全相同，比如平均规模经济水平、自然资源、市场化程度等变量；三是因素的影响程度在不同时间区间内也呈现不同的变化。复杂的因素影响结果证明东北地区产业结构和经济结构变化的复杂性。影响东北地区产业结构比较显著的因素主要包括：一是内部要素的结构因素方面，农业资源、自然资源、人力要素、资本要素等要素结构对东北地区的制造业结构产生重要影响；二是与外部的联系因素方面，交通条件、相对工资水平对东北地区的制造业集聚产生了负面影响，这可能是因为交通条件的改善和自身工资的相对降低极大地削弱了东北地区制造业的吸引力和外迁的难度；三是对全国和其他地区发挥作用的变量方面，对外开放变量、市场潜能、专利申请、市场化因素对东部、中部、西部与东北地区产业结构影响具备相似的地方，如对外开放对四大区域的制造业集聚确实存在比较显著的正面作用，但是东北地区制造业集聚受到对外开放因素的溢出效应更低，专利申请与市场化程度对其他三大区域的影响也存在相似之处，都能够在一定程度上提高制造业集聚程度，而东北地区则在这三个变量上表现并不显著；四是影响东北地区的特殊变量方面，平均规模经济水平对东北地区制造业集聚的影响是负的，与东部与中部地区截然不同，过高的国企比重可能导致了这一结果。

第四部分是第七章，由于前文发现东北地区的产业体系已经失去竞争力，因此振兴东北应该从重构东北地区的产业体系出发，重新培育具有竞争力的产业，本章通过案例研究的方式进行产业体系重构模式的研究，依据被重构产业在产业体系中发生变化的形式和特征界定了三种重构模式——从无到有式、从左到右式和从下到上式，并指出实践中需要灵活综合性应用。

第五部分是第八章，提出东北地区的产业体系重构思路。本书认为东北地区的产业体系重构思路应为立足原有工业基础和优势来进行竞争力提升，并立足当前产业技术革命和消费升级的阶段性特点充分挖掘自身禀赋条件和识别外部条件，发展更多具有竞争力的产业。同时要以产业重构为带动与根本，以城市定位与区域合作为空间引领，以企业运行环境改善为保障，以政策支撑为依托，从产业、空间、环境和政策支撑四个层面着手，通过多方配合，形成合力，促进东北地区的产业体系重新焕发活力，助力东北振兴早日实现。最后一章是对本书的总结，并指出本书的不足与未来研究方向。

本书聚焦于东北地区的产业体系问题进行研究，所做的工作和得到的结论具有如下几个创新点：第一，从产业体系视角对东北地区的问题展开全面研究，对产业体系现状、产业体系特征、产业结构与经济增长的关系、产业结构变化的影响因素、产业体系重构的模式特征、产业体系重构的支撑思路进行逻辑自洽的深入研究，提出具有针对性的产业重构思路。第二，对东北地区产业结构变化因素进行大量的方法分析，对影响东北地区产业结构变化的因素体系进行复合性分析，对影响因素的属性有了初步判断，为东北地区产业重构思路提供参考。第三，对东北振兴中的产业体系重构问题提出初步研究思路和建议。

本书也存在一些待改进之处，未来应当继续从更加细化的空间尺度和产业层次进一步丰富产业体系重构的理论和案例研究，进行更多实地调研以得到有针对性且更为细化的重构建议等，更大程度上提高研究的丰富性、理论指导性和实践意义。

目 录

第一章　引　言

本章提出本书的研究背景与意义，对相关文献进行综述，并提出本书的研究内容和方法等。

第一节　研究背景与意义

自 2003 年国家实施东北老工业基地振兴战略以来，东北地区的经济增长驶入了高速轨道。然而自 2012 年以来，东北三省经济再度遇到困境，“新东北现象”再次将人们的视野聚焦到东北振兴问题上来。要深入、全面地研究东北地区经济发展遇到的问题和形成机理，并找到合适的应对策略和发展路径事关东北老工业基地全面振兴这一艰巨而伟大的事业成功与否，具有重大的现实意义和影响。

一、研究背景

东北地区是我国重要的区域经济板块，是老工业基地最集中的地区，曾有“天下粮仓”“资源宝库”“中国现代工业摇篮”“共和国装备部”“共和国长子”之称等（张拓，2016）。它曾经是中国经济最发达的地区，从近代到改革开放中期，其经济总量和比重一直在全国领先。中华人民共和国成立之后东北地区为我国形成独立、完整的工业体系和国民经济体系作出了重大贡献，在很长一段时期里，东北地区在国家调控下大力支援全国的工农业发展和建设，在中国工业体系发展过程中起到了产业“母机”功能。

然而自改革开放以来，东北开始出现经济衰退迹象，尤其是在进入 20 世纪 90 年代以后，东北地区的发展在社会主义市场经济的大潮中渐显衰落，产生“东北现象”——工业增长停滞，企业亏损破产和工人失业问题严重，并引发一系列社会问题。为了提振东北经济发展，消除“东北现象”，2003 年中央正式启动实施东北老工业基地振兴战略。2003 年之后的十年间，东北地区经济以高于全国平均水平的态势快速增长：东北地区的 GDP 年均增速高达 12.7%，其中后五年高出全国近 3 个百分点（张占斌，2015）。振兴政策被普遍认为在助力东北地区经济社会发展方面发挥了重要作用，且取得了明显成效和阶段性成果。

然而自 2012 年以来，在国际经济复苏低迷和国内经济“三期叠加”（三期叠加指增长速度换挡期、结构调整阵痛期和前期刺激政策消化期）的错综复杂环境下，东北经济增长速度在全国各省份排名开始持续垫底，并出现“断崖式”下滑，甚至出现负增长，被称为“新东北现象”。在经济“新常态”的背景下，东北地区已经陷入发展困局，经济萧条的可能性逐渐增大。如图 1－1 所示，一方面，东北三省的经济增速自 2012 年至 2016 年一直处于大幅度下降的趋势中。吉林省 2012 年经济增速达到 12%，在 2013 年下降到 8.3%，2014 年下降到 6.5%，两年间经济增速几乎下降一半，黑龙江省的经济增速下降情况同样如此。辽宁省经济增长降速更为惊人，由 2012 年的 9.5% 下滑至 2015 年的 3%，2016 年经济增速为 －2.5%，全国罕见。因此从整体看，东北地区经济增速持续下降趋势已经非常明显。另一方面，东北三省的经济增速自 2014 年开始几乎全部低于全国平均增速水平，且三省中经济比重最大的辽宁省在 2016 年的经济增速是 －2.5%，经济总量已经出现萎缩，由此也可以得知东北三省自 2014 年以来在全国的经济比重中快速下降，“东北塌陷”问题再次凸显。

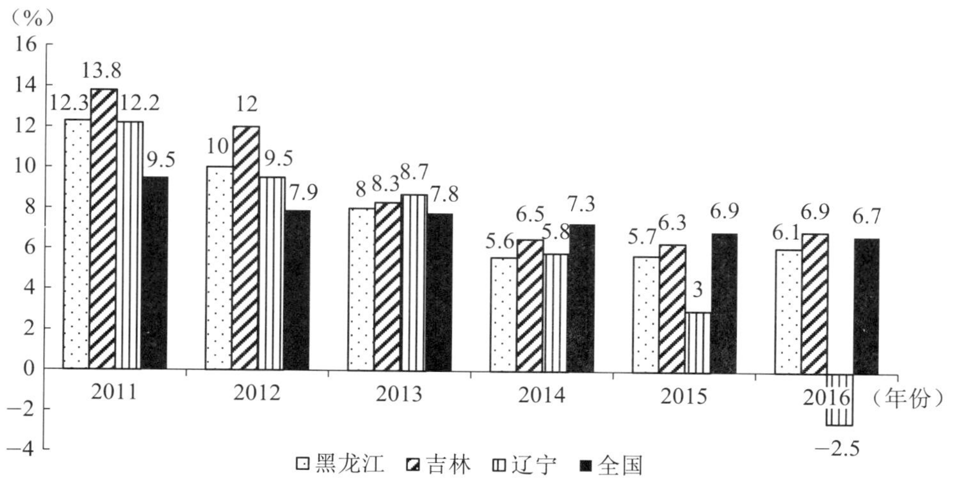

图 1－1　2011～2016 年东北地区经济增速与全国增速对比

资料来源：国家统计局及东北三省 2016 年统计公报。

东北遇到的发展问题引起党中央的高度关注，习近平总书记和李克强总理先后于2013年至2016年多次前往东北地区调研，同时国务院和党中央会议等多次研究出台东北地区振兴的指导意见和文件，如2016年11月，国务院发布关于东北振兴“十三五”规划的批复，同时发布《关于深入推进实施新一轮东北振兴战略部署加快推动东北地区经济企稳向好若干重要举措的意见》（以下简称《意见》），《意见》中所有相关发展和改革举措的具体实施和管理任务都部署详细的负责单位和部门。2017年3月，国务院办公厅发布《关于印发东北地区与东部地区部分省市对口合作工作方案的通知》，进一步通过与东部发达省份的对口合作试图创新东北地区改革发展的成效。以上种种表明党中央对目前陷入发展困境的东北地区高度重视。与此同时，诸多学者也从不同视角对东北发展问题进行全面分析，绝大部分研究的重点都集中于设计帮助东北走出发展困境的发展战略和政策上。

二、研究意义

本书的研究具备实践与理论层面的双重含义。

实践意义：东北地区是中华人民共和国工业的摇篮，是我国重要的工业与农业基地，拥有一批关系国家安全和国民经济命脉的战略性产业，曾是全国经济的重要增长极，在全国现代化建设中发挥了至关重要的作用，在国家发展全局中具有举足轻重的地位。2003年开始的东北振兴远未成功，当前的东北困境形势复杂，困难重重，但是时不我待，目前东北振兴已经到了“爬坡过坎、滚石下山”的突破阶段，对新经济形势下的东北振兴相关问题进行全局角度的深入研究，对实践工作具有重要意义。加快东北老工业基地全面振兴，是推进我国经济结构战略性调整、治理区域发展问题、促进区域协调发展的重大任务，是完善我国对外开放战略布局的重要部署，同时也是打造北方生态安全屏障的有力保障。东北振兴是一项伟大而艰巨的任务，不仅是经济问题，同时也是重大的政治问题和社会问题，关系到国家区域发展总体战略的实现，关系到我国边境和东北亚地区的安全稳定。

理论意义：老工业基地振兴也即衰退地区或称萧条区域振兴，是世界级普遍难题，也是经典的学术研究领域，欧美发达国家早年曾经有过长时期的治理经验和教训，也有丰富的学术研究成果。世界范围内，老工业基地陷入萧条的原因既有产业衰退和结构老化等共性规律可循，同时也受具体国情和区域发展政策等影响。相比于西方国家，我国的特殊国情和发展际遇决定了东北老工业基地当前困境的形成原因，研究治理之策要从实际情况出发，具体问题具体分析，找到问题的真正原因并量身定制振兴之策。本书从产业体系的视角对当前东北振兴遇到的难题进行较长历史时间跨度和多角度、多因素的深入研究和考察，对于当前东北的产业体系衰退问题得到较深层次的理论认识。此外，文章对产业体系重构模式的研究对于我国其他地区尤其是面临产业发展竞争力下降、产业体系存在衰退风险的区域来讲也具有借鉴和启示意义。

第二节　文献回顾与评述

东北地区一方面作为中国四大板块里面的重要一部分，其发展战略一直是学术界关注和研究的重大问题；另一方面作为老工业基地，有关老工业基地研究的文献也对研究东北地区的发展具有重要参考价值，因此本书将从老工业基地和东北地区发展问题两个层面对相关文献进行梳理。

一、老工业区/衰退地区/萧条地区相关研究文献

老工业基地在学术研究领域属于老工业区（Old Industrial Areas，OIAs），也被称为衰退地区、萧条区域或危机工业区域、危机区域（张可云，2001）。由于欧美国家作为工业革命的摇篮在新技术革命浪潮的冲击下自20世纪50年代以来遭遇国内传统工业地区衰退的现象，因此最先出现相关的理论、案例研究与政策实践。本节将对国内外有关老工业区的研究文献从老工业区的形成与特点、衰退原因、振兴路径等方面进行文献回顾。

1. 老工业区形成与特点相关文献

在老工业区的形成与特点方面，最突出的特征就是这些地区由于工业化起步早，老化衰退问题明显，同时这在世界各国的工业化进程中都普遍存在。如Michael Steiner（1985）指出老工业区的特点包含于自身的定义之中：一是“老”，即地区经济基础开始早，繁荣可能持续了近百年，但已经处于衰退期；二是“工业”，也即只有有限的部门，如矿业、钢铁制造业、重型机器制造业、造纸和纺织业等。李诚固（1996）在对英国、德国和美国老工业基地的发展与衰退进行研究时指出，区域优势是工业基地形成的客观基础，直接决定工业基地的

劳动生产率、生产成本、产品市场价格及产品市场竞争能力的高低。张可云（2001，2005）对欧盟国家萧条地区（认为老工业区在一定程度上与萧条地区是一致的）的形成过程、特点和识别标准等进行详细研究时认为，这些地区的典型特征是“老”，即工业化的起始时间早。具体的区域特点是人均收入水平低而失业率高、传统工业在经济结构中占主要地位，随着工业衰退出现一系列严重的社会经济问题，以及人口集中于城镇。同时老工业区并不是匀质的，其中有许多地区具有良好的经济社会发展前景，老工业区的边界并不一目了然，因而其区域政策需要识别并明确划分界限。欧美国家与后起的日本、俄罗斯、波兰等国的萧条区域有不同之处。Michaela Trippl（2009）指出，老工业区的一个重要特点就是处于严重的创新能力困境。

2. 老工业区衰退原因的相关研究文献

老工业区的衰退原因有多种分析视角，有的属于纯经济领域分析视角，如周期理论角度和产业结构角度等，而有的则为考虑社会、文化、环境等多种因素的政治经济学分析视角，如路径依赖和锁定角度等，下面对此进行文献回顾：

第一种是从周期理论角度进行分析，先是从产品生命周期理论引申到产业生命周期进行解释，进而又延伸扩展到区域经济周期理论进行解释。Norton 和 Rees（1979）首先提出老工业区的兴衰与产业生命周期有密切关系，这与弗农（Vernon，1966）的产品生命周期类似。Rees（1979）认为，在新产业的产品和技术已经成熟和标准化的后期阶段，投入要素要求工厂转移至成本更低的地区。但是这一说法不足以解释为什么老工业区因此发展能力受损。Markusen 和 Michael Steiner（1985）则根据产品生命周期理论进一步说明，集聚经济会随着生命周期的阶段变化而变化。Steiner（1985）提出，老工业区处于区域生命周期的末期阶段，该阶段特点是供给方僵化、缺乏创新能力，其内部企业竞争力差、适应性差，因此不能满足外界变化的新需求。他强调，老工业区本身具有很强的外部相似性（Externalities of Similarity）（与集聚经济的多样外部性相对），即少数大企业为小公司设置了区域进入障碍。Markusen（1985）则指出，市场变得越来越寡头化和垂直一体化使新公司从外部集聚经济中获益的机会减少，最终新产业无法从这些地区发展起来。张可云（2001，2005）在康德拉季耶夫（N. Kondratieff，1925）、熊彼特（J. A. Schumpeter，1939）等经济周期理论的基础上，从区域经济周期角度对老工业区（作者用的是萧条地区）的衰退原因进行理论阐释。他认为，一个地区的经济发展结构必须随着技术创新的发展而不断调整才能始终保有发展活力和竞争优势，若不及时推动新一轮创新或引进新技术则可能进入萧条阶段。

第二种是从产业结构角度进行分析，该种理论视角认为老工业区的经济衰退源自其产业结构“不合理”。一方面，有的学者强调产业结构和经济增长之间具有直接而密切的关系，老工业基地是因为产业结构的问题导致经济的衰退，如魏后凯（1991）认为，老工业区集中的是大量处于衰退中的传统工业，而新兴工业区则集中的是增长迅速的新兴工业，这种工业结构差异是导致老工业区衰退和新兴工业区繁荣的重要原因。张耀辉（1999）认为产业结构随着经济增长而变化，同时产业结构的变化又推动着经济的发展，二者是统一的。衰退地区在其发展过程中未能及时地调整产业结构，才导致地区经济的衰退。另一方面，有些学者从区域经济单一结构（Uni-structure）问题角度提出老工业区经济衰退的原因，如Toothill（1961）指出，老工业区的单一经济结构主体是导致老工业区经济衰退的主要原因。Ron Boschma 和 Jan Lambooy（1999）对区域经济的单一结构问题容易引起累积衰退和恶性循环进行说明。此外，还有学者利用专业化理论来解释老工业区经济弹性和复活力较低的特性，其实这类研究中老工业区的问题实质也属于上面的区域经济单一结构问题。如 Krugman（1993）在研究新英格兰老工业区的案例时指出，老工业区专业化程度的提升会使地区经济在遭遇外部环境冲击后变得更加脆弱，并由此导致特定区域的经济衰退①。

第三种是从网络理论角度进行分析。该种理论在对老工业区经济衰退的潜在机制进行研究时，从产业组织理论角度提出老工业区内存在一种影响经济调整的特定网络结构，代表性学者为 Herrigel（1990）和 Saxenian（1994）。Herrigel（1990）在描述德国鲁尔区所面临的境况时提出一种地区“自给自足式”（Autarkic-firm-based）的网络秩序，这种具有支配性的等级森严的网络系统阻碍知识的扩散和其他企业的创新活动产生。Saxenian（1994）认为，在一定条件下，区域产业网络结构和环境会给经济绩效造成负面效应。利用“产业系统”概念来解释美国波士顿公路地区经济复兴的失败。这里所谓的“产业系统”由公司组织、产业结构、当地文化和制度环境组成。Porter（1990）在相关研究中曾指出过多的合作与并行可能会对创新产生较大负面作用，减少区内有效竞争和竞争对手。

---

① 新英格兰老工业区在 20 世纪 80 年代后期由于国防开销的骤减遭遇一次大规模的外部异质性冲击，Krugman（1993）在分析其专业化问题的同时，还指出这种特殊地区持久的衰退本质与劳动力的高流动性有关，工人们不断外流，直到本地失业率和其他区域一样。

第四种是从路径依赖与锁定角度进行分析，该种角度从政治、制度、技术等方面的路径依赖，指出老工业区学习和创新能力不足，僵化问题突出，从而陷入负锁定。如 Storper（1992）研究技术锁定效应①并指出，一个区域的知识、技能和信息的历史积累在其后某个时期可能成为自身的缺陷。由于不能及时适应技术的变化从而会陷入低增长的发展阶段，长此下去区域经济就会因为失去技术优势而陷入困境。Grabher（1993）用“政治性锁定”“认知性锁定”和“功能性锁定”三个概念来分析鲁尔工业区走向封闭和僵化的消极“锁定”，深刻揭示了老工业区衰退的表现和机理，是各国的案例研究中最为广泛应用的理论之一。Malmberg 和 Maskell（1997）指出，当地过于专注于某种特定的经济活动以至于很难转换到新的发展轨道，因为新产业可能有完全不同的需求结构。Boschma 和 Lambooy（1999）进一步指出，老工业区特殊的由知识、技能、市场、供应商和公司间网络所构成的技术—产业结构和由产业协会、研发设施和政治制度等构成的制度环境都与当地产业历史发展密切相关。在这个意义上，路径依赖可能导致老工业区在形成和适应新技术方面产生很多问题，因为这些新技术所需的知识和投入要素等需求与该区域特定的结构难以匹配。并且，老工业区过去浓重的资源、能力和社会制度结构等技术—制度遗产可能会通过损害区域学习能力而被锁定到僵化发展路径上。

此外，国内外学者还通过多因素综合性分析角度试图对老工业区的衰退原因进行多方面总结概括。其中，国外学者的研究偏理论性归纳，比如 Steiner（1985）从理论角度将老工业区衰退的原因按区域增长理论归为结构性分析、输出基础模型、累积因果模型和产品生命周期假设四个类别。Ron Boschma 和 Jan Lambooy（1999）把老工业区衰退的原因划分为八种：一是单一结构经济的主导部门处于产品生命周期末期或技术轨道末期而衰退；二是“拥堵”，集聚的负外部性超过正外部性，或者社会边际成本大于边际收益；三是经济活动的市场结构垄断封闭，进入门槛高，新企业难以享受到外部经济利益；四是本区域同其他区域相比生产要素供给缺乏弹性，从而引起价格升高，企业竞争力下降；五是外部冲击、专业化、高要素流动性同时存在导致持续性衰退；六是具备等级特征区域的特殊产业有机体结构对区域经济发展产生负面影响；七是制度硬化或制度锁

① 技术演变过程中的自我增强和路径依赖性的开创性研究，最先是由 W. Brian Arthur 做出的（W. Brian Arthur. 1988. Self-reinforcing Mechanisms in Economics, 1988 [M] //Phili W. Anderson, Kenneth J. Arrow and David Pines (eds). The Economy as an Evolving Complex System [M]. Addison-wesley Publishing Company）。技术轨迹的路径依赖特征是由于一种自行强化的机制在起作用。

定，即观念、法律、特殊游说集团等作用使新企业无从滋生和发展；八是路径依赖、集体学习和锁定方面的问题影响老工业区的适应能力而衰退。中国学者的研究更侧重于从老工业区的衰落现实进行归纳，如魏后凯（1991）把地区衰退的原因大体分为区位性衰退、资源性衰退、结构性衰退和消聚性衰退四种类型。吕政等（1993）在分析英国老工业区衰退的原因时提出多种影响因素：结构性变动引起传统工业的衰退、国内投资不足、政府对民用工业的完全放任型政策、科学技术与产业和市场脱节、科技人才流失、熟练劳动力不足、劳资关系不协调、福利政策的消极影响，以及殖民体系的瓦解直接影响到英国经济的增长和发展。李诚固（1996）认为西方老工业基地衰退的实质是产业衰退和结构老化的问题。其中，由区位条件、资源与社会经济条件、历史基础与产业发展现状三者构成的区域优势的弱化，以及工业基地的主导产业进入衰退且没有及时形成新的主导产业是衰退的两个主要机制。任保平（2007）认为，工业区产业衰退进而整个区域经济衰退是多种因素引起的，工业区的内部原因主要是产业的供给结构与需求结构变化，整个国民经济方面则是技术进步、制度因素、产业环境等各种因素发生变化而引起的。施雪华和孙发锋（2012）认为欧美老工业区的衰退是多种因素作用的结果，并将其归纳为三个方面：主导产业衰落，无力应对“能源革命”挑战；生产成本过高，产品的市场竞争能力下降；国家公共政策的调整，不利于老工业基地的发展。张可云（2017）提出，老工业区的衰落有内外两方面原因，内部原因是路径依赖与制度刚性，外部原因主要是外来竞争与冲击增大、其他区域的区位条件改善以及其他区域的重大技术创新等。

3. 老工业区复兴实践与路径选择的探讨文献

世界各国在治理老工业区的经济衰退以及重新复兴老工业区发展活力方面做出了长期的努力，成功和失败的经验并存，相关案例分析等文献研究丰富，这里主要从老工业区复兴的理论研究和政策实践方面进行代表性的简要文献回顾。

首先，在理论研究方面，很多学者强调老工业区振兴重在产业结构调整，包括改变地区单一结构，发展多样化产业经济，不断创新等。如魏后凯（1991）指出，要重振、复兴老工业区，关键是要改变单一性的经济结构，推动经济多元化和结构高度化发展，实现结构的重组和改造，并建立与此相适应的灵活经济体制，推动地区的再工业化。Malmberg 和 Maskell（1997）也发表类似观点。杨嚣（2004）将老工业区的潜在调整策略总结为：确立新的主导产业，促进区域产业多样化发展，促进主辅产业与基础结构协调发展，改善制度环境，以及冲破制度和技术“锁定”。张可云（2005）强调必须不断进行创新并调整产业结构，方能始终保有发展活力和竞争优势，若不及时进行创新或引进新技术则终将进入萧条阶段。

除了产业结构层面的研究，目前的理论研究热点还包括从演化经济地理学的角度对老工业区的发展进行理论探讨和实例研究，包括如何“解锁”、如何超越消极路径依赖走向路径更新或路径创建、探讨区域创新政策以及结构性政策等，且理论尚在不断完善中。在如何突破消极“锁定”方面，Morgan（1997）、Martin（1999）、Maskell 和 Malmberg（1999）、Schamp（2000）等针对“锁定”，提出建立“学习型区域”战略（Learning-region Strategy），以改善 Grabber（1993）提出的三种锁定中的“政治性锁定”，因为政治方面的决策者最终决定工厂的关闭或补贴等实际政策。Hassink（2005）也提出老工业区“解锁”需要构建“学习型产业集群”。在路径突破方面，一种是路径更新，Hassink（2007）、Boschma 等（2012）、Frenken 等（2007）、Boschma（2014）、Neffke（2011）对此进行了研究。路径更新是指本地企业经过产业调整转换到相关但不完全相同的产业路径。由于新产业趋于从现有的本地产业中分支或重组资源到技术相关的路径，因此新的相关技术可能促使区域发展新的增长路径。Lars Coenen 等（2014）对老工业区路径更新的区域创新政策进行了瑞典的案例分析。另一种是路径创建，Martin 和 Sunley（2006）将此概念定义的范围相对广泛，包括区域内新产业中新企业的建立、原企业采用新技术和新组织从而超越了区域其他企业等。Tödtling 和 Trippl（2013）将路径创建分成两种类型：一是区域内原有产业中新产业的建立，二是全新产业的兴起。路径创建可能需要新知识组织和制度转变的建设，故而往往需要政策发动与支持（张洪阳，2015）。Tödtling 和 Trippl（2004）、Maillat 等（1997）、Cooke（2011）等对路径创建分别进行案例研究。

其次，在实践措施方面，众多学者通过对世界各国的老工业区改造和治理措施等进行研究，总结归纳出多方面治理措施，如改造传统工业，培育新兴主导产业，拓展产业领域，改变单一的产业结构，改善区域投资环境，鼓励经济中心和发达城市地区分散经济活动，加强宏观规划、提供制度保障等，如表 1－1 所示。

表 1－1　不同学者对世界各国老工业区改造和治理措施的总结归纳

作者	研究对象	发展政策和改造措施
李诚固（1996）	世界主要老工业基地	一是建立组织机构作为改造规划执行者；二是制定相关振兴政策；三是确立新的主导产业；四是大幅度压缩完全丧失优势和潜力的传统工业部门；五是加强对传统工业部门的技术改造；六是拓展产业领域，改变单一产业结构；七是调整工业布局，迁移企业，控制老工业城市发展规模，降低过于密集的产业布局

续表

作者	研究对象	发展政策和改造措施
张可云（2005）	欧盟国家老工业区	改善区域投资环境、鼓励发达城市和地区分散经济活动、引入跨国公司、发展新型工业和转岗再培训等
李勇辉和吴朝霞（2005）	英、美、德三国的老工业区	一是传统工业改造与新兴工业建立并举；二是加强教育和交通基础设施等发展，加强第三产业发展以提高就业，同时加快技术成果转化；三是制定振兴政策，重点是低息贷款和政策优惠，用于技术改造和产业结构升级
徐燕兰（2005）	美国老工业区	加强中央政府的财政支持，实行计划干预、向本国落后地区和国外转移产业，实施军转民政策、加快民间资本投资的步伐，通过企业内部的改革提高生产率，把对传统工业的改造与大规模的技术改造结合起来以及建立完善的培训制度
曾荣平和岳玉珠（2007）	日本九州地区	重振产业衰退地区经济的根本出路在于培育新兴主导产业。九州地区摆脱产业衰退的重点就是培育新的替代产业，通过调整衰退产业与扶持新产业相结合走出衰退
徐周舟（2011）	国外资源型城市	从政府与市场作用力大小划分为以市场为主导的转型模式（美国、加拿大、澳大利亚为代表）、以政府为主导的转型模式（日本、法国、德国鲁尔为代表）以及自由放任式转型模式（苏联和委内瑞拉为代表）。从产业发展方式来看主要是产业延伸模式与产业更新模式
张晓峰和孙力男（2014）	国外老工业区	一是设立专门机构、制定振兴规划，二是加大资金投入、促进技术进步，三是加强宏观规划、提供制度保障，四是确立主导部门、改变产业结构

二、东北问题的特征文献

东北问题就是经济增长放缓、在全国的相对经济地位下降的问题，并集中而突出地表现为人们广泛关注的20世纪90年代的“东北现象”和2010年之后的“新东北现象”，本质上都属于老工业基地发展中的问题。下面将对这两种现象的内涵和特征进行相关文献综述，并对东北地区存在的主要问题进行文献综述。

1. “东北现象”“新东北现象”内涵及特征表现相关文献

“东北现象”一般主要指东北自身工业发展的衰退，以及由此导致在全国整体经济地位的下降。如孙乃纪（1993）认为“东北现象”的核心是指国有工业经济效益明显低于其他地区，与此同时相连带的问题还有产品老化、设备陈旧、技术落后、人才外流等。李诚固和李振泉（1996）认为“东北现象”主要是指20世纪90年代以来我国东北老工业基地工业增长严重衰退的状况。韩宇（1997）、高长春和崔广彬（1995）、李国忠（2000）、丁四保（2003）等也都给出类似的定义。

“东北现象”的特征主要表现在：一是经济发展增长缓慢，经济增长速度明显低于中国东南沿海以及中部的一些省市（吕政，2003；李诚固等，1996）。1958～1980年，东北三省工业总产值平均增长速度为10.6％，1981～1985年则下降到8.2％。进入20世纪90年代，东北工业增长速度大幅度下滑，1991年仅比1990年增长0.6%，远远低于全国7%的工业平均增长水平（韩宇，1997）。二是工业发展迟滞，增长乏力，经济效益极差，主导产业及优势产品在全国地位逐步降低。预算内企业实现利税下跌25%～45%，而全国平均下降幅度为18.5%。东北独立核算工业企业的主要经济指标在全国的工业生产体系中处于较低的水平（李诚固，1996）。三是高新技术产业比重小，传统产业质量差、经济效益低（郑文范、秦树梅，2006）。四是国企大面积亏损，工厂开工不足，产品积压严重。五是隐性失业问题突出，职工收入增长慢（吕政，1994）。六是环境污染严重（李诚固，1996）；等等。

“十二五”规划以来，东北地区经济增长断崖式下跌，引起海内外广泛关注，为了区别于20世纪90年代的以体制转轨时期国有企业破产、工人大量下岗为主要特征的“东北现象”，新闻报道和学者研究中普遍将此现象称为“新东北现象”（叶振宇，2015；孙广生，2015；张占斌等，2015；等等），并同中国经济新常态的背景相联系。“新东北现象”的主要特征包括GDP增速大幅度回落甚至出现负增长、第二产业下滑过快、传统主导行业增长贡献率大面积下滑（褚敏、踪家峰，2017；高国力，2015），以及财政收入增速下滑、居民收入增长放缓、固定资产投资严重萎缩、对外贸易进一步下降（丁晓燕，2016），人口外流（于婷婷等，2016）、产业结构层次不高、竞争力不强、创新创业能力弱（高国力，2016）等。

由此可见，“东北现象”和“新东北现象”的主要共同点就是经济增速骤然下降，工业景气度下降，企业效益严重下滑等，并在全国各区域的经济增长中处于倒数地位。不同点则是“东北现象”发生于2003年“东北振兴”政策出台后的前十余年，而“新东北现象”的发生则是“东北振兴”政策已实施十余年后的当下。间隔二十余年，东北地区所处的发展环境和时代背景已然发生重大变化，因此东北地区两次经济发展失速的原因、表现等有很多不同的地方，但是二者也都统一于东北老工业基地振兴整体历史发展进程之中，都是老工业区振兴发展中的问题表现，因此还需要从全国整体和历史发展演变的角度对东北地区的发展进行整体、深度挖掘，从而更全面、深刻揭示东北振兴中的主要问题，从而找到合适的发展路径。

2. 东北地区存在的问题相关文献

东北地区作为我国的老工业基地，在发展中存在很多问题，包括“东北现象”和“新东北现象”的衰退特征和原因等都与东北地区自身存在的各种问题有关，鉴于东北地区问题表现的复杂性，该部分主要从东北地区的失业问题、人口问题、企业问题、产业问题、城市与区域发展问题和发展环境问题六个方面来分类进行文献回顾。

（1）失业问题。首先，在失业规模和原因方面，胡琦（2005）的研究显示，东北地区经历了严重的失业问题，1997～2002 年，东北国企累计下岗职工人数占全国 25.1%，且一些资源枯竭性城市失业问题更为严重。宋丽敏等（2011）研究东北老工业基地在 1995～2009 年的失业人数和失业率，发现呈整体升高趋势，下岗职工再就业问题仍未从根本上得到解决，同时新失业群体陆续涌现，某些地区或行业甚至发生了群集现象。其次，在失业问题的特点和影响方面，某课题组（1997）研究发现，历史与体制造成的冗员负担在东北地区普遍存在，东北地区的失业问题具有结构性和区域性特点，且远超社会保障体系的承受能力。于潇（2004）的研究发现东北地区企业隐性失业问题严重，同时东北地区资源枯竭型城市结构性失业问题严重。李南竹等（2016）通过构建 2013 年东北地区就业质量测量指标体系发现东北地区就业质量整体不高，而且地区差异明显，其中以黑龙江省的几个城市为代表的资源型城市的就业问题最为严峻。最后，就业与经济增长关系方面，一些学者对东北地区的就业和经济增长间的关系进行研究，如孟宪生（2011）通过分析东北地区劳动力就业现状发现，2000～2008 年，东北地区总人口就业率增长高于全国水平，但就业增长率低于经济增长率，非公有制企业就业比重偏低，就业结构变动滞后于产业结构变动。

（2）人口问题。人口问题主要是人口流失、老龄化加速、极低生育率等导致劳动力供给不足影响区域发展活力。在人口现状方面，于潇（2006）分析东北地区人口迁移变化的特点和趋势发现，20 世纪 80 年代以后，东北地区人口大幅度下降，且人口转为净迁出，人口增长率明显低于全国平均水平。李雨潼和张占斌（2015）研究东北地区的人口流失发现，2000 年东北地区人口净流入 36 万，到 2010 年却已净流出 180 万，而地区的人口流失与经济下滑会相互作用，造成恶性循环。侯力等（2015）的研究表明，东北地区主要存在人口净迁出规模不断扩大、人口老龄化日趋严峻、人口出生率过低，以及边境地区人口流失严重等突出性人口问题。赵伟晶（2016）的研究也有类似结论。刘云中（2016）的研究发现，在人口流动视角下，东北地区的发展面临着比经济增长速度减缓更多的困难。2005 ~ 2014 年，黑龙江、吉林、辽宁人口年均增长率仅分别为 0.34‰、1.33‰和 3.96‰，全国同期的人口年均增长率为 4.52‰。而近年来东北人口增长近乎停滞，说明无论是收入增长还是宜居程度，东北地区的吸引力都在减弱。在人口问题的原因方面，杨雪等（2016）根据对东北三省外流劳动力的就业状况及收入水平进行分析，发现东北三省外流劳动力具有年龄选择特征和技能遴选效应。高技能劳动力属于“发展型”流动，社会地位和经济因素是其外流的动力因素，普通劳动力属于“生存型”流动，经济收入是其外流的首要因素。

（3）企业问题。企业作为地区经济发展的主体，是各个产业的微观组成单位，其整体发展状况直接影响地区经济活力。对东北地区企业进行整体研究的文献主要包括：李诚固（1996）指出东北工业企业生产“条块”分割、多头管理的制约严重，同时老企业数量多，企业社会负担过重。在经济体制快速转轨时期，随着国家投资体制的调整，企业又面临着严峻的资金短缺困境。张伟东等（2003）认为，历史继承性造成东北地区企业缺乏自我生存的能力，传统经济体制使东北企业获得自我生存能力的难度加大。林木西（2011）研究后金融危机时期东北地区中小企业发展的难题及对策时指出，后金融危机时期东北地区中小企业面临的难题包括停产破产企业数量增加、中小企业重新洗牌，由于产品品种过于单一、技术水平不高、企业行为短期化问题严重等导致中小企业融资更加艰难，以及企业成本上升、利润下降、投资减少、发展步伐放缓等。张占斌（2015）指出，东北地区国有企业改革推进缓慢。东北地区的国企块头大、地位重，同时包袱也比较重。目前用人“铁交椅”、分配“大锅饭”、国有股“一股独大”等问题仍然存在。一些国有企业的市场经济意识还不够强烈，存在“等、靠、要”的现象。中国财政科学研究院“降成本”东北调研组（2016）的研究发现，东北地区企业成本费用高，人工成本在上升，税费负担沉重，融资费用总体增长较快，物流成本居高不下，企业制度性交易成本偏高，公用事业成本在企业总成本中所占比重有所增加。王志刚（2017）研究东北地区企业人工成本问题发现，创新不足，企业劳动生产率不高，企业消化成本的能力下降，推高了实体经济的相对人工成本。同时绝对人工成本由于多种原因也在上升。

（4）产业问题。目前各种文献对东北地区的产业发展存在的问题所进行的分析主要集中在产业结构和产业集群两个方面，下面分别对其进行文献回顾。

在产业结构方面，李诚固等（2003）认为，东北地区产业结构体系存在的主要问题有高新技术产业与传统产业整合程度低、轻重工业的发展关系尚未真正理顺、产业结构技术层次低、整体工业技术处于传统机械化发展阶段、区域产业关联程度低，区域产业结构趋同。林秀梅等（2010）对1978～2006年东北地区产业结构变化对经济增长的贡献进行实证研究发现，1978～1992年为结构调整期，东北三省产业结构变化对经济增长的贡献大，而1993～2006年为结构稳定期，产业结构变化对经济增长贡献小。同时三省之中的吉林省产业结构变化对经济增长的促进作用相对更明显。郭振等（2017）认为，东北地区传统工业结构和所有制结构单一，高端制造业市场份额偏低，服务业发展滞后以及要素配置失衡等因素导致产业结构调整步伐缓慢，进而阻碍了产业升级和经济的可持续发展。

在产业集群方面，高斌等（2008）认为，东北是以地域生产综合体的产业集群模式建设成的重工业基地。集群内各个企业之间的关系是在计划经济条件下形成的，企业内部“大而全”“小而全”，企业之间条块分割，壁垒分明，专业化分工程度很低，缺少合作交流，其本质上是企业集中区，不具有集群优势。这种地域生产综合体本身就存在风险，如当核心企业出现危机时，企业之间容易因为刚性联系而引发“多米诺骨牌”现象。侯志茹（2009）从产业价值链理论出发，对东北地区产业集群进行分析发现，东北地区各行业和企业间的产业链条断裂，产业关联度较低，产业价值链松散，导致产业集聚能力较差，市场竞争优势不突出。靳瑞雪等（2016）研究东北地区创新创业集群问题认为，东北地区的创新创业集群是近年来才产生并发展的，但是受环境、政策、人才的制约，目前的发展面临许多问题，整体呈现乏力而进展缓慢的状态，主要是创新水平不高、动力不足，以及创新创业环境与体制不完善。

（5）城市与区域发展问题。东北地区城市与区域发展层面的问题主要是资源型城市问题突出、内部区域经济差异较大、区域经济合作与一体化进展缓慢和地方政府职能发挥不利，下面分别对东北地区在这四方面存在的问题进行文献回顾。

在资源型城市问题方面，东北是我国资源型城市最为集中的地区，这些城市的资源开发有力地推动着东北地区工业和城市的发展，但是东北地区的资源型城市作为区域城市体系的重要组成部分在后期的发展中存在很多问题。在东北资源型城市的特点与问题方面，金凤君和陆大道（2004）指出，东北地区资源型城市的资源开发与城市发展的互动机制没有形成，长期只重视资源的开发，没有将城市的可持续发展作为核心，资源开发与城市的关系形成了“一兴俱兴，一衰俱衰”的因果关系。城市产业结构单一，功能不完善，城市基础设施建设落后于生产建设，生态环境破坏严重，就业压力比较大。宋玉祥和满强（2008）也指出同样的问题，并认为其原因主要是单一资源型产业固有弊端的集中显现，城市外部空间运动的经济性与内部的不经济性，劳动对资金替代型发展模式的后遗症，矿城一体化的负面效应，以及计划经济遗留的体制性障碍。李晶和董丽晶（2011）将资源型城市的贫困特征概括为低经济增长率和高失业率并存，较低的收入水平和不合理的消费结构以及恶劣的棚户区居住条件等。

在东北地区内部区域经济差异方面，杜亚书（2005）运用标准差、变异系数和发展静态时间差三个指标来衡量改革开放至2000年这段时期东北地区经济发展的区域差异状况，发现东北地区三省之间的相对差异呈现无固定周期的“U”形曲线变化。韩增林等（2010）分析东北内部各盟市的经济综合发展能力的时间和空间的变动，通过建立指标体系，应用熵值法评价东北各盟市2000～2007年经济综合发展能力，发现东北地区经济发展的总体差异在缩小。经济综合发展能力较高的地级市分布在哈大和滨洲、滨绥沿线。一些资源型城市的经济综合发展能力随着资源的耗竭出现下降趋势，认为影响东北经济综合发展能力变化的主要因素是自然环境、交通、市场及创新。慕晓飞等（2011）基于GIS对1989年以来东北区域发展的均衡性进行测度分析。引入区域重心模型，对东北地区经济（GDP）重心相对于几何重心的时空偏离进行可视化测算。结合相关统计指标，并引入相对发展率（Nich），对东北区域经济均衡性的时空特征进行系统分析，发现东北经济重心存在显著的空间偏离；经济重心呈西南，折回东北，复向西南的移动趋势；区域发展两极分化严重。李天籽（2014）研究2000～2010年我国东北和内蒙古地区经济发展空间差异时发现，空间非均衡发展态势不仅在各省区之间差别较大，而且各省区内部城市之间的非均衡态势也比较明显。其中省会及副省级城市、资源型和工业型城市的经济增长速度加快。

在东北地区区域经济合作与一体化方面，陈晓红等（2007）认为，区域分工合作必须以区域产业分工与合作为基础，东北地区产业分工与合作存在明显的产业同构化特征，一些产业存在恶性竞争，各省比较优势与竞争优势产业不对应，致使产业配置效率低，同时地方政府的区际协调性不强，地方政府之间存在非理性政绩竞争，各省各自为政，产业合作进度较慢，制约了东北地区的产业分工合作。赵儒煜等（2010）认为，东北地区的一体化进展缓慢，总体上尚处于相对分割状态，只有辽宁和黑龙江两省已出现以增长极集聚效果为基础的次区域经济一体化倾向。而吉林省则尚未出现次区域的经济一体化，严重阻碍着东北地区的经济一体化进程。马秀颖（2011）对1998～2006年地方市场分割对东北地区经济一体化的影响进行分析时发现，地方市场分割在不同经济发展时期的作用不同，1998～2002年，地方市场分割促进各省经济发展，但在2002～2006年却呈阻碍作用。东北三省之间的市场分割程度也不同，而这是由三省产业结构的特点决定的，即地方市场分割对东北地区经济一体化影响的程度与产业结构关系十分密切。

在政府职能发挥方面，刘建伟等（2006）分析东北资源型城市政府职能方面存在的主要问题是各级政府经济管理职能过多，政企不分的干部人事制度把经营者按行政等级“划线”，政事、政社不分现象严重，以及地方政府机构过大从而影响政府职能的发挥。吴昊（2006）认为，东北地区地方政府职能转变迟缓突出，除普遍性原因，其特殊原因主要是国有经济比重过高为政府干预企业经营管理活动提供了可能和必要性，且抑制了民营经济的发展。另外，东北地区的主要大中型国有企业都是中央企业，而地方政府不具有推动这些企业深化改革的权力。李靖等（2013）认为东北地方政府创新动力相对匮乏，并从内生需求和外部诱因角度分析其原因。内部因素主要是长期以来的“官本位”意识导致当地“权力”崇拜，强力行政文化大行其道，人的创造性被逐渐抑制和磨灭，政府和居民不敢创新，外部因素包括中央政府在支持东北振兴的同时缺乏合理的机制来激发和引导政府创新，东北地方政府创新者的创新能动性开发尚未完全等。

（6）发展环境问题。发展环境问题主要对东北地区的资源环境和软环境方面存在的问题进行相关文献综述。

在东北地区资源、环境与承载力问题中，翟金良等（2003）对东北地区城市水资源环境问题进行研究时发现水资源相对短缺和供需矛盾突出、地表水环境污染严重、地下水环境受破坏和污染、尚未形成节水型的社会生产生活与管理体系等问题。衣保中（2006）指出，东北地区的城市化具有极其鲜明的工业指向，资源依赖型城市比重较大，资源型或重工业化型城市固有的生态环境问题比较突出，城市化对水资源、大气质量的影响以及城市固体废弃物污染和噪声污染日益加重。赵新宇（2009）的研究表明，东北地区的资源承载力较强，其出现生态赤字的主要原因在于其区域工业体系中能源密度较低的初级产品加工业所占比重一直大，同时地区资源利用效率低，生产、生活中资源浪费严重。唐葆君等（2015）采用状态空间法进行研究发现，东北地区能源消耗是制约其承载力的关键因素；该地区环境污染严重，其中废气、废物的排放对其承载力的影响较大；经济发展受到产业结构的限制；水资源匮乏，生态保护基础薄弱。

在东北地区软环境建设方面，张伟东（2003）指出，东北地区与比较规范的市场经济体制相比，不同企业之间仍存在不平等竞争问题，各种行政审批和规定制约企业自由设立或退出市场，存在大量违法违规等不正当竞争行为，行业垄断和地方保护主义盛行，市场缺乏统一性和有效性，易滋生腐败。姜硕等（2006）通过将东北地区的外商投资环境与引资成效显著的广东省和上海市进行比较发现，这些地区的投资环境都在逐步完善，但是东北三省的投资环境明显落后于广东省和上海市，尤其是吉林省和黑龙江省，其投资环境不能令人满意，与其他省份相比，存在多方面差距。辽宁省的投资环境相对较好，但仍需要加快改善微观环境。张国勇等（2016）研究东北地区的软环境建设，并分析其在思想环境、市场环境、政务环境、政策环境、信用环境、法治环境、社会环境等方面存在的问题，并指出东北地区软环境建设滞后的根源在于政府在软环境建设中的主体责任不明晰，突出表现为政府职能转变不到位。

三、东北问题的原因与振兴思路相关文献

1. 东北经济衰退原因

学者们普遍认为东北老工业基地衰退是多种因素综合作用的结果，同时相关研究随着“东北现象”“东北振兴”“新东北现象”的发展也呈现一定的变化特点。本书将相关文献按时间顺序大体划分为两类，一类是早期的针对“东北现象”的分析，另一类是近年针对“新东北现象”的分析。本书发现，早期的分析主要集中在计划经济体制影响、产业技术体系衰退、国家政策导致的区域优势弱化、资源枯竭与工业经济部门衰退等方面，近期的分析主要集中在体制机制因素、经济结构因素、创新与市场竞争因素、外部环境冲击因素与人口外流因素等。相对来讲，早期的文献更注重国家改革政策、战略及结构配置问题对东北区域优势的冲击和破坏，近期文献则更强调东北自身体制机制、结构性因素、国家经济环境影响与创新能力的问题。具体来讲，目前的文献对东北地区经济衰退原因的分析主要集中在以下方面：

一是老化说，如魏后凯（1991）研究我国老工业区相对衰退问题时认为，长期忽视对现有企业的技术更新改造和产业结构升级是导致东北问题的主要原因。李诚固（1996）认为，老工业基地衰退的实质是工业基地产业结构没有及时进行有效调整，从而导致东北工业基地产业结构严重老化，集中体现在工业部门结构老化、工业技术结构老化和工业产品结构老化。张可云（2005，2016）认为，老工业基地故步自封或倒退的根源在于“老”，目前其大部分产业已经沦为生命周期阶段中的成熟后期产业，竞争力丧失。

二是技术说，如刘静等（2005）认为，目前东北经济面临着诸多问题，但其

根本原因是产业技术落后，东北振兴的关键是技术革命。杨振凯（2008）认为产业技术体系衰退是东北老工业基地衰退的根源，应推动地区产业技术体系变革，在发挥政府主导作用、循序调整衰退产业、注重新兴产业扶持、加强产学官结合、加强环境和基础设施建设等方面努力。

三是政策说，如焦方义（2003）指出，东北老工业基地由兴到衰说明国家的经济体制和发展战略具有决定性作用。靳继东和杨盈竹（2016）认为，当前东北经济整体下滑的深层次症结在于以投资拉动为主的振兴战略政策模式。何春（2017）运用双重差分法（DID）研究了东北振兴政策对东北地区经济发展的影响，结果显示东北振兴战略在整体上推动了东北地区经济的发展，其中投资政策、人才政策、社会生活保障政策以及技术进步政策是有效的，而产业政策、对外开放政策的效果不明显。

四是体制机制说，如吕政（1994，2003）认为，东北的国有经济比重高，计划经济体制遗留问题多，是制约东北经济发展的体制障碍。徐充和张志元（2011）认为，目前东北地区体制机制改革滞后，主要表现在计划体制的残余束缚了市场经济观念、政府与市场边界不清、政府管理职能存在错位、企业自身缺乏创新动力和造血功能。叶振宇（2015）指出，政府在改革过程中缺乏明确思路和路线图，导致国企改革进程仍然非常滞后，在经济下行期间，东北的体制性问题往往表现得格外突出。宋冬林（2015）认为，东北的体制机制问题主要体现在政府在经济活动中的“越位”、在公共服务中的“缺位”和在政府内部职能中的“错位”三个方面。

五是结构说，如时佳羽（2016）认为，造成东北经济衰落的根本原因是东北产业结构的不均衡。东北产业结构的单一和不均衡，导致东北体制转型困难，人才流失和人口老龄化加剧，资源枯竭和环境污染加剧等，而这些问题又共同导致东北经济的断崖式下跌。在“单一结构”问题研究方面，刘晓光和时英（2016）认为，东北深陷“单一经济结构困局”，表现之一是产业结构单一，东北经济发展高度依赖资源产业和重工业，现代服务业发展滞后；表现之二是所有制结构单一，长期以来东北央企、国企占比高，企业规模大，民营企业多依附其上下游发展，受到国企体制的限制，发展相对迟缓。李许卡（2016）提道，目前东北三省的地级市中老工业基地城市占比高于60%，这些城市大多为单一结构型城市，城市过度依赖企业、政策依赖性强、抗风险能力弱等问题突出。赵新宇和郑国强（2016）、孙久文和姚鹏（2017）、宋冬林和范欣（2016）等对单一结构问题进行研究。

六是创新说，如李政（2015）认为，“新东北现象”是创新创业问题，东北地区创新激励不足、金融支持较弱，整个地区的创新、创业文化氛围严重不足。叶振宇（2015）认为，协同创新机制的缺失是东北经济问题的原因之一。尽管东北优势传统产业规模不小，但缺少共性的行业技术创新平台等“产业公地”，因此无法为企业创新提供有效保障。而从发达国家的经验来看，“产业公地”缺失是制约一个国家或地区制造业竞争力提升的主要瓶颈之一。

七是人才外流说，如张迎春（2015）研究指出，东北三省劳动力外移对地区经济的影响较为显著。①青壮年劳动力流失导致劳动力绝对数量减少，影响地区生产总值；②技术和管理人才流失严重，致使产业结构升级缺乏人才支撑；③劳动力外流带走了消费能力最大的群体，导致支撑经济的“三驾马车”失衡；④民营企业家携资外流，使经济增速失去重要的动力和引擎。崔明轩（2016）认为，劳动力的减少和人口老龄化的加快是东北经济发展缓慢的重要原因之一。

八是比较优势理论说，如林毅夫（2004）指出，中华人民共和国成立以后，中国实施资本密集型的重工业优先发展的赶超战略，其中东北三省是实施该战略的主要基地，在该战略下，国家建立起大量不符合我国比较优势的资本密集的国有企业。改革开放以后，这些国企在开放、竞争的市场中缺乏自生能力，再加上其背负严重的政策性负担，使东北三省的经济在改革开放以后暴露出一系列严重的问题。而东北振兴十年之后再次出现经济衰退问题的症结也在于这期间一直未遵循产业的比较优势发展路径，而是不断强化原有的违背比较优势的赶超。东北经济困境在经济基础上源于“产业错位”（林毅夫，2017），而“产业错位”则在于东北地区未按照自身禀赋结构的特点去发展具有潜在“比较优势”的产业，产业轻重结构比例不合理，等等。

同时，还有其他多种观点，如陈耀（2016）认为，东北经济困局除结构和体制原因外，对外开放程度低也是不可忽视的重要因素。崔明轩（2016）认为，东北经济增长乏力的原因与经济发展过度依赖政府投资有关。黄群慧和石颖（2016）认为，除了结构、体制和人口要素外，对外开放度低，是东北经济发展的重大短板，也是产业结构调整之后、体制机制改革难以破解的关键症结所在。

此外，还有从不同理论角度论证东北地区经济衰退的原因，如新经济地理视角方面，如吴月越（2007）认为，东北老工业基地发展趋向边缘化的主要原因是需求规模小、运输水平低、市场化程度低、制度落后等。制度经济学角度方面，蒋寒迪和陈华（2005）认为东北三省在中华人民共和国成立以来逐渐衰退的主要原因在于制度变迁缓慢、缺乏制度创新，重振东北经济要进行彻底的制度变迁，且关键是政府体制的制度变迁。此外，张伟东（2005）、林木西和和军（2006）、王晓雨和姜晓琳（2013）、张嵎喆和周振（2016）等也对东北地区进行了制度性分析。

需要说明的是，大多数学者不是将东北经济衰退的原因归结为上面某一类，而是几类，且主次轻重有别，故在此将一些典型分析进行列表，以更清晰展示其观点和逻辑（见表1－2）。

表1－2 部分学者对东北地区经济问题的原因判断与发展对策建议

学者	原因判断	对策建议
孙乃纪（1993）	计划经济体制是产生“东北现象”的根源。东北经济的困境是从计划经济体制向市场经济体制转轨时期的暂时现象。“东北现象”的原因相当复杂：包括国有企业的负担问题，还有价格与结构性因素；既有国有企业外部环境方面的原因，也有企业内部长期存在的“非经济性变异”的作用	克服“东北现象”需要企业和政府两方面的互动配合
巴俊宇（1993）	“东北现象”不是一个单纯的经济现象，涉及许多国家改革政策、战略及结构配置问题，还包括许多历史、文化、观念的因素，是个复杂的社会化概念，是国家改革进程中许多深层次矛盾的缩影	—
吕政（1994）	“东北现象”的产生以及东北经济发展所面临的矛盾主要是由传统计划经济体制造成的	不但要增加资金投入，加强对传统工业的更新改造，更重要的是要转变观念，加快经济体制改革，彻底摆脱传统计划经济体制的束缚，实现向市场经济的转变
韩宇（1997）	工业的衰退，是东北工业城市衰落的内在原因。同时，区域优势的弱化以及传统计划经济体制的影响是造成其衰落的外在因素	第一，大力发展第三产业。第二，建设和发展高技术产业。第三，利用新技术改造现有传统工业
丁四保（2003）	影响“东北现象”形成和变化的因素包括经济地理位置的变化、资源禀赋数量的消长与结构变化、工业部门体系生命力的结构性变化和经济体制的作用的性质变化	在产业发展方面，东北地区应发展装备制造业、新兴制造业，并继续发展传统的原材料工业
邓琦（2008）	封闭的内陆型循环发展导致东北地区的市场化程度低、产业结构绩效低、经济外向度比例过小、域外资金与技术吸引能力差、资源优势逐步丧失，因而丧失了经济发展活力	需要对东北地区的经济结构进行战略性调整，改革与开放政治形态意识，重新定位政府角色，进一步扩大对内开放，积极扩大国际经济合作
杨振凯（2008）	产业技术体系衰退是东北老工业基地衰退的根源	发挥政府主导作用，推动地区产业技术体系变革；循序调整衰退产业，促进产业技术体系变革；注重新兴产业扶持，加快产业技术体系变革；加强产、学、官结合，为产业技术体系变革打好基础；加强环境、基础设施建设，走可持续发展道路

续表

学者	原因判断	对策建议
常修泽（2015）	东北经济的深层问题是三种“病”：国有经济比重过高的“体制病”，服务业发展滞后、重工业超高的“结构病”，增长方式粗放、“投资驱动型”特征明显、技术创新推动作用较弱的“发展方式病”	第一，要推进国有经济的“布局调整”。第二，扭住混合所有制改革这个“牛鼻子”。第三，推进企业治理结构的改革。第四，建议设立“东北国企改革先行试验区”
李政（2015）	表面上看，“新东北现象”是经济结构问题；深层上看，“新东北现象”是创新创业问题，根源则在于体制机制改革不到位、经济增长动力不足，缺乏企业家精神	加快“五化”融合；完善创新创业环境；改革创新创业机制；吸引培育高素质创新创业人才；构建互利共赢开放型经济体系，促进区域与国家间协同创新
赵昌文（2015）	没有解决好市场机制在资源配置中发挥决定性作用的体制机制；没有解决好传统产业的发展困境、老工业基地的深层次矛盾；没有解决好新兴产业发展和新旧增长动力接续转换的土壤和环境问题	国有企业改革与转型是东北三省摆脱困境的重要出路；培育东北经济增长新动力的关键是政府行为模式的重塑
邱振卓（2015）	思想观念相对落后；工业对农业的带动作用弱；制度环境不利于产业结构调整；市场条件欠完善	加快完善有利于产业结构调整的政策环境；不断优化现有产业结构；积极发展传统产业的替代产业和接续产业
刘柏（2015）	掣肘经济的因素主要是政府制约市场，政策约束企业；经济结构单一，增长方式欠缺；人口数量下降，人才需求迫切	以德国为榜样进行智能化改造，金融资本和产业资本相融合，实现“再工业化”将是东北再振兴的核心选择
常健（2016）	东北现象的根源是缺乏创新机制	深化国有企业改革是扭转东北地区经济下滑的根本措施。一是更新观念，转变官本位，二是培育要素市场，实现人才的真正流动，三是应设立国企改革创新试验区
陈耀（2016）	一方面是东北地区原有结构效应和体制效应的最大程度释放，另一方面是全国经济进入新常态后外部效应的催化结果，属于新旧因素的叠加	创新驱动促转型，打造制造业强国的核心区；深化改革激活力，打造全国高端要素集聚区；开放合作拓空间，打造“一带一路”东北亚支撑区
高国力（2016）	近期东北地区经济下行包括外在的周期性、冲击性因素和内在的结构性、体制性因素两方面，且内在因素是关键	以增量促存量加快需求结构、产业结构和企业结构三大结构调整优化；选择政府职能、国有企业、人才建设、军民融合四个领域作为突破口推动体制机制改革创新
宋冬林（2016）	单一产业结构生产的产品缺乏市场竞争力，进而使得城市综合竞争力不强	提升经济创造力，加大供给侧结构性改革力度；完善社会支撑力，着力保障和改善民生；巩固环境承载力，打造宜居生态城市；明晰政府与市场边界，完善体制机制
靳继东等（2016）	东北经济整体下滑的直接原因是经济结构和产业结构失衡扭曲，深层次症结在于以投资拉动为主的振兴战略政策模式	在坚持政府主导型振兴模式的制度路径的同时，更加注重振兴政策模式的调整和优化；在保持必要投资规模的同时，更加注重优化投资结构；加强民生保障和创新创业；加快转变政府职能，推进审批制度、权力清单制度和国有企业转型等关键领域的改革

续表

学者	原因判断	对策建议
胡仁霞等（2016）	原因是东北地区长期积累的体制性、结构性问题。东北地区长期实行的高度集中的生产体制，特别是以重工业为主、以国有经济为中心的经济结构不能适应改革后的市场经济发展的需要。国有经济比重过高、民营经济发展艰难、股权结构不合理等	深化经济结构改革、争取国家优惠政策待遇、提高自身经济发展能力、进一步加大简政放权力度
崔明轩（2016）	东北经济增长乏力主要存在以下几个方面的原因：一是产业结构不均衡。二是市场化程度不高。三是创业氛围不浓。四是劳动力人口外流。五是经济发展过度依赖政府投资。此外，国家政策支持不足、周边国家开放程度较低也是东北经济增速放缓的重要原因	一是国家主导建立“小政府、大市场”，对东北地区实行特殊政策。二是鼓励创业，增强市场活力。三是城乡联动改革，促进城市农村一体化发展。四是抓住机遇，扩大对外开放
张天维等（2017）	一是投资动力不足，消费与外贸低迷制约经济发展。二是工业企业以大型国有企业为主，企业活力和竞争力不强。三是对外贸易发展水平较低，增长率大幅度回落。四是产业创新能力不足，尤其是规模以上工业企业和高技术产业	发挥政策优势，营造投资环境，扩大优势产品规模，鼓励开发新产品，加大开放力度，构建现代产业发展新格局，全面提升科技支撑能力，推动重点领域转型升级，强化服务业作用，加快生产性服务业发展，破解“资源诅咒”，推进资源型城市转型
魏后凯（2017）	世界经济增长低迷、中国宏观经济下行为外部因素，结构性和体制性因素也起着关键作用，主要是东北地区国有企业尤其是中央企业多，资源型产业所占比重大，产能过剩行业相对集中，产业转型升级严重滞后，加上国有企业改革不到位，民营经济发展不充分，科技创新活力不足	积极化解过剩产能实现脱困发展，加快产业全面转型升级的步伐，依靠体制再造建立可持续的长效机制
褚敏等（2017）	东北经济增长大幅下滑的表象是经济结构扭曲的结果，深层次原因则是计划经济向市场经济转型不到位的体制因素束缚	一是政府要考虑重新定位，加快国有企业改革与放开市场。二是调整经济结构、转变经济发展方式
林毅夫（2017）	东北经济困境源于“产业错位”，而“产业错位”则在于未按照自身禀赋结构的特点发展起具有潜在“比较优势”的产业	遵循区域禀赋结构，按照比较优势，重新塑造优势产业。与此同时，要推进国企与“放管服”改革，推进营商环境改革，推进财政金融体制改革，推进要素市场改革，推进深化跨区域合作体制改革
赵儒煜等（2017）	东北地区经济下滑的根源在于“传统优势产业缺位”“高、新产业缺位”“资源型产业缺位”的“三缺位”态势，进而造成制度优势固化、产业垄断固化、政策方式固化的体制性问题	重建产业定位，以市场机制构建“新产业体系”，提高核心技术自主研发能力，推进政策服务转型升级，抓住“一带一路”等宏观机遇，加大对外开放

2. 东北振兴思路建议

现有文献关于东北振兴的发展建议主要集中在制度动力、创新动力、开放动力等方面，下面进行相关文献回顾。

（1）制度动力方面。目前关于体制机制改革的研究主要聚焦在国企改革和政府行政体制改革两个方面。

在国企改革方面，常修泽（2015）认为，东北体制问题的重点在国有企业改革，一是要确立国有企业的“市场主体”地位，推进国有经济的“布局调整”，按照“做优、去劣、提升中间”的分类思路推进。二是扭住混合所有制改革这个“牛鼻子”。三是推进企业治理结构的改革。四是建议设立“东北国企改革先行试验区”。赵昌文（2015）认为，国有企业改革包括两方面，一是所有权结构的改革，二是产业重组或结构调整。东北三省国有企业改革的重点应放在调整资产布局结构和解决包括厂办大集体等在内的历史遗留问题。陈耀（2016）认为，东北地区国有企业数量多、类别多，应在遵循市场化原则、保障产业安全、国企分类的基础上深化混合所有制改革。另外，应该构建更加完善的现代管理制度，扩大员工持股，推进企业整体上市，提高国有资产证券化率等以提高国际竞争力。

在政府行政体制改革方面，高国力（2016）认为，推动政府职能转变是体制机制改革的突破口之一，要提高行政管理效率和透明度，明确各级政府部门的权力边界和责任边界。陈耀（2016）认为，政府要做到权力不越位、监管和服务充分到位，深化简政放权、放管结合的改革。此外，在体制机制改革方面，还有不同于一般性建议，与“转型”相对的“重构”提法和建议，如张可云（2016）提出，建议在东北地区开展围绕老工业基地振兴的体制机制改革试点，在中央政府成立统一的区域管理机构——区域管理委员会，在东北地区进行问题区域划分试点，以乡镇街道而不是整个城市为基本空间单元，划分出需要中央政府扶持的萧条地区（老工业基地）、落后地区与膨胀地区，从而使扶持精准到位，避免“撒胡椒面”与扶强不扶弱。

（2）创新动力方面。常修泽（2015）认为，东北要通过创新，驱动战略性新兴产业、现代服务业和海洋产业发展，要将人从旧体制无形的“笼子”里放出来，实现“创新双驱动”。叶振宇（2015）提出，东北地区可以优先在哈尔滨、沈阳、长春、大连等中心城市发展众创业态和众创空间，并聚焦重点创业人群，委托专业机构推出一整套创业服务。此外，加强舆论宣传引导，培育大众创业的社会氛围。张可云（2016）认为，可以从内外两个方面确定重构东北地区创新活力的新思路：内部主要是制定人才回流与挽留政策，保住创新的根本，同时围绕重构经济结构鼓励高端人才创新和激发大众创新热情；外部主要是通过跨国公司的引入，实现其高水平创新对地方创新的带动。黄群慧和石颖（2016）针对东北三省工业经济下行提出，要同时注重改造提升重化工业与壮大新兴产业，并继续做大做强战略性新兴产业和高新技术产业，将其培育发展成为东北三省的新增长极。同时要促进增长方式转向创新驱动，提升投资对经济的拉动效果。此外，构筑产业集群大平台，形成完整的产业链条。张天维等（2017）提出，东北地区应全面提升科技支撑能力，推动重点领域转型；通过大力实施创新驱动，使自主创新能力进一步增强；建议整合创新资源组建若干产业技术创新战略联盟。

（3）开放动力方面。叶振宇（2015）提出，东北地区应围绕“一带一路”倡议，建设区域性战略支撑带。合作领域的重点方面，一是推动区域内外基础设施互联互通，二是扩大产业开放合作，三是实施蒙古、俄罗斯资源异地加工转化战略。陈耀（2016）提出，要通过开放驱动再造新优势，力争使东北地区成为中国与东北亚合作的先导区和“一带一路”的重要交汇区。一是科学布局通道网络，二是要发挥本地产业比较优势，三是以国际合作园区为抓手，推动贸易和投资便利化。张天维等（2017）认为，东北地区应加大开放力度，弥补外向经济的短板；同时，要加快培育出口新优势，构建互动共享的开放平台模式。《改革》服务中央决策系列选题研究小组（2016）提出，应创新域外资源开发机制，使东北地区成为我国对俄罗斯远东资源合作的主力军，同时要加强三省四市经济带合作，创新产业园区合作机制等。

此外，还有学者从其他方面提出促进东北振兴的建议，如金凤君和陆大道（2004）在研究东北资源型城市发展与振兴时强调，城市功能不完善是东北资源型城市存在的普遍问题，并由此导致了一系列问题，未来的发展应注重完善城市的生产、生态、服务、商贸等功能，营造多元化发展的环境与空间。《改革》服务中央决策系列选题研究小组（2016）指出，除了创新央企国企体制机制，还要创新投资融资导向机制，并提出创新反向梯度倾斜机制以遏制人口外流：一要在财税金融方面给予反梯度倾斜，二要在重大基本建设投资比重上向东北地区反梯度倾斜，三要在遏制人口人才外流上实施寒冷补贴，四要在国家重大产业项目布局上向东北地区倾斜。刘柏（2015）提出，以德国为榜样进行智能化改造，金融资本和产业资本相融合，实现“再工业化”将是东北再振兴的核心选择。

四、文献评述

本书对东北振兴的相关研究文献从国内外老工业区的研究基础、东北地区经济衰退的问题表现、衰退原因和对策建议方面进行比较全面的考察后发现，目前的相关研究已经取得了比较丰富的研究成果。从老工业区研究特点上来看，不同理论从各自视角对老工业区的衰退机制进行研究，深化人们的认识。同时很多文献立足于国外老工业区衰退和复兴的案例进行个案分析，得到的结论也都具有启示意义，但是从现有文献看，目前的研究仍然存在可以深化的地方，主要体现在如下几点：

第一，研究视角众多但是专一和深入的视角较少。部分文献从宏观经济视角展开研究，部分文献从区位优势展开研究，还有文献从公共管理层面进行研究，但是从产业体系重构视角展开研究的文献较少，鉴于产业发展水平对一个地区的经济发展具有决定性作用，本书将从这一视角展开研究。

第二，研究文献较多但是研究思路雷同。在现有研究中，很多文献的研究都采取不同的研究视角或者思路，但是从这些文献来看，绝大部分文献都采取的是问题、原因、对策三段论，讨论的原因和对策都比较相似，且定性谈得多，定量研究少，很少有文献从一个专门角度进行深入研究。本书将从产业体系这一视角切入，全面深入分析东北地区产业结构与经济增长的关系，并基于产业体系提出对策建议，试图得到一以贯之的结论。

第三，对东北地区发展问题遇到的原因分析差异较大。从现有文献看，对东北地区发展所遇到问题的原因认识并不一致，如从外因、内因、政策、市场、能力、资源陷阱等方面，东北地区的问题并不是单一因素导致的，在分析问题原因时必须注重对因素的分析。

第四，对策建议更多体现于理论和分析层面，实践层面的建议不够。从现有文献看，很多文献提出的对策建议都是围绕中央政策或者东北政府作风，比如单纯强调中央政府应该更加重视东北振兴战略却没有提出中央政府应该从哪些方面体现重视，这种建议的可操作性并不强，本书在研究过程中将尽量提出符合东北地区实际且具有一定操作性的发展思路。

第三节　研究内容、技术路线与方法

本节将对本书的主要研究内容、技术路线以及研究方法进行介绍。

一、研究内容

本书总共分为六个部分，其中第一部分包括第一章和第二章，该部分提出论文研究的背景与意义，并对相关文献进行回顾与评述，进而提出本书的研究框架；第二部分为第三章，对东北地区经济和产业发展现状与产业结构演变历程进行研究。第四部分包括第四章至第六章，是本书的实证部分，对东北地区的产业体系衰退情况和相关影响因素进行研究，其中第四章是东北产业体系衰退情况的判断与研究，第五章是产业结构调整对东北经济增长的影响研究，第六章是产业结构变化的影响因素分析。第五部分是第七章，通过案例研究的方式进行产业体系重构模式的研究。第六部分为全书的结论、启示和不足。

二、技术路线

图 1－2 为本书的技术路线。

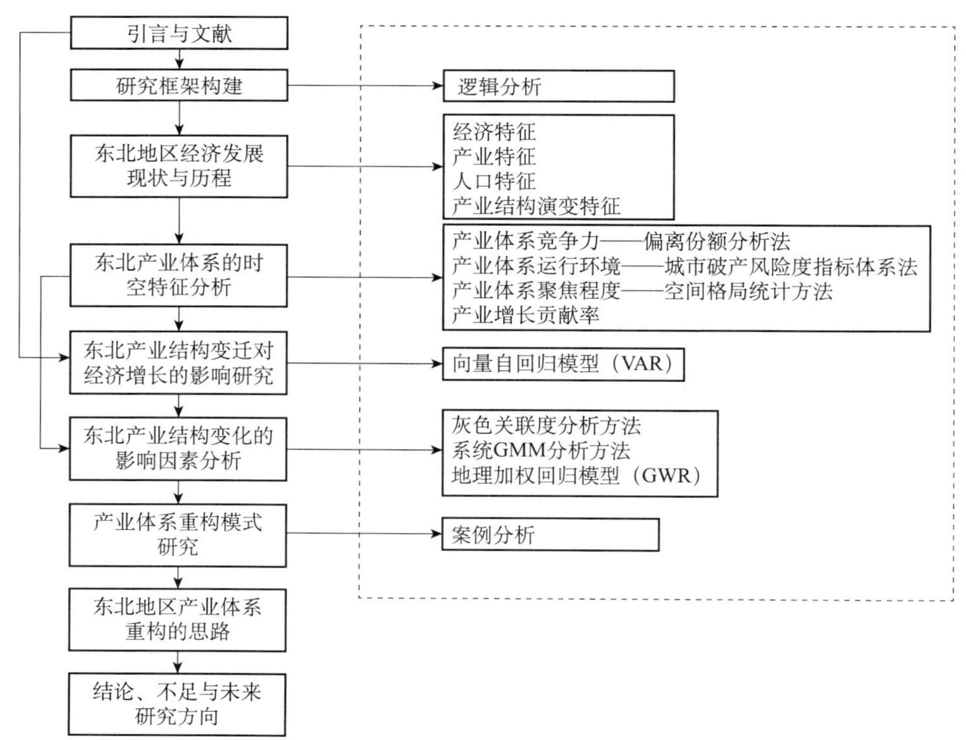

图 1－2　本书的技术路线

三、研究方法

本书在研究中主要采用三类分析方法：第一类为逻辑分析方法，通过对老工业区研究基础和东北经济衰退问题相关研究进行梳理，提出关于产业体系重构视角下的东北振兴研究框架。第二类为统计学分析方法，在研究东北地区经济和产业发展现状、产业体系衰退特征等时，采用大量指标分析、偏离份额分析、灰色关联度分析、指数测算、脉冲响应等统计学方法。第三类为计量经济学方法，本书在对东北地区产业结构与经济增长的关系、产业结构变化的影响因素分析时采用向量自回归、面板回归和地理加权回归等计量经济学方法。

第四节 研究的难点与创新点

一、研究的难点

本书在研究过程中存在以下几个难点：第一，东北地区的产业体系发展状况在不同空间尺度、不同时间范围上具有不同特点，面面俱到的研究既难以得到相关的数据支撑，也会使工作量变得异常大，因此尽管越是细化的研究越能够具有更强的实践借鉴意义，但是本书需要在自身研究能力范围和可接受的工作量之内选择合适的方法对东北地区的产业状况做出深入的研究，因此需要确立合适的方法和研究框架。第二，东北地区的产业体系如何重构是个难点，太具体详细的产业体系重构方案属于重大系统性、实践性工程，不可能是本书所能完成的，但是本书需要在产业体系重构的思路上进行深入分析与开拓，对东北形成较强的发展启示，这对笔者的视野和思路具有较高的要求和挑战，本书尝试对此进行探讨。第三，研究产业问题需要借助于大量方法和模型等，这对笔者本人的数据搜集能力和对相关统计分析方法、模型、软件等熟练运用提出较高要求。

二、可能存在的创新

本书可能存在的创新点有以下几个方面，第一，从产业体系视角对东北地区的问题展开全面研究，对产业体系现状、产业体系特征、产业结构与经济增长的关系、产业结构变化的影响因素、产业体系重构的模式特征、产业体系重构的支撑思路进行逻辑自洽的深入研究，提出具有针对性的产业重构思路。第二，对东北地区产业结构变化因素运用大量的分析方法，对影响东北地区产业结构变化的因素体系进行复合性分析，对影响因素的属性有初步判断，为东北地区产业重构思路提供参考。第三，对东北振兴中的产业体系重构问题给出初步研究思路和建议。

第二章　产业体系重构研究框架的理论基础与思路

通过第一章对已有研究文献的回顾和梳理，本书认为产业发展水平对一个地区的经济发展具有决定性作用，鉴于从产业体系重构视角展开研究的文献较少，本书将从这一视角展开深入研究。

第一节　概念、因素与机理

本节将从相关概念入手，对产业体系与重构等概念进行界定，并对产业体系演变的影响因素以及产业体系影响区域城市的机理进行分析，试图为最终研究框架的建立提供参考。

一、概念界定

产业体系与重构是本书的两个重要概念，下面分别对两个概念的内涵进行界定。

1. 产业体系

在讨论产业体系概念之前，我们先回顾“产业”的含义：产业是指国民经济中以社会分工为基础，在产品和劳务的生产和经营上具有某些相同特征的企业或单位及其活动的集合（简新华，2001）。张伟和胡剑波（2014）指出，产业是由使用相同原材料、相同工艺技术或生产相同产品用途的企业所构成。可以说，产业就是构成国民经济的行业和部门，整个国民经济就是由许多行业和部门组成的一个大系统。

关于产业体系的定义讨论并不多，目前也没有统一定义，不同学者的定义之间也存在较大差别。从字面看，产业体系不仅包括产业，而且区别的重点在于“体系”。

张耀辉（2010）认为，产业体系是个有机的整体，拥有自己特有的功能和特定的时代特征，是以特有经济主体结构和特定经济主体生存方式为基础的产业关联、产业构成、产业运行下的经济现象，是由特定的基础产业、政府行为和产业约束构成的有机体，用于维护和服务于经济主体的生存方式。龚绍东（2010）提出，产业体系是人类经济活动的载体，是人类创造并容纳一切经济活动并不断演进的大系统，迄今为止的产业体系主要指第一产业、第二产业与第三产业的构成，这是最为普遍的定义。赵寅和张永庆（2010）认为，产业体系是一国国民经济中产业因各种相互关系而构成的整体，其主要特征表现为系统性、层次性和有序性。产业体系作为构成国民经济的一个系统，其组成要素之间存在某种相互依赖和相互作用的关系，这种关系形成了产业结构，产业体系的基本功能在本质上就是产业分工的构架，在空间上表现为地区分工。王国平（2011）认为，产业体系包括三个组成部分，即结构、组织和业态，三者是依存—互动—优化的关系。产业结构状态通过产业组织尤其是企业组织结构来实现，产业结构实质上是产业主体即企业间的结构分布。产业结构通过产业业态去承载，业态的变化为产业组织发展提供重要基础和有效途径，业态是产业组织的发展手段和方式。在产业和产业体系的关系方面，张伟和胡剑波（2014）指出，产业的生存和运行依赖于产业的生态系统，即产业体系，犹如生物体存在于生态系统一样。

综上所述，本书认为产业体系概念的内涵大于产业结构，但是其核心就是产业结构，因此我们可以认为产业体系等同于产业结构概念加上产业发展运行环境等概念。本书对东北地区产业体系发展特征和衰退状况的研究主要从产业结构、产业竞争力、产业集聚力、产业运行环境方面来进行定量判断。

2. 重构

"重构"（Restructuring）是在经济学文献中出现频率越来越高的一个词，在不同领域都有学者使用，但是使用情况不同，主要分为三种：

第一种是直接使用"重构"一词但未对其含义进行说明或者定义，如"产业重构"方面，冯凌等（2010）的"价值、资本与产业重构"，叶时金（2010）的"加快产业重构，推动区域发展"，朱华晟（2011）的"匹兹堡地区的产业重构"、王兆宇（2016）的"我国产业重构的新态势与新思路"、林昌华（2016）的"以'互联网+'推动福建产业重构的路径与对策"，赵福全（2016）的"汽车产业重构解析"等；"经济重构"方面，赵伟（2003）的"浙江经济：发展阶段转换与区域经济重构"，陈佳贵（2004）的"跨国公司的全球经济整合与东北老工业基地的市场经济重构"，陆寒寅（2016）的"亚洲区域经济重构效应探析——基于‘一带一路’的战略视角”，李云（2013）的“芜湖开埠与近代城市经济重构探究”等，这类“重构”不具有特殊含义的使用占绝大部分。

第二种是未进行定义，但是对“重构”的含义有一定的说明，如宋馨（2011）研究旅游业的产业重构时认为，重构包括解构和整合两部分，即产业结构在融合与分化两种力量的作用下重塑与再造，作者认为企业在创新与模仿中变换着经营形态和经营模式，由此新兴和创新业态出现。

第三种是研究者根据各自的研究对象和目的对“重构”的含义进行具体界定，如关于企业的研究方面，Aghion 等将重构视为国有企业所需进行的变革，目的是成为同私有企业一样的市场主体，包括冗员解雇与激励机制改革、不良资产与非生产性资产的剥离、企业内部组织的变迁、设备现代化更新等（Aghion、Blanchard and Carlin，1994）；Dyck（1997）将重构定义为企业在劳动力政策、内部组织、财务控制以及产品市场策略等方面的变革；Sacco 和 Scarpa（2000）在其研究中将重构看成为增加生产投入而削减工资总额的行为（潘慧和陈钊，2003）。在区域经济政策研究方面，张可云（2016，2017）在研究老工业基地时认为重构是指对老工业基地原有的技术结构、经济结构、产业组织结构或体制结构进行弃旧换新式的全方位调整，是对发展结构的全面调整和彻底改组。同时将“重构”同“转型”在剧烈程度方面进行区分，指出转型属于改良，是对老工业基地的技术结构、经济结构、产业组织结构与体制结构进行的适应性调整，是渐进式的、局部的调整，而重构是急进式的、全面的调整。

本书认为，目前的多数研究未对“重构”含义进行说明，暗含的意思基本都是“重构”的字面意思，主要是出现重大结构性变化，如在产业或经济层面发生解构和整合，出现新的产业和经济形态变化等，侧重于结果的变化和不同。在本书的研究视角下，产业体系重构的目的是使东北地区的产业体系重获竞争力，因此这里“重构”的本质即一个地区培育有竞争力的产业，不论采取何种方式方法，通过在本地培育出具有竞争力的产业并优化产业结构，从而实现产业体系的改头换面，大大提升经济活力和竞争力。在这种意义取向下，产业体系的重构具有不同的模式，像转型升级这种渐进式的改良也包括在内，因为这种转型发展即便是渐进式的，但由于随着产业链的延伸和产业结构的高级化演进最终也实现重大的优化和结构的提升，从结果来看也属于重构。

二、产业体系演进的影响因素

产业体系的演进是一个长期性的多因素影响的综合而复杂的过程，对于一个地区而言，其内部因素比如创新能力、产业分工；外部因素如市场需求、国家政策；交叉因素如地区禀赋与发展环境等因素，下面从这三个方面来展开简要分析。

1. 内部因素

地区内部的产业分工是影响产业体系演变的主要因素，考虑到产业分工与技术创新有密切关系，因此这里将产业体系演进的内部因素进一步分解为产业分工和技术创新。

产业分工因素：产业体系内生于产业分工之中，产业体系演变由产业分工的演进决定，产业分工的演进历程也是产业体系的演进历程。产业分工演进的动力来自分工环节之间交易费用的降低和专业化收益的增加，产业分工收益的高低变化主导着产业分工的演进。随着产业分工的演进，内生于产业分工之中的产业体系也在不断演变，目前已经经历了产业间分工、产业内分工和产品内分工三个阶段。我国幅员辽阔，不同地区产业分工演进处在不同的发展阶段，产业体系发展程度差异较大，产业间分工、产业内分工和产品内分工三种形式的产业体系在我国各个地区同时存在。

技术创新因素：作为经济发展的原动力，创新是产业发展、产业分工演变和产业技术体系演变的关键推动力和影响因素，因此也是产业体系演进的重要的直接影响因素。技术创新可以降低产业资源利用的成本、提高产业生产效率、提升产品质量、促进产品的差异化、促进产业结构高度化、合理化产业资源配置的管理模式等。技术创新的中观层面即产业技术创新，产业技术创新即采用先进的科学技术手段开发新产品、新工艺等使其形成经济效益，它是产业经济发展的关键要素，在产业经济的周期演化中起主导作用（张越，2015）。产业技术创新有助于新兴产业培育，传统产业改造、优化产业结构是产业体系演进的重要内部影响因素。

2. 外部因素

影响地区产业体系演进的外部因素主要包括市场需求因素和国家政策因素，后者的外部性更强。

市场需求包括生产需求和消费需求。市场包括国际市场、国内市场和区域市场等多种层级，市场需求是无时无刻不发生变化的动态变量（张越，2015）。生产需求主要体现在投资结构上，投资作为企业扩大再生产和产业扩张的重要方式，其资金对不同产业进行投入会形成一定的投资配置量比例，也即投资结构。投资结构变动就会引起各产业发展程度产生差异，从而带来产业结构变化（杨公朴等，2008）。消费需求即消费者需求的总和，是产业存在的本质和产业创新的外部动力。消费者需求涵盖消费者的偏好和消费能力等特征，是刺激产业创新和发展的牵引力（张越，2015）。

政策因素包括产业、财税、区域等政策，其因素的作用机理如下：产业政策方面，国家的产业发展政策对重点鼓励发展的产业和行业部门实施优惠政策、对产能过剩等老旧产业部门实施淘汰限制政策等能从宏观层面对产业结构调整施加影响作用，从而对产业体系演进产生影响；财税政策方面，不同的税收制度对所属企业所有制成分结构不同的地区会产生不同的经济效果，从而影响不同区域产业部门的发展；区域政策方面，包括国际、国家、区域、地方等多个层次。国际层面如“一带一路”倡议，国家层面如西部大开发、中部崛起、东北振兴等，区域层面如京津冀协同发展战略、不同的城市群发展规划等。这些区域发展战略由于相关的贸易与合作、投资和发展引导等，会对相关区域的发展产生重大影响，从而影响区域产业体系变化。

3. 交叉因素

交叉因素指的是既具有外部属性，又具有内部属性的影响因素，主要包括自身禀赋和发展环境。

自身禀赋因素：包括自然资源禀赋、人力资源禀赋、区域地理位置优越度等。自然资源禀赋常常影响城市和区域的产业发展选择，因此是产业体系的重要影响因素，很多城市兴于地方自然资源，但却陷入“资源诅咒”中，转型发展之路艰难。人力资源禀赋主要是指区域劳动力的规模、年龄结构、高级技术人才的丰裕度等，是影响城市和区域发展的重要因素，人力资源禀赋因素既与地区内部因素密切相关，也与外部的影响因素密切相关。区域地理位置作为不可复制的独特因素，对城市与区域的发展影响巨大，它决定城市与区域的地理、政治、经济等的发展环境，有时甚至能起到决定性作用，一般认为这种因素是先天固定和绝对不变的，但是近些年随着高铁技术的兴起，地理位置也逐渐相对化了。

发展环境因素：包括宏观经济形势、政府能力、人文环境、社会风俗等因素，会作用于城市与区域本身，对其造成影响，比如政府在合法合规的情况下能否提高效率对地区经济发展就会产生很大作用。

三、产业体系影响区域与城市发展的渠道

城市作为区域之内相对独立的人口、产业与空间构成的有机综合体，其发展受产业体系演进的影响巨大，而区域内的所有城市的发展状况则构成区域自身发展评价的单元，因此为方便起见，本部分产业体系对区域经济影响的机理与渠道主要从城市的角度来进行研究。

1. 周期渠道

产业的生命周期会影响区域或城市生命周期，区域或城市的经济周期从根本上来看是由主导产业更迭导致的。由于产业发展普遍存在生命周期现象，而主导产业的周期性变动及其在城市经济发展中具有前向、后向和旁侧关联效应，因此是城市发展呈现周期性变化的决定性因素：在新技术的应用下，主导产业进入快速成长阶段，其发展直接带动前向和后向产业部门的繁荣，并通过扩散效应影响其他产业，其他产业的发展又反过来进一步促进主导产业的进步，使扩散效应得到加强，促使城市进入快速发展期。随着发展进入稳定阶段，技术创新速度下降，但是技术成熟度仍在提高，主导产业的发展便进入稳定持续的阶段，此时城市经济仍能维持稳定增长。但进入淘汰期后，由于技术创新的减少和利润的下降，企业会逐渐退出主导产业部门，主导产业对其他产业的带动作用也会下降，致使城市的经济增速下降，若这时没有新的主导产业发展，则城市将步入经济衰退期。可见，城市经济的周期性波动与主导产业发展的周期密切相关，产业尤其是主导产业发展对城市经济发展具有决定性影响（黄南和李程骅，2015）。

2. 功能渠道

城市是经济、社会、文化、政治和生态的综合发展系统，而经济系统是根本和基础。产业作为现代城市发展的核心驱动力，产业体系的演进直接带动了城市的扩张和发展，并通过经济领域的变革传导到城市的社会发展、文化发展、制度建设、城市管理等多个方面，并最终影响到城市功能的整体转变。工业化早期阶段，城市更多集中在生产功能方面，到工业化中后期，城市功能则越来越集中于服务、管理控制、信息整合、创新等方面，尤其是一些等级较高的中心城市，其地位和功能很大程度上取决于这些功能的发挥。随着全球化程度的加深，生产的全球分工程度逐渐增强，很多产业的产品从研发、生产到营销和服务等，往往都不全部在某一个国家或城市完成，而是由众多国家、地区和城市构成的全球生产体系中协同完成，全球经济正日益演变成为一个将全世界各大地区和城市连接在

一起的网络。在这个网络体系中，侧重于加工制造产业的城市沦为从属地位，而将保有设计、研发、营销等可替代性较弱的产业，占据价值链高端位置的高等级城市则更具核心竞争力与管控能力，属于城市体系中的领导者。此外在网络化时代，城市能级及地位的高低不仅仅取决于自身的经济实力、人口、区位、资源禀赋等硬要素，而且还能通过虚拟空间维度下信息资源的汇聚，在信息资源的对外传递过程中实现资源价值的增值，以实现城市自身能级的提升。同时，城市对外信息传递的连通性和畅达性越强，其在虚拟的网络化空间中的节点地位也会越高（黄南和李程骅，2015）。

3. 空间渠道

产业体系演进的一个最突出特征就是产业结构的变化，而城市产业结构的发展变化则会显著影响城市空间利用，塑造出空间格局形态的差异和变迁。一是三次产业大体对应的农业、工业和服务业之间对空间利用的要求差异最大，由于不同行业部门对劳动力、土地、资本、自然资源、技术、消费市场等要素的需求程度差别，因此存在不同的布局偏好以实现最大化利润等目标，从而导致同一城市的空间格局形态随着产业体系演进而变迁，不同城市之间由于产业结构的差异而空间格局各异等情况。二是随着产业体系的演进，影响工业区域布局的主要区位因素也不断发生变化，同时也影响城市和区域空间格局。工业革命时期，原料指向的工业占主要地位，煤炭、铁矿等自然资源是主要的布局因素；在新的知识经济时代，技术指向的工业代表工业发展方向，技术劳动力与高级管理人才是工业企业布局的关键因素（张可云，2005）。此外，从各产业自身及相互发展的最新变化来看，现代产业体系的发展对城市空间利用又有新变化，也将逐渐影响城市的产业空间布局。一是产业空间形态的柔性化，主要是指在产业的空间布局和空间载体建设过程中，具有较强的灵活性、可分割性和可变性，以应对产业和企业灵活多变的需要。这与传统产业体系下大规模的生产厂房模式不同，在现代产业体系模块化趋势的作用下，企业更多地呈现出小型化、个性化、灵活化的特点。二是产业空间形态的一体化，在现代产业体系下，产业的一体化发展趋势不断增强，不同产业之间的界限逐渐模糊，三次产业之间形成了相互交叉、互动发展的格局，传统产业体系下地理空间上的严格分割已难以适应现代产业体系发展的需要。比如，制造业越来越成为创新过程中不可分割的重要环节，制造业与服务业之间的互动发展是增强产业的创新能力和效率的途径，这也需要制造业与服务业能够实现空间上的融合（黄南和李程骅，2015）。

4. 地位渠道

由于产业体系的演进能决定性地影响城市的兴衰和周期性变化，因此会对其地位变化造成影响。伴随主导产业的生命周期变化步入经济上升周期的城市和区域会在各区域中凸显出来，从而地位上升。而主导产业已经步入产业生命周期的衰退阶段，并未能及时更新发展新技术新产业的地区则陷入衰退和萧条阶段，如老工业区导致地位下降。自18世纪以来的每一次产业革命，通过对产业结构的重组，促进资源要素向新的经济中心集聚，那些率先大规模采用新技术并围绕新技术构建现代产业体系的城市，迅速成为全球的经济中心，而原有的经济中心城市如果无法跟上世界产业体系演进的步伐，其发展进程就会受阻，在全球经济中的领先地位也会逐渐丧失。能否把握住世界产业体系演进的脉搏，率先发展起符合时代特征的新型产业体系成为世界城市竞争成败的关键。18世纪以来，全球城市体系由最初的伦敦单一中心，演变为以美国、英国、日本以及新兴经济体城市为主体的多中心、分散化趋势，就是不同城市的产业体系演进的结果（黄南和李程骅，2015）。

总之，产业体系的演进代表着城市或区域经济系统的演进，其对城市或区域通过直接、间接的作用和传导机制具有全方位的影响和塑造能力，产业体系问题决定区域的兴衰，是解决区域经济发展问题的关键。

第二节　产业体系重构框架的理论基础

研究框架的理论基础主要集中在三个方面：产业结构演变理论、区域发展理论以及产业与区域发展关系理论。下面对这三方面理论进行简要回顾。

一、理论基础1：产业结构演变理论

产业结构演变理论主要包括配第—克拉克定理、库兹涅茨法则、钱纳里工业化阶段理论、产业生命周期理论等。

配第—克拉克定理：该定理首次出现是配第在其1691年著述的《政治算术》一书中，他认为制造业、农业与商业三者之间的关系是商业能够获得最多的收益，制造业次之，农业获得的收益最少。克拉克则在配第论述的基础上，对比各种收入水准下，就业者在上述三个行业里分布情况的变化趋向，继而获得下列结

论：伴随着社会经济发展，农业就业人口数同制造业就业人口数相比下降，并且制造业就业人口数同服务业就业人口数相比下降，而这种劳动力在不同产业之间的迁移是由不同产业间的相对收入差异造成的。克拉克提出的论点仅仅是证实了配第曾经的论断，因此世人将克拉克的理论称作配第—克拉克定理。

库兹涅茨法则：美国著名经济学家、“GNP之父”西蒙·库兹涅茨在克拉克的研究之后，通过众多样本国家的数据，对国民收入和劳动力在产业间的分布结构进行研究，得到以下结论：农业的相对占比，产值结构和劳动力结构均在持续的降低；工业的生产总值相对占比与劳动力相对占比都是缓慢上升的，不过其上升的速率并不相同。和生产总值的相对占比比较，劳动力的相对占比就没有任何大的变动或上升速度很慢。在工业和制造业内部，产值结构占比和劳动力结构占比都是新兴技术产业部门增长最快的，而某些传统产业部门呈现降低的趋势。服务业在产值和劳动力占比方面都在上升，但是上升速度方面劳动力占比大于产值占比，同时服务业内部各部门的发展也存在差异。

钱纳里工业化阶段理论：钱纳里利用“二战”后的欠发达国家，尤其是九个准工业化国家与地区1960~1980的数据资料，分析得出标准产业结构，依照人均GDP，把一个经济体从不发达到成熟工业经济的全部发展过程分成三个阶段六个时期，任何发展阶段的跃升均是靠产业结构转变推动，结构转变的三个阶段是：在第一阶段，人均收入水平低，对制成品的需求有限，农业在经济活动中占统治地位，此时资本积累速度处于中低水平，劳动力快速增加。在第二阶段，伴随着收入水平的增加，经济重心发生相应转移，制造业的经济增长贡献慢慢超过农业，且由于资本和劳动从生产率较低的农业向较高的工业部门转移，资本积累贡献较高。在第三阶段，从需求层面来看，制成品的收入弹性逐渐下降，同时从某个节点开始，制成品在国内总需求中的占比也逐渐降低。从供给层面来看，第二阶段和第三阶段的最大差异是依照常规度量的要素投入的综合贡献是否降低（李恒全，2003）。

产业生命周期理论：此研究始于20世纪80年代，指产业由出现到衰退，具有一定的阶段性与规律性的厂家行为（尤其是进、出的行为）的转化过程。产业的生命周期可分成初创、发展、成熟和衰亡四个阶段，其曲线图一般由以销售收益为纵坐标、以时间为横坐标的S状的曲线来表征。产业在起始导入阶段时，公司数量少，产值比重较低，管控乏力；当产业进入成长期时，其在整个系统中的产值比重快速提升，作用也日渐突出；在产业进入成熟阶段时，技术基本成熟，市场需求缓慢增加，同时市场容量趋于平稳；当产业进入衰退期时，技术已经落后，需求也缩减，产出降低。应当注意的是，该理论属于定性理论，其曲线只是可以大略表现发展过程的曲线。甄别一个产业的生命周期处于哪个阶段主要从市场增长性、需求增长率、产品品种、竞争者数量、进入壁垒和退出壁垒、技术变革、用户购买行为等方面来考虑，而且并非所有产业都会衰退，有些产业将长期处于成熟期，形成稳定型行业（刘婷和平瑛，2009）。

二、理论基础2：区域发展理论

区域发展机制方面的理论主要包括循环累积因果理论、区域生命周期理论和路径依赖理论，以下对这些理论进行梳理。

循环累积因果理论：该理论最早出现是瑞典经济学家缪尔达尔（G. Mydral）在1944年提出的，并于1957年对其理论化。他认为市场力量自发作用的结果是趋向于导致区域之间的不平衡发展。他将社会经济机制视为持续演变的过程，同时提出产生此类演化的政治、经济文化等要素之间具有深层联系，并且相互影响。假如某个要素出现变动，就会引发关联要素出现变化，后面要素的变化又会促动第一个要素持续变化，继而让社会经济依循最早的变化所认定的发展轨迹运转。所以，社会经济的所有要素间的关联并不平衡抑或接近平衡，是通过循环的模式在发展，而非简单的循转，是具有累积效果的循环（李小建，2002）。这种累积效应有两种相反的效应，第一种是回流效应，指欠发达区域的资金和劳动力等流向发达地区，致使欠发达区域要素缺乏，更难获得发展；第二种是与之相反的扩散效应，指发达区域的资金与劳动力等流向落后区域，推动欠发达区域的发展。回流—扩散效应说明经济发达地区（增长极）对其他落后地区的作用和影响。相似地，赫希曼（Hirschman，1958）提出极化效应与涓滴效应，与缪尔达尔的扩散—回流效应基本相似，回流效应即极化效应，扩散效应即涓滴效应。为了实现平衡发展目标，缪尔达尔提出政府干预的思想，认为仅靠市场机制的作用是不够的，还需要通过政府干预，缓和区域发展的两极分化。

区域生命周期理论：区域生命周期理论（Regional Cycle Theory）于1966年由汤普森（J. H. Tompson）提出。此理论提出，只要工业区开始形成，就如同生命体一样具有一定的发展次序和规律，经历从年轻、成熟直至老年阶段。在不同阶段，该地区面临很多不同的问题，并处于不同的竞争地位。区域处于年轻阶段时，市场明显快速扩张，该地区的区位优势被得到认可，投资资金流入。当发展到成熟阶段，该工业区获得其在各区域中的主导地位，此时该区域的管理人员作为专业人才开始转移到其他区域，而区域间竞争也逐渐加剧，为了应对其他地区的挑战，工厂重新布局，工厂管理与监督人员将跟随转移。成熟的工业区尚可以保持自身区位成本的比较优势。在成熟期，分厂迁移和人才流动是该阶段的主要区域经济传播形式。到老年阶段，区域的成本优势彻底消失，市场转移突出，机器、厂房已经过时，税收过高，拥挤成为常态，人才流失，剩下的就是小型家庭企业。进入老年阶段的地区既有可能陷入萧条或膨胀，也有可能通过再创新来恢复活力，进入一个新的生命周期。这一理论只是对区域发展与区际发展传播路径的一种归纳，并非任何区域都严格遵循这种发展秩序（陈秀山、张可云，2003）。

路径依赖理论：路径依赖是指技术、经济或社会等系统一旦进入某个路径（不论好坏），就会在惯性的作用下不断自我强化，并且锁定在这一特定路径上（尹贻梅等，2011）。1975 年，美国经济史学家 Paul A . David 最早提出路径依赖概念（傅沂，2008），20 世纪 80 年代，David 和 W. Brian Arthur 开始利用这一概念分析技术变迁，认为路径依赖是指技术选择的不可预见、带来报酬递增或被锁住和缺乏效率。此后，North（1990）首开将路径依赖概念应用于制度变迁研究的先河，并指出路径依赖是指制度框架决定路径选择的方向，并约束那些可能被锁住的制度路径（尹贻梅等，2012）。此外，Hausner、Jesso 和 Nielsen（1995）等开创路径依赖的转型经济学分析。经过众多学者的发展，路径依赖概念在政治学、社会学、经济学、管理学等学科中得到广泛应用，成为理解社会经济系统演化的重要概念。该理论反对新古典经济学的各种理性假设以及均衡分析方法，立足有限理性，强调“历史重要性”、时间不可逆以及空间异质性等，同地理学的研究传统相契合，由此成为经济地理学家所青睐的理论工具，并被广泛应用到老产业区的衰落、区域经济的非均衡发展和高技术产业集群的形成等问题分析中。如 Grabher 将路径依赖引入经济地理学，分析鲁尔工业区陷入“锁定”的原因；Martin 和 Sunley 认为经济地理学中路径依赖的显著特征即“地方依赖”，路径依赖的基本机制，如各种形式的收益递增和外部性、网络经济等，其形式和运作方面都具有很强的本地依赖，路径依赖某种程度上可称为“地方依赖”。在后福特主义社会，知识和创新，特别是本地化学习与知识外溢具有重要作用，而知识的生产、流动和使用具有很强的植根性倾向。同时，良好的信任基础和强烈的当地合作意向等本地制度也有助于技术的开发和商业化等。因此，经济地理学家认为，技术和制度作为区域发展的重要“历史载体”，二者共同具备的依赖性同时发挥作用致使区域不平衡。因此，路径依赖概念成为探讨产业空间演化、老工业区复苏、城市增长、区域竞争力和区域差异的重要理论工具，尤其是对区域经济演化机制具有很强的解释力（尹贻梅等，2012）。

三、理论基础3：产业与区域发展关系理论

产业与区域发展关系理论着眼于产业发展与区域发展的关系，主要包括区位理论、新经济地理理论、产业集聚理论、竞争优势理论等，下面进行简要回顾。

区位理论：区位理论主要是研究产业与空间位置的理论，主要包括经典区位论、行为区位论、战略区位论、结构区位论。经典区位论是研究经济行为的空间选择及空间内经济活动的组合理论，其发展最早，包括杜能、韦伯、廖什、霍特林等学者的诸多理论研究，比如廖什（Losch，1939）将市场需求作为产业区位的决定性因素理论，并将获取最大利润作为区位选择的最终目标。霍特林（Hotelling，1929）认为，需求场所的差异和企业区位间的相互依存关系是决定企业与产业区位的主要因素。行为区位论将传统经济区位理论的“经济人”假设放松为更现实的“满意人”假设，认为经济活动的经营者与其是追求最佳区位，不如说是更多地按“最小努力原理”来寻找某一满意的区位。如普雷德（Pred，1967）认为区位决策取决于在决策时的信息占有量以及决策者的信息利用能力。以往的投资行为和经验以及选择相应地区的方式主导目前和将来的区位挑选。因为一些区位信息的更新和知识的积累，也会导致某个地区企业的高度集中。战略区位论将企业的区位选择视为其投资战略决策，其决策由企业内部的战略需求及其与外部组织的关系决定。如Knickerbocker（1973）研究美国跨国公司的国际投资行为时发现，跨国公司的防御性直接投资导致其空间集聚。而结构区位论提出，公司往往会随着产品设计和生产过程的创新将生产过程分解为多个片段，每个片段选择各自的最佳区位，以充分利用不同区位的比较优势和竞争优势。

总而言之，从不同理论的侧重点来看，古典和新古典区位论将成本最小化或利润最大化作为区位目标，强调要素供给和市场需求，区位依赖论强调企业竞争，行为区位论看重信息和知识的积累，战略区位论、企业策略结构区位论则强调了产业组织的作用（贺灿飞，1999）。产业区位理论是产业地理集中的研究出发点，从古典区位论到现代区位论，从区位主体、区位目标到区位选择基准等都发生了新的演变和发展。

新经济地理理论：1991年，克鲁格曼（Krugman）在《政治经济学杂志》上发表论文《收益递增与经济地理》，标志着新经济地理理论的诞生。以克鲁格曼为代表的新经济地理学派的核心观点是，两个地区即便自然条件很接近，也可能

因为偶然因素影响致使产业在其中一个地区集聚，由于经济具有收益递增效应，当不同区域间的交易成本尚未大到足以分割市场的情况下，就可能导致工业的集聚（金煜，2006）。在该理论中，空间经济集聚的动力来源于两个重要的经济效应所产生的循环累积因果机制，即“本地市场效应”和“生活成本效应”，两者分别从企业与消费者行为选择的角度揭示产业和人口在空间集聚的动力源泉。此外，新经济地理模型中的产业集聚是因为交通成本与平均规模经济水平之间的相互作用创造了需求联系和成本联系。需求联系促使最终产品或中间产品厂商靠近采购商，而成本联系则将其引导到供应商附近。该理论认为，可能导致产业分散的因素包括最终需求的不可移动性、要素成本差异、低工资和集聚成本等。同时，在该模型中，产业空间分布与运输成本呈倒“U”形关系，即中间水平的运输成本将导致产业空间分布最为集中；当贸易成本较高时，生产取决于需求，产业分布较为分散；当贸易成本很低时，规模不经济导致产业布局分散（贺灿飞，2006）。

产业集聚理论：聚集经济是指经济活动在地理空间分布上的集中现象，主要表现为相同（类似）产业或互补产业在某个特定或邻近地理区位上的空间集中。马歇尔（1890）最早对集聚进行系统研究，他认为经济活动集聚的根本源自外部经济，这种外部经济主要包括劳动力池效应、专业化的投入产品和知识外溢三方面内容。马歇尔认为外部经济能够降低企业的各种成本，包括搜寻和培训劳动力成本、劳动力匹配成本、交通通信成本、交易成本和创新成本等。在马歇尔的研究基础上，Ohlin（1933）进一步对外部经济的类型进行划分，其后 Hoover（1937）进行标准化的分类，区分三种可以影响生产成本的积聚力量：即公司内大规模经济（Large Scale Economies）、本地化经济（Localization Economies）和城市化经济（Urbanization Economies）。本地化经济与 Marshall - Arrow - Romer 外部性（即 MAR 外部性）相对应，而城市化经济则与 Jacobs 外部性相对应。此外，经济集聚也可能源于非经济因素的作用，如社会网络模型强调企业间的协作和信赖、嵌入性、网络关联等来阐述产业的地理集中机制（Gordon and Mcann，2000）。公司之间良好的信任和合作关系以及制度化的商业实践可以降低交易过程中的投机行为，降低有限理性带来的风险，从而降低交易成本。在产业集聚地区，企业家能够更加方便地打造社会网络体系，更新产业知识，所以新公司的存活比例很高，继而推动产业的集中（Sorenson and Audia，2000；贺灿飞，2009）。

竞争优势理论：波特提出的国家竞争优势主要是指一个国家使其公司或产业在某个领域创造并保持竞争优势的能力。该理论最初研究的是企业的竞争能力，后来从单个企业的竞争优势、竞争战略及其价值链分析，逐步扩展到产业乃至国家层面的竞争优势（项后军，2004）。波特认为，某个国家的产业能否在国际上具有竞争力，取决于本国的国家竞争优势，而国家竞争优势由四个核心要素与两类外部力量（辅助要素）组成，所有要素结合成一个体系，相互作用协同决定一个国家的竞争优势情况（曾忠禄，1997），并由此提出著名的“钻石模型”。“钻石模型”决定因素包括要素条件、需求条件、相关及支持产业和企业战略、组织以及竞争，两类外部力量是随机事件和政府。

第三节　研究思路与框架设计

通过文献回顾发现目前研究东北问题的视角众多，这充分证明东北目前遇到问题的复杂性，选择合适的研究视角对研究的深入与准确性具有重要意义。基于如下两点原因，本书将从产业体系视角对东北问题进行深入研究：第一，产业对于区域经济的重要性，产业在提供税收、提供就业等多方面对区域经济发展具有重要作用，产业体系完善、发展水平高，该地区的发展就会顺利，反之亦然。第二，区域衰退的表现或者原因往往与产业衰退脱不开关系，产业衰退往往是区域衰退的开始，研究产业体系的特征以及变化对深入研究地区的衰退具有重要的参考价值。

考虑到上文对产业体系演进的机理和渠道分析，本书设计研究框架如图 2 –1 所示。

根据图 2 –1 的研究框架，研究分为三大主要部分：

第一，对东北地区的产业结构体系现状作出判断，主要从产业环境、产业数量、产业质量和产业贡献率四个方面进行研究，采取的方法分别是衡量城市的破产风险、产业的集聚程度、产业竞争力、产业经济增长贡献率四种方法，根据这四个方面的结果对东北地区目前的产业体系发展衰退情况作出判断。

第二，对东北地区产业结构变化的影响因素进行深入研究，如果东北地区产业结构已经衰退，那么影响产业结构变化的因素也同时是影响东北地区经济增长的影响因素，通过研究这些因素能够为东北地区的产业体系重构提供参考。

第三，通过对产业体系重构的模式进行理论和案例层面的研究，分析地区产业体系重构的方式方法，并结合东北地区的发展情况得到重构思路和启示。

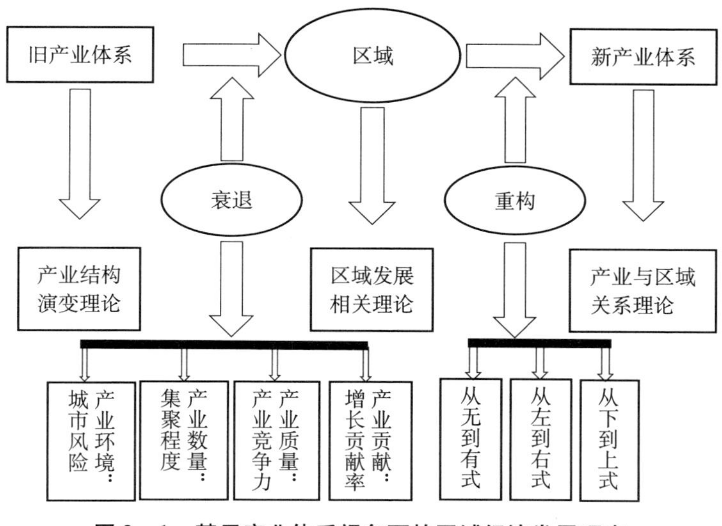

图 2－1　基于产业体系视角下的区域经济发展研究

第四节　小结

本章在界定相关概念的基础上对区域产业体系演变的影响因素以及产业体系与区域发展之间的作用渠道进行阐述，并从产业演变、区域发展、产业与区域发展关系三个层面对相关理论基础进行回顾，之后提出了本书关于产业体系重构研究框架的内涵与思路。下文将根据产业体系重构框架对东北地区的经济发展现状与历程、产业体系时空特征进行研究，并对东北地区的产业结构变迁与经济增长间的关系进行研究，对影响东北地区产业结构变化的因素进行全面探讨，最后研究产业体系重构的模式问题，并结合本书研究给出东北地区产业体系重构的思路。

第三章　东北地区经济发展现状与历程

在对东北产业体系问题展开具体研究前，本章先对东北地区的基本情况、经济特征和产业结构演变历程进行研究，以熟悉关于东北地区经济和产业实际发展情况与基本特征。

第一节　东北三省基本经济特征

本节主要展示东北地区的宏观经济发展特征，主要从省级层面进行研究。东北地区狭义上指黑龙江省、吉林省、辽宁省，广义上则还包括呼伦贝尔市、通辽市、赤峰市、兴安盟和锡林郭勒盟，本书出于实证研究的方便，同时也不影响问题的研究，在此将东北地区问题研究范围界定为东北三省。

一、基本情况

东北三省土地总面积约占全国的8.3%，2002年全区耕地面积为21.5万平方千米，占全国耕地总面积的16.68%；人均耕地面积0.309公顷，是全国人均耕地面积的3倍。东北三省矿产资源分布广，种类繁多，现已探明储量的矿种有84种，占全国已探明矿种的64%，铁矿保有储量为1241.6亿吨，占全国储量的1/4；石油储量占全国1/2以上；煤炭669.1亿吨，占全国9%，油页岩储量211.4亿吨，占全国68%，三省各自基本情况如下：

辽宁省是东北地区唯一的既沿海又沿边的省份。全省面积14.8万平方千米，大陆海岸线长2292千米，近海水域面积6.8万平方千米。截至2016年底，全省下设14个省辖市、16个县级市、25个县（其中8个少数民族自治县）、59个市辖区。

吉林省南连辽宁省，西接内蒙古自治区，北邻黑龙江省，处于日本、韩国、朝鲜、俄罗斯、蒙古国与中国东北地区组成的东北亚的腹心地带，边境线总长1438千米。吉林省地处北温带，全境东西最长约750千米，南北最宽约600千米，总面积18.74万平方千米。全省现辖1个副省级市、7个地级市、延边朝鲜族自治州和长白山管委会，60个县级行政区划单位（21个市辖区、20个县级市、16个县、3个自治县）。

黑龙江省是我国位置最北、纬度最高的省份，南部与吉林省接壤，西部与内蒙古相邻，北部、东部与俄罗斯为界。全省土地总面积47.3万平方千米（含加格达奇和松岭区），居全国第6位。全省辖12个地级市、1个地区（合计13个地级行政区划单位），65个市辖区、19个县级市、43个县、1个自治县（合计128个县级行政区划单位；大兴安岭4个地区辖区不计入）。

二、宏观特征

本部分将对东北三省的总体经济发展特征进行省级层面的研究，主要通过GDP 、人均GDP、固定资产投资、一般财政预算收入和进出口总额方面的趋势和比重来判断三省在全国经济地位的变化历程，同时分析三省的差异和特点。

1. 国内生产总值（GDP）历史走势

由图3－1可以看出，总体来讲，东北三省的GDP总量所占全国比重呈很明显的下降趋势。具体来看，1952年，东北三省GDP总量占全国比例为12.4%，之后稳步上升，到1958～1960年，比例呈显著快速的上升趋势，但1961年又恢复了之前13%多的比例，之后的一段时期，这一比例相对平稳，呈小幅波动走势。从20世纪80年代开始，东北三省GDP占比不断缓慢下滑，到1995年已经不足10%，自2014年开始又有一个显著快速的下滑趋势，从2013年的9.6%下滑至2015年的7%。

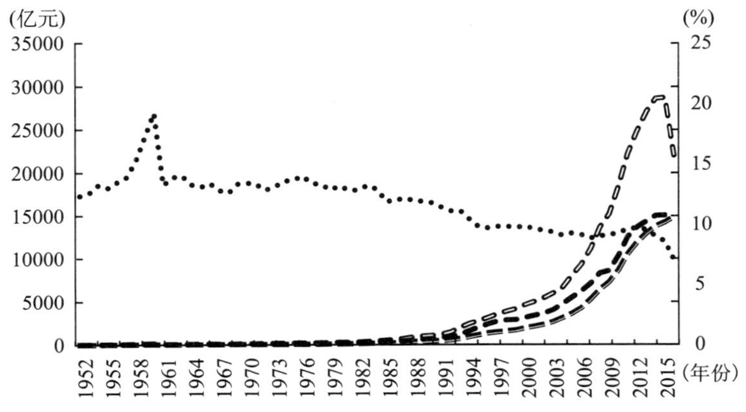

图3－1 1952～2015年东北三省GDP及其占全国比例

从东北三省的 GDP 来看，三省的 GDP 排名总体保持辽宁省第一、黑龙江省第二、吉林省第三的位次，三省 GDP 的波动趋势大体相似，但是辽宁省的趋势波动更突出：1958～1960 年，辽宁省的 GDP 出现突然的增进，1961 年又回落到原来的水平，之后平稳上升，黑龙江省和吉林省也有同样的趋势，但是黑龙江省的波动比辽宁省小，吉林省更小，相对不突出（见图 3－2）；第二次波动是 1966～1968 年，辽宁省的 GDP 有较明显的回落，黑龙江省和吉林省也有微弱的下降，之后继续保持平稳增长（见图 3－2 和图 3－3）；第三次波动是 2015～2016 年，辽宁省的 GDP 出现大幅下降，黑龙江省和吉林省虽然没有下降，但也都自 2012 年以来增长缓慢（见图 3－4）。

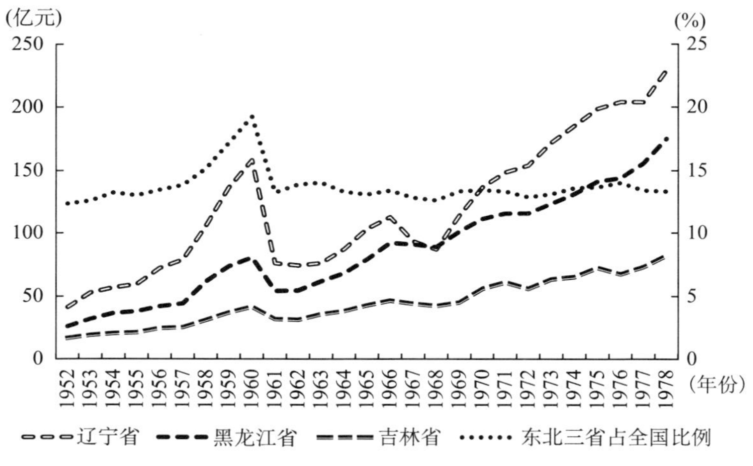

图 3－2　1952～1978 年东北三省 GDP 及其占全国比例

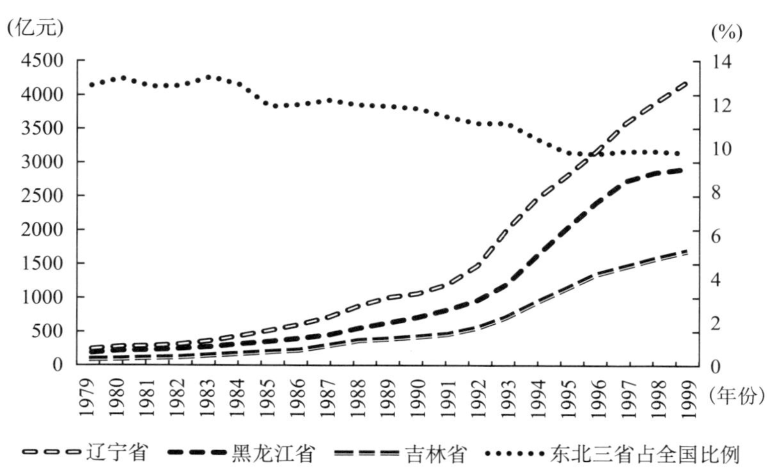

图 3－3　1979～1999 年东北三省 GDP 及其占全国比例

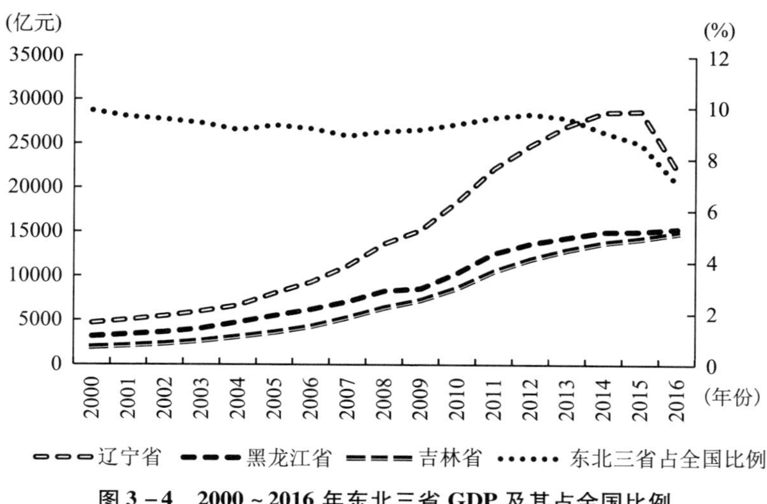

图 3-4 2000~2016 年东北三省 GDP 及其占全国比例

东北三省 GDP 走势和在全国所占比例发生的波动变化与国家的政策安排密切相关：中华人民共和国成立后，在国家选择优先发展重工业的战略下，国家对东北工业进行大规模的投入，“一五”计划时期国家共安排 156 个重点项目，有 58 个分布在东北，约占 1/3，其中 24 项在辽宁省，22 项在黑龙江省。图 3-1 至图 3-4 中东北三省的 GDP 及所占比例在 1958~1960 年的突然跃进就是这种大规模投入导致的变化。经过“二五”计划到“四五”计划的进一步发展，东北三省逐步形成以钢铁、能源、化工、重型机械、汽车、造船、飞机、军工为主的重化工业体系，在我国国民经济中占有十分重要的地位，拥有巨大的存量资产，拥有一批优势产业和举足轻重的骨干企业，同时也拥有明显的科教优势和众多的技术人才，为推动我国工业化和城市化进程做出历史性重大贡献。

1978 年改革开放后，东北地区开始显现出相对衰退，在全国的经济比例不断下降，从 1984 年以来的比例明显逐渐下降与此相对应。国家从 2003 年起启动了东北振兴战略，东北地区的 GDP 占全国比例大体都维持在了 9%~10%，说明这一时期国家的一系列投资和政策对于遏制东北经济地位下滑起到一定作用。但是由于老工业基地振兴的艰巨性和长期性，很多问题尚没有从根本上解决，加上国际金融危机之后的全球经济危机蔓延，国家进入经济发展的新常态，东北地区积弊已深的问题此时集中暴露，反映在数据上就是经济增长停滞甚至下滑，GDP 所占全国比例再次快速下降的重大问题。

2. 人均 GDP

人均 GDP 能够直接反映经济发展水平和人民生活水平。由于东北地区经济发展阶段性特征比较明显，故分阶段进行描述分析。

从三省排名来看，辽宁省多数时期高居东北三省人均 GDP 的首位，黑龙江省在 1970 年之前除 1956 ~ 1961 年国家大规模投资时期稍低于辽宁省的人均 GDP，其他年份位居第一，吉林省第三，说明辽宁省和黑龙江省在 1970 年之前人民生活水平不相上下，吉林省位居第三（见图 3 -5）。自 2007 年开始，吉林省的人均 GDP 超过黑龙江省，三省排名自此变为辽宁省第一、吉林省第二、黑龙江省最后（见图 3 -6）。到 2016 年，排名再次发生变化，辽宁省人均 GDP 突然大幅下降，被吉林省赶超，排名变成吉林省第一、辽宁省第二、黑龙江省最后（见图 3 -7）。

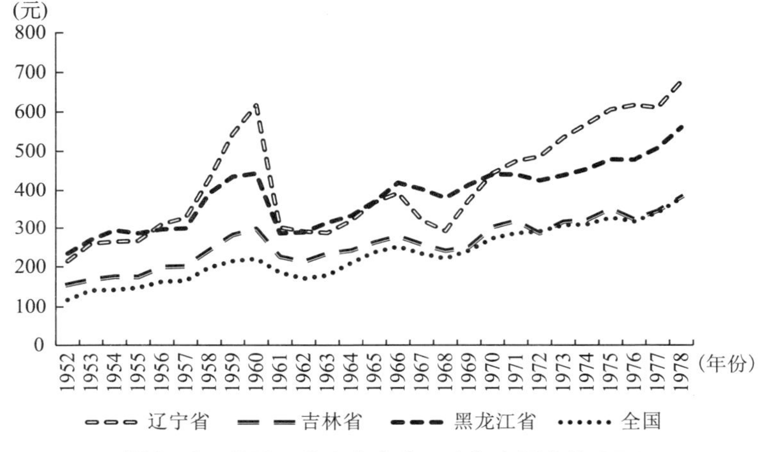

图 3 -5　1952 ~ 1978 年东北三省和全国人均 GDP

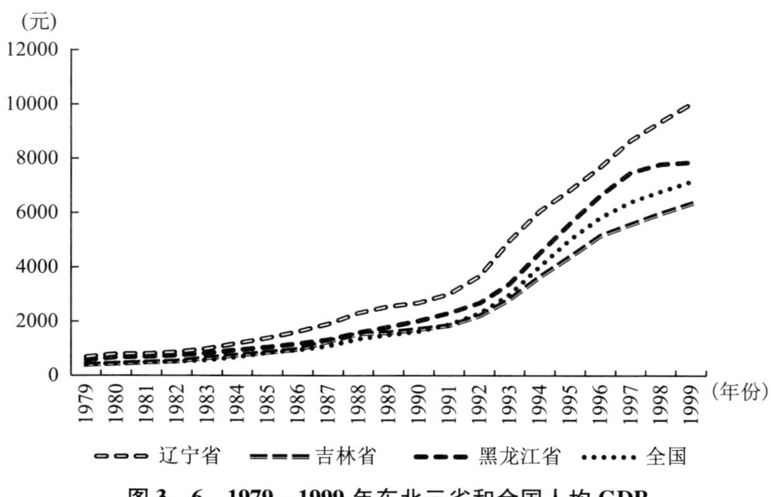

图 3 -6　1979 ~ 1999 年东北三省和全国人均 GDP

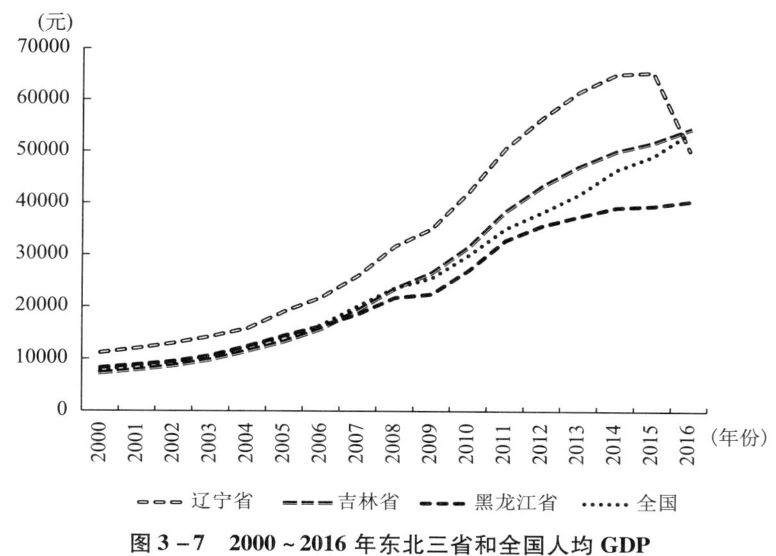

图 3－7　2000～2016 年东北三省和全国人均 GDP

从东北三省和全国人均 GDP 比较来看，1978 年之前，东北三省人均 GDP 都高于全国水平，其中辽宁省和黑龙江省远远高于全国平均水平。1978 年之后，吉林省的人均 GDP 水平开始低于全国平均水平，黑龙江省人均 GDP 增长渐趋缓慢，到 2006 年，黑龙江省人均 GDP 开始低于全国平均水平，且由于其增长缓慢，与全国水平差距越来越大，而吉林省则自 2007 年开始又再次超过全国平均水平。可见，从人均 GDP 来看，辽宁省一直是生活水平较高的地区，但是到 2016 年突然回落到稍低于全国平均水平，黑龙江省自 2006 年开始已经低于全国平均水平，而吉林省虽然一开始的水平不算最高，中间也曾低于全国平均水平，但十多年来发展势头是三省中最好的。2013 年以来东北三省人均 GDP 增长相对全国都较慢，说明东北三省整体也都存在困难和问题。

3. 财政收入与收支比

财政收入也是经济发展状况好坏的直接表征，经济越发达，财政收入越多，政府可用于投资和改善民生的可支配资金越充裕，2014 年以来引起社会各界广泛关注的地方债务、GDP 造假、危机问题充分说明了地方财政收支情况的重要性。本书通过分析东北三省地方财政一般预算收入及其占全国比例的变化来反映东北三省区域经济发展和政府财力。

由图 3－8 可以看出，东北三省的地方财政一般预算收入之和所占全国比例有三次较大的波动，整体下滑水平十分突出。在 1959 年之前，三省一般预算收入之和占全国尽管有较大波动，但是水平非常高，最高时期其收入占比高达全国的46.3%，之后下降为12%~13%，20世纪70年代比例重新升至16.8%~20.7%的较高水平，之后在小幅波动下逐渐下降，2013年之后迅速下降至历史最低点5.4%。

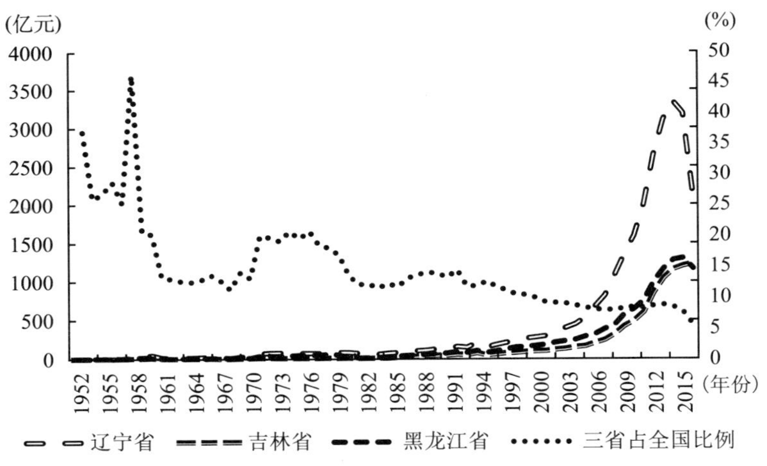

图3-8 1952~2015年东北三省地方财政一般预算收入及占全国比例

对东北三省一般预算收入水平从以下几个方面进行研究（见图3-9）：个体层面，辽宁省最高、黑龙江省其次、吉林省最后（2015年吉林省超过黑龙江省），波动幅度方面，辽宁省波动最大，黑龙江省其次，吉林省相对较小，整体相对平稳上升。整体层面，三省GDP占全国比例最高时期为19.2%（1960年），其余最高水平多为13%左右，而三省财政一般预算收入之和所占全国比例则最

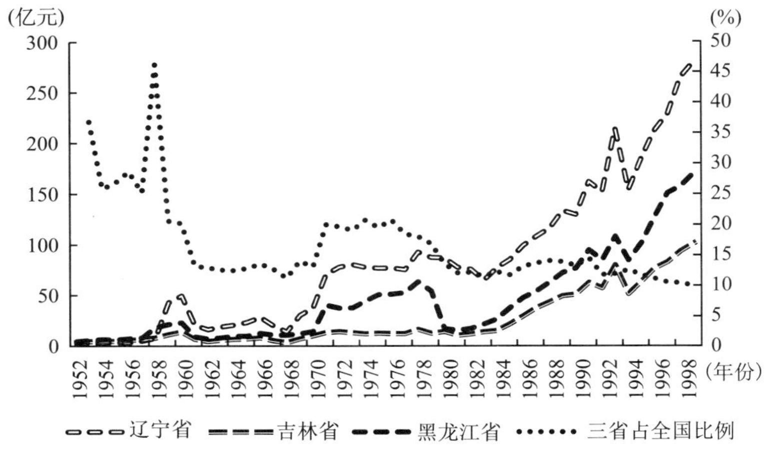

图3-9 1952~1998年东北三省地方财政一般预算收入及占全国比例

高达 46.3%（1958 年），其余最高水平主要在 20% ~30%，整体明显高于 GDP 在全国的占比，自 2000 年以来，东北三省的一般预算收入之和所占全国比例已经开始低于 GDP 所占全国比例，较低的财政收入占比说明东北三省企业发展的不景气，也间接影响政府发展经济的能力。

从财政收入与支出的比值来看（见图 3 - 10），全国的平均水平在 1993 年及之前的年份大体保持在 1 左右，1993 年之后在 0.53 ~0.66 波动且整体趋势下降。东北三省的收支比则发生较大变化：辽宁省在 1959 ~1993 年收支比都大于 1，且最高的年份高达 4.32（1971 年），其余年份则与全国平均水平相近且略高，1994 年以后在 0.47 ~0.69 波动；吉林省收支比整体呈波动下滑趋势，1975 年之前绝大部分年份收支比都大于 1，且 1952 年最高时达 3.53，1975 年之后收支比都小于 1 且始终低于全国平均值；黑龙江省在 1980 年之前的收支比除个别年份（1969 年和 1970 年）都大于 1，且从 1952 年的 2.92 波动性下降到 1970 年的 0.94，之后又从 1971 年的 2.79 波动下滑至 1979 年的 1.91，从 1980 年开始其收支比已经开始小于 1 且低于全国平均值。整体来讲，东北三省收支比辽宁省最高，黑龙江省其次，最后是吉林省，三省在 20 世纪 80 年代之前的高收支比反映东北三省对国家的重大经济贡献，辽宁省贡献时间更长，一直持续到 20 世纪 90 年代。

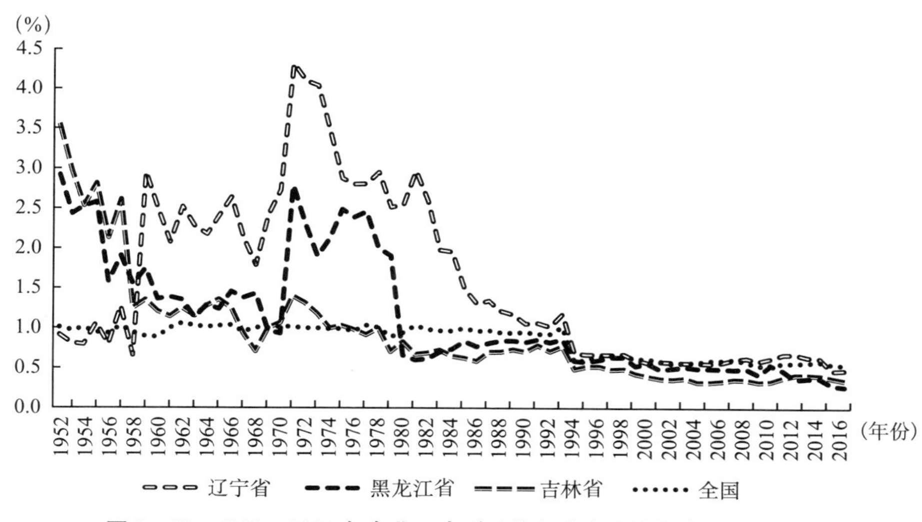

图 3 - 10　1952 ~2016 年东北三省财政收入支出比值与全国平均水平

4. 进出口总额

东北三省的进出口总额趋势如图 3 - 11 所示，三省大体走势相似，主要发生三次较为明显的波动：第一次是 1997 ~ 1999 年，受亚洲金融危机影响，三省进出口总额出现了一定程度的下降；第二次是在 2009 年出现下降，主要也是受全球金融危机波及影响；第三次是从 2014 年以来三省的进出口总额都明显大幅下降，这主要是因为全球经济增长乏力和中国经济发展模式剧烈转型所导致的进出口额下滑。从东北三省进出口总额所占全国比例来看，1993 ~ 2004 年处于不断下降趋势，比例从 7.3% 降到 4.2%，2004 ~ 2014 年比例保持相对稳定，2015 年出现下降，由 2014 年的 4.2% 降至 3.4%。

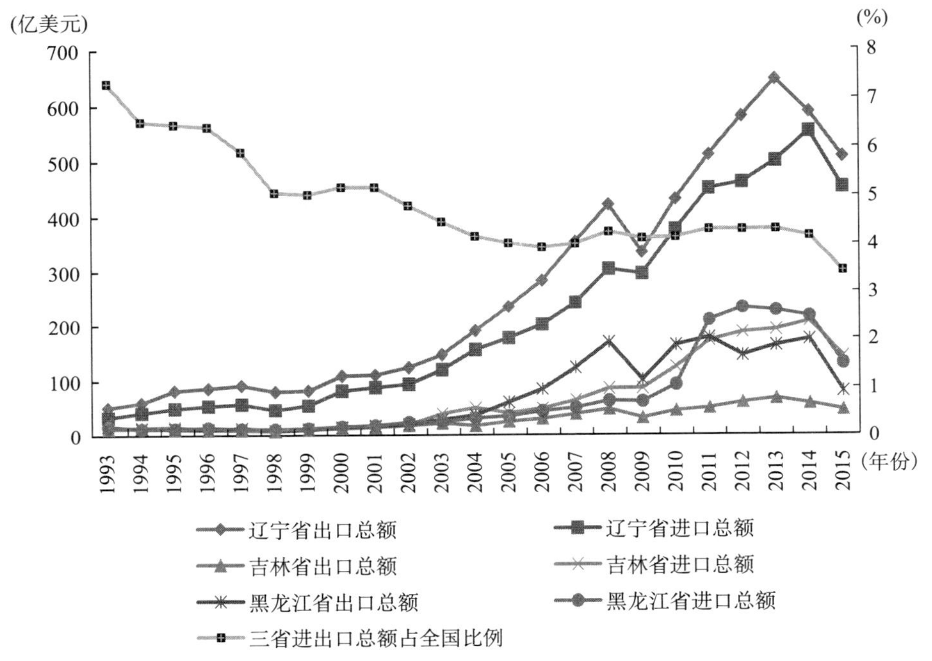

图 3－11　1993 ~ 2015 年东北三省进出口总额及占全国比例

5. 人口特征

人口特征从人口规模和人口年龄结构两个方面进行研究。

从人口规模方面（见图 3 －12），东北三省的人口数排名从高到低依次为辽宁省、黑龙江省、吉林省；三省的总人口数在 2000 年之前是稳步增加的，其中黑龙江省在 1978 年之前人口增长速度最快，2000 年以后，三省人口增长近乎停滞状态。从东北三省总人口数占全国比例来看，1952 ~ 1964 年从 7.1% 到 9.2% 不断上升，之后到 1982 年主要稳定在 9%，1982 年之后人口比例逐步下降，到 2016 年比例已经降至 7.9%。

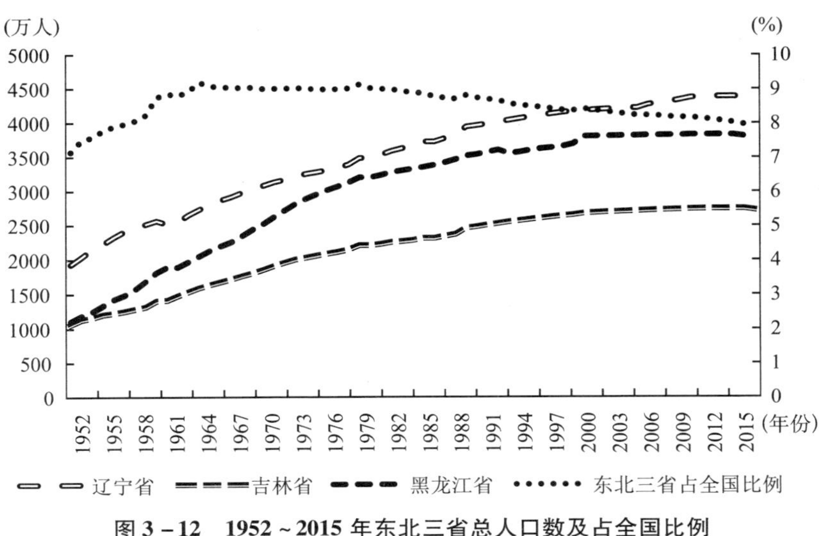

图 3 - 12　1952 ~ 2015 年东北三省总人口数及占全国比例

从人口年龄结构方面（见图 3 - 13），从人口总抚养比[①]看，东北三省整体较大幅度低于全国平均水平，说明东北地区的劳动力负担压力较轻。三省中，辽宁省的人口总抚养比整体相对最高，吉林省和黑龙江省稍低，三省的人口总抚养比呈现先下降后上升的波动趋势，但整体在 32% 以下。

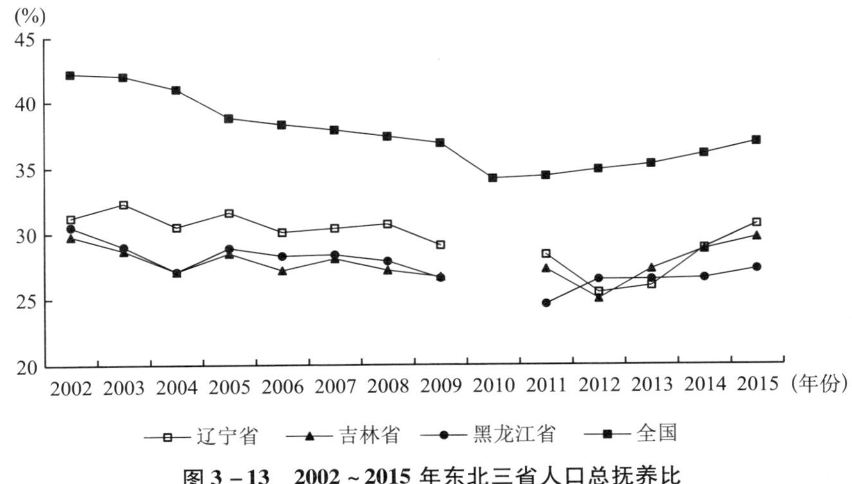

图 3 - 13　2002 ~ 2015 年东北三省人口总抚养比

---

① 人口抚养比是反映人口年龄结构的一个重要指标，是指总人口中非劳动年龄人口数与劳动年龄人口数之比，因而反映了经济社会发展的人口负担。人口抚养比还分为少儿抚养比（人口中少年儿童人口数与劳动年龄人口数之比，即 0 ~ 14 岁人口与 15 ~ 64 岁人口的比率）和老年抚养比（65 岁及以上人口与 15 ~ 64 岁人口的比率）。

从老年人口抚养比来看（见图 3－14），辽宁省在多数年份都高于全国平均水平，反映了辽宁省相对较重的老年人口抚养负担，吉林省和黑龙江省的老年人口抚养比较接近，且在多数年份低于全国平均水平，但是 2015 年已经非常接近全国平均水平。东北三省和全国平均水平的变化都是整体呈上升趋势，只是东北三省波动较大，全国平均水平变化较为稳定。

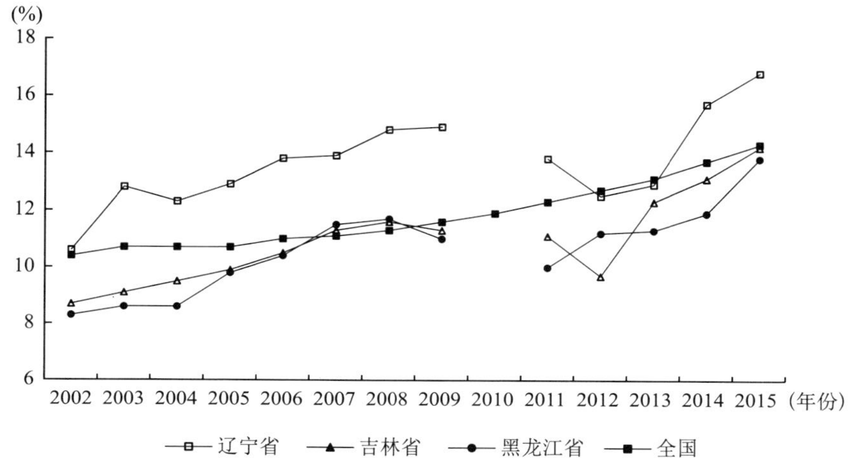

图 3－14　2002～2015 年东北三省与全国老年人口抚养比

从少儿抚养比来看（见图 3－15），东北三省比率都比较接近，变化趋势也大体类似，同时都远低于全国平均水平，这主要跟东北三省严格执行计划生育政策，人口出生率较低有关。

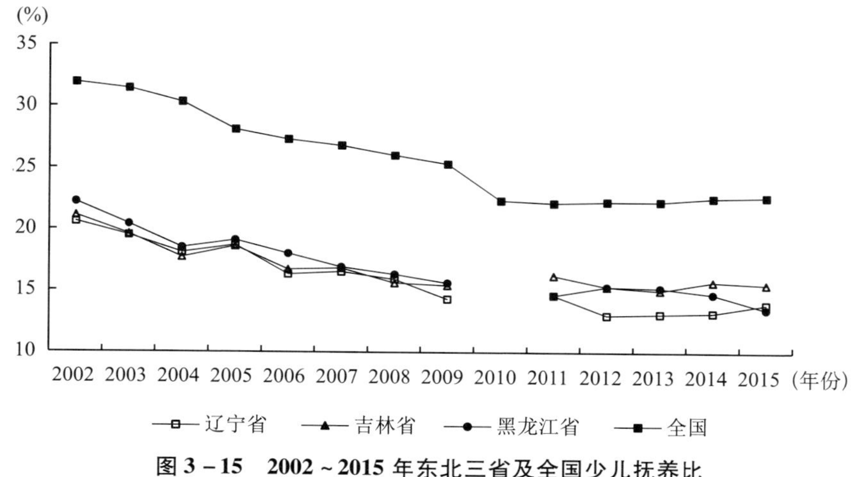

图 3－15　2002～2015 年东北三省及全国少儿抚养比

人口的空间集聚特征也即城镇化率方面，东北作为中国最早迈入工业化的地区，其城镇化率在早年便在全国处于领先水平，如图 3 - 16 所示，2005 年全国城镇化率为 42. 99%，辽宁省已高达 58. 71%，吉林省和黑龙江省都在 53% 左右。之后东北三省的城镇化率提升速度慢于全国平均水平，全国平均水平为直线型稳步式提升（十年间提升了 13. 11%），但是东北三省中除了辽宁省先慢后快提升到 2015 年的 67. 37%（十年间提升了 8. 66%），黑龙江省十年间提升了 5. 7%，吉林省十年间提升了 2. 82%，城镇化发展进程都较全国缓慢得多，且吉林省在 2015 年的城镇化率已经略低于全国平均水平。

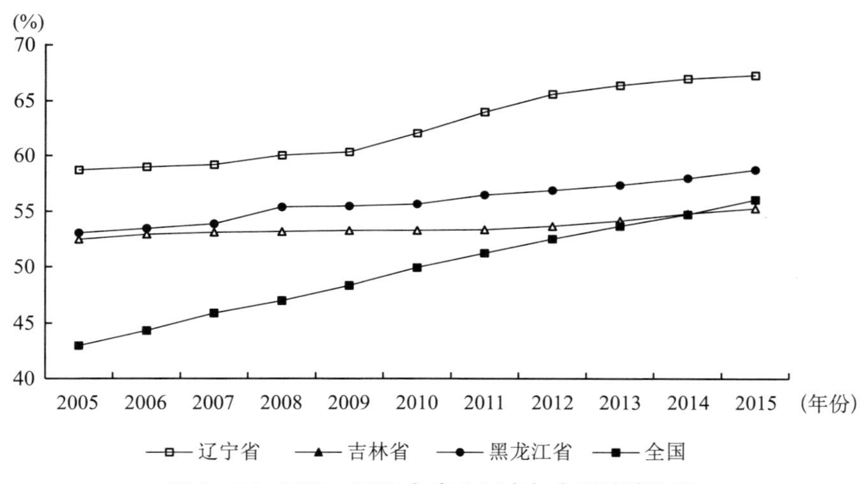

图 3 - 16　2005 ~ 2015 年东北三省与全国城镇化率

三、产业特征

本节主要从三次产业结构特征、工业发展特征、工业部门中国有经济比例特征、高新技术产业发展特征四个方面来表征东北三省的产业发展特征。

1. 三次产业结构特征

三次产业结构是判断一个地区所处工业化阶段的关键指标之一。本书将对东北三省的三次产业结构发展状况进行分析，并与全国的三次产业结构发展进行对比分析。

通过对图 3 - 17 ~ 图 3 - 20 进行比较分析发现，1961 年之前东北三省的产业结构变化与全国的变化有相同的特点，都在 1957 年之后出现第一产业比例快速下降，第二产业比例快速上升的趋势，这是由于受当时“大跃进”和

“农村合作社运动”的影响，之后又都调整回原来的结构状态并开始走上重工业优先发展战略，东北三省作为当时全国最发达和重要的重工业基地，在这一时期的发展中第二产业比例更是高于全国水平，尤其以黑龙江省为最。改革开放之后，东北三省和全国都经历了第一产业和第二产业比例下降、第三产业比例上升的趋势。

图 3-17 1952~2015 年全国三次产业增加值比例

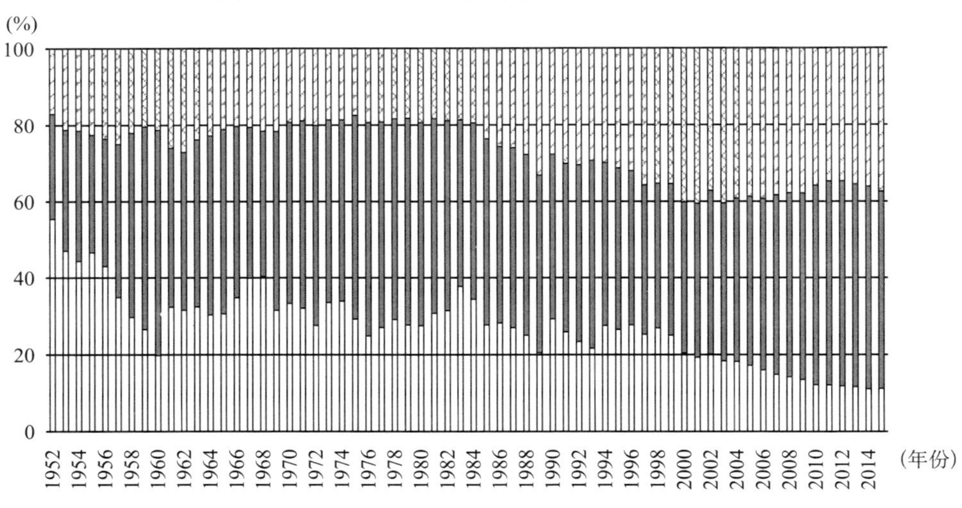

图 3-18 1952~2015 年辽宁省三次产业增加值比例

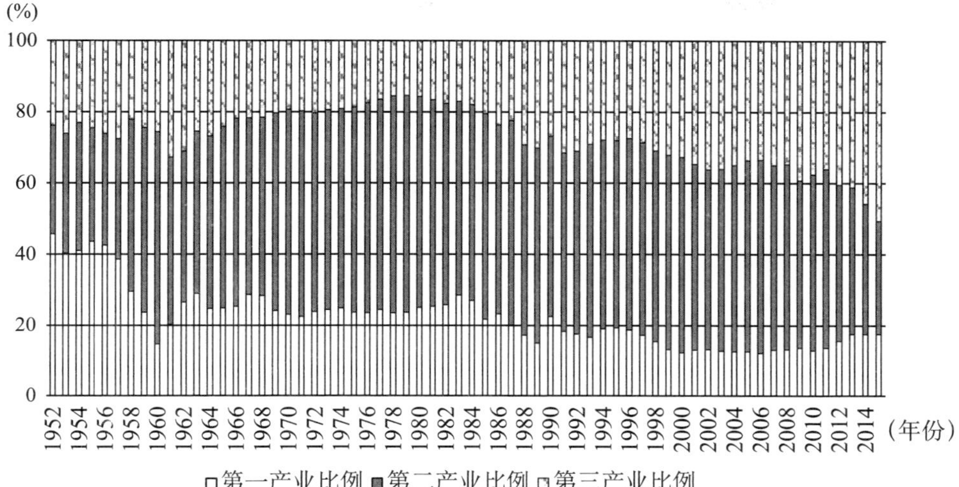

图 3－19　1952～2015 年吉林省三次产业增加值比例

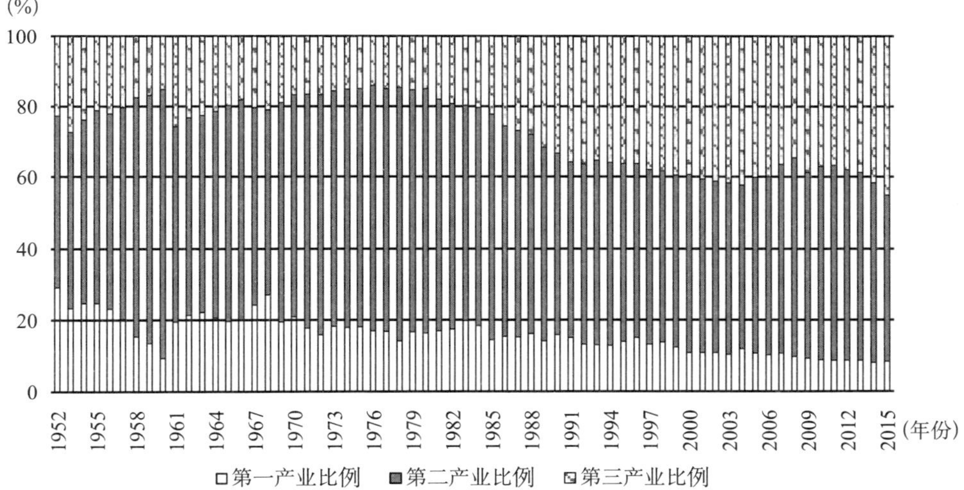

图 3－20　1952～2015 年黑龙江省三次产业增加值比例

2. 工业发展特征

由于工业是东北地区经济发展中至关重要的行业领域，对东北地区的经济发展具有重要影响，因此我们将对工业发展历史特征进行梳理。

首先从工业总产值方面来看有如下特征（见图 3－21 和图 3－22）：

一是工业总产值变化趋势三省大体一致，都出现了两次大的波动：1958～1960 年的“大跃进”到 1961 年又恢复原来水平，以及 1966～1968 年“文化大革命”和“上山下乡运动”影响下的总产值下跌，此后 1997～1999 年受亚洲金融危机的波及影响，三省的工业总产值都出现不同程度的下降，此外，2013 年之后辽宁省和黑龙江省的工业总产值出现小幅度下降。

二是三省的工业总产值排名，辽宁省一直位居第一，2007 年之前黑龙江省排名第二，吉林省第三。但从 2007 年开始，吉林省超过黑龙江省位列第二名，黑龙江省最后。

三是东北三省的工业总产值之和占全国的比例，1976 年之前在 21% 左右浮动，之后从 1977 ~ 1999 年整体快速下降至 5.3%，2000 ~ 2014 年在7.7% ~9.2% 波动，比值相对稳定。

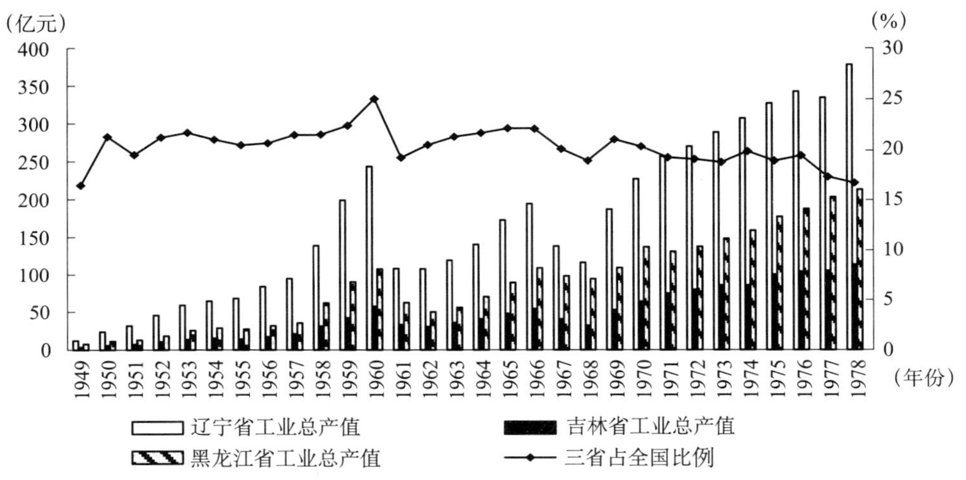

图 3 - 21　1949 ~ 1978 年东北三省工业总产值及占全国比例

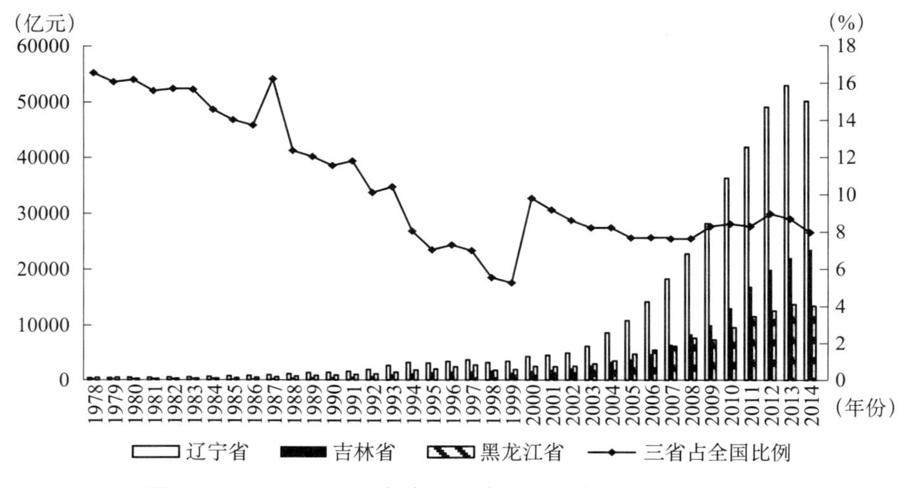

图 3 - 22　1978 ~ 2014 年东北三省工业总产值及占全国比例

其次从轻重工业产值比重上来看（见图3－23和图3－24），1949～2001年，东北三省工业产值中重工业占比远高于全国平均水平，整体来讲辽宁省最高、黑龙江省其次、吉林省最后。全国的平均水平在1980年之前重工业占比在波动中上升，之后到1999年轻重工业产值大体持平，2000年之后比值又逐步上升至2以上。东北三省的重工业产值占比与全国变化趋势大体类似，但吉林省和黑龙江省（辽宁省缺少2002年之后的数据，此处略）自2006年之后比值下降迅速，2012年开始重工业产值占比已经低于全国平均水平。

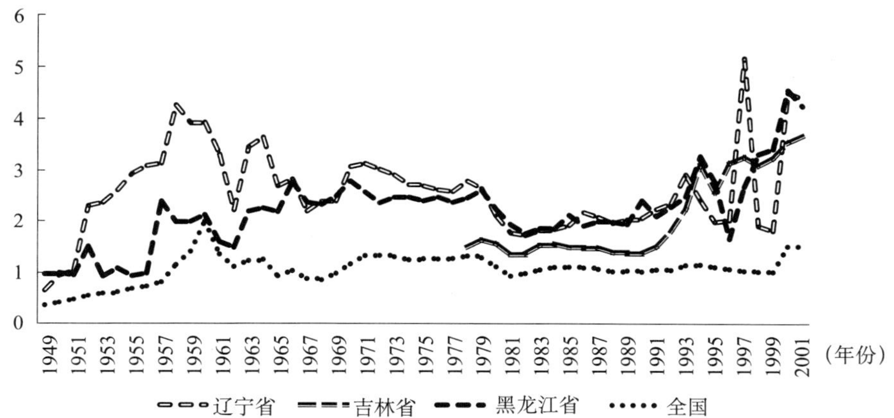

图3－23 1949～2001年东北三省及全国重工业与轻工业产值比

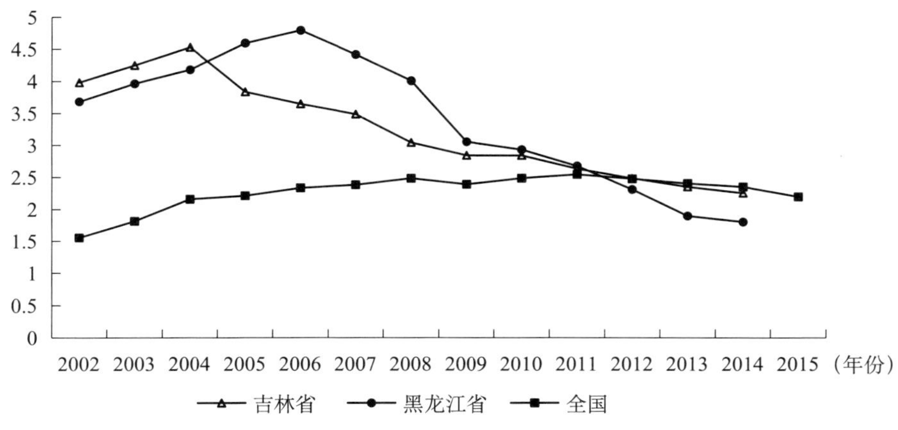

图3－24 2002～2015年东北三省及全国重工业与轻工业产值比

最后从2000～2015年的规模以上工业企业的发展效益来看（见图3－25），在利润总额方面，三省排名2000～2008年黑龙江省第一、辽宁省第二、吉林省第三，到2009～2012年辽宁省第一、黑龙江省第二、吉林省第三，在2013年～

2014 年辽宁省第一、吉林省第二、黑龙江省第三，此变化历程反映了三省规模以上工业企业效益方面黑龙江省丢失领先地位、辽宁省快速崛起又衰落、吉林省逐渐后来者居上的发展势头。三省利润总额之和在全国所占比例在 2000 ~ 2002 年急剧下降 7 个百分点，2002 ~ 2009 年缓慢下降（从 12% 降到 8%），之后维持稳定，并从 2014 年开始继续迅速下降至 2015 年的 4.1%。

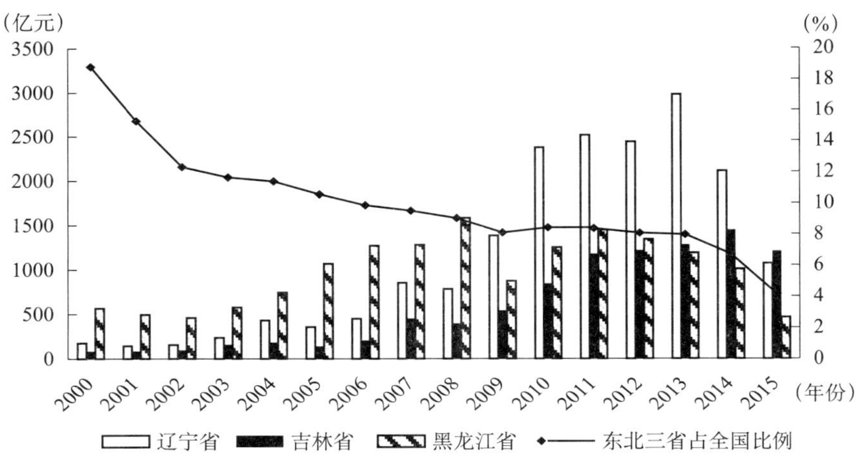

图 3-25　2000 ~ 2015 年东北三省规模以上工业企业利润总额及占全国比例

2000 ~ 2015 年规模以上工业企业的亏损总额方面（见图 3-26），东北三省的亏损总额占全国整体在 12% 以上，其中 2005 ~ 2008 年比例最高（17% 左右）。三省中亏损额最大的是辽宁省，吉林省和黑龙江省整体不相上下，三省亏损额最大的年份主要是 2008 年、2012 年和 2015 年。

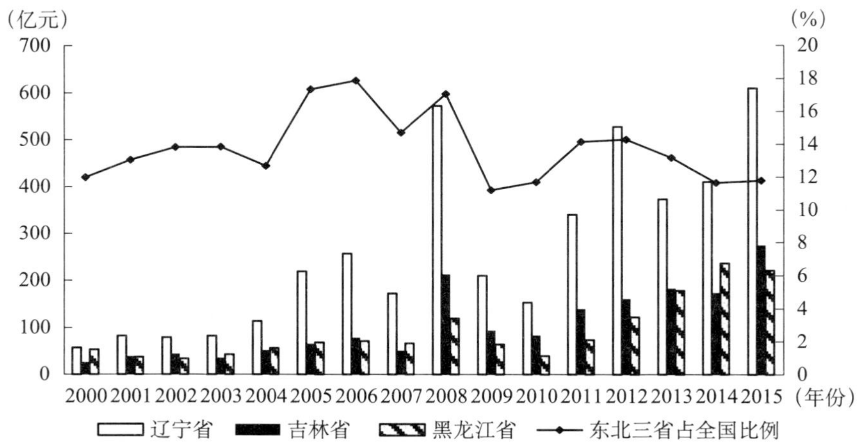

图 3-26　2000 ~ 2015 年东北三省规模以上工业企业亏损总额及占全国比例

3. 工业部门中国有经济比例特征

从图 3－27 可以看出，东北三省国有控股工业企业占规模以上工业企业总资产的比例较高，但是整体趋势在逐年下降，其中黑龙江省的国有经济比例整体最高，从2000 年的87. 2%降至2015 年的61. 4%，吉林省的国有经济比例整体排名第二，从2000 年的87. 3%降至2015 年的50. 1%，辽宁省排名第三，从2000 年的78. 3%降至2015 年的48. 4%。

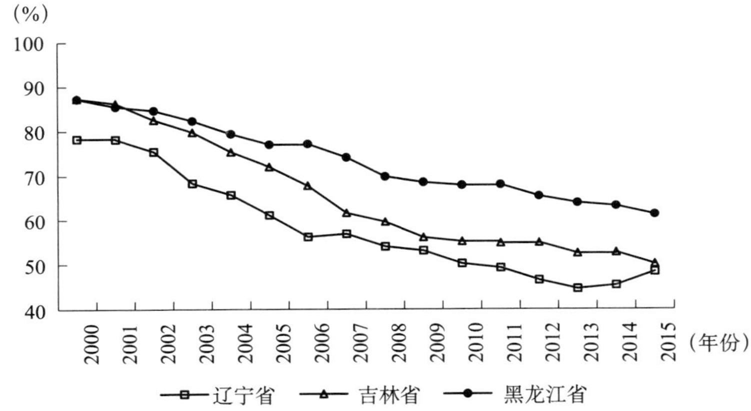

图 3－27　2000～2015 年东北三省国有控股工业企业占规模以上工业企业总资产比例

从 2000～2015 年东北三省规模以上工业企业销售产值[①]中的国有控股企业[②]产值所占比例来看（见图 3－28），全国的平均水平从将近 50%逐渐下降至约 20%，东北三省整体高于全国平均水平，其中黑龙江省最高，从约 85%降至 40. 6%，吉林省位列第二，由 82. 4%降至 31. 4%，辽宁省居第三，由 67. 3%降至2013 年的 23. 7%，几乎与全国平均水平持平，之后又上升至 2015 年的 30. 5%。

4. 高新技术产业发展特征

从高技术企业数来看（见图 3－29），东北三省数量从大到小依次为辽宁省、吉林省、黑龙江省，从 2000 年、2005 年和 2012 年来看，三省中辽宁省高技术企业数增长最多，其次是吉林省，黑龙江省增长较少，2012～2015 年辽宁省高技

① 工业销售产值（当年价格）指以货币形式表现的，工业企业在报告期内销售的本企业生产的工业产品或提供工业性劳务价值的总价值量。

② 国有控股企业是指在企业的全部资本中，国家资本股本占较高比例，并且由国家实际控制的企业，包括绝对控股企业和相对控股企业。国有企业是指企业全部资产归国家所有，并按《中华人民共和国企业法人登记管理条例》规定登记注册的非公司制的经济组织，不包括有限责任公司中的国有独资公司。一般来讲，国有控股企业范围大于国有企业。

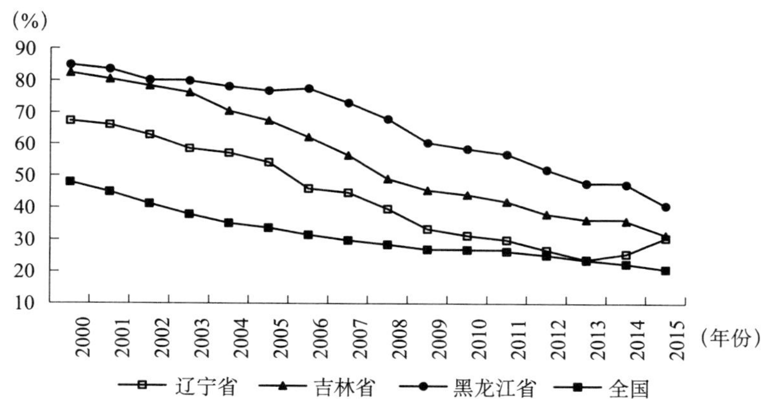

图 3-28　2000~2015 年东北三省及全国规模以上工业企业销售产值中的国有控股企业所占比例

术企业数呈减少趋势，吉林省和黑龙江省则几乎保持不变。东北三省高技术企业数之和占全国比例呈逐渐下降趋势，2000 年为 7.2%，至 2015 年已降到 4%。

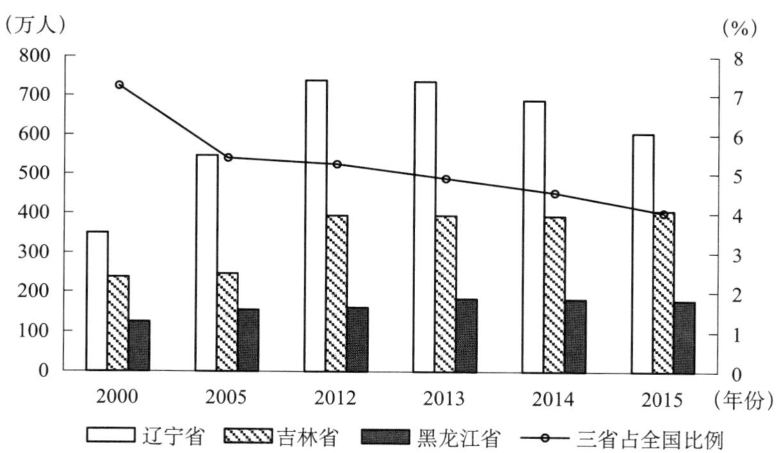

图 3-29　2000~2015 年东北三省高技术产业企业数及占全国比例

从高技术产业从业人员平均人数来看（见图 3-30），辽宁省居第一位，但出现一些波动，2005 年比 2000 年人数下降，2012 年之后在波动中下降；吉林省高技术产业从业人员平均人数在 2000 年和 2005 年在三省中最低，且呈下降趋势，但 2012~2015 年已经位居第二名，人数保持在 15 万以上；黑龙江省高技术产业从业人员平均人数在研究期间几乎未发生明显波动，人数保持在 8 万左右。三省高技术产业从业人员平均人数之和占全国比例从 2000 年到 2005 年由 8.8% 快速降到 4.6%，之后逐渐降至 2012 年的 3.5% 并保持相对稳定，2015 年稍微降至3.1%。

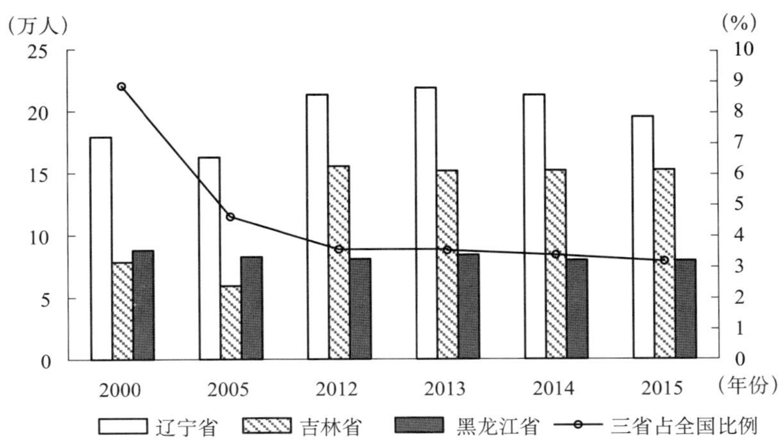

图3-30 2000~2015年东北三省高技术产业从业人员平均人数及占全国比例

从东北三省总体的高技术产业生产经营情况来看（见图3-31），在主营业务收入方面，从2000年到2014年呈上升趋势，2015年下降一些，主营业务收入占全国比例由2000年的6%降至2005年的3.1%，之后升至2012年的3.8%，但是2015年又降至3.1%；在利润总额方面，呈整体上升趋势，利润总额占全国比例由2000年的4.6%降至2005年的3%，后又上升并保持平稳在4.7%左右；出口交货值方面，三省之和呈先上升后下降的趋势，其所占全国比例一直在下降，2000年到2005年由5.3%快速降至1.7%，之后缓慢降至2015年的0.7%，反映了整个东北三省高技术产业出口值在全国占比之小，地位之轻。

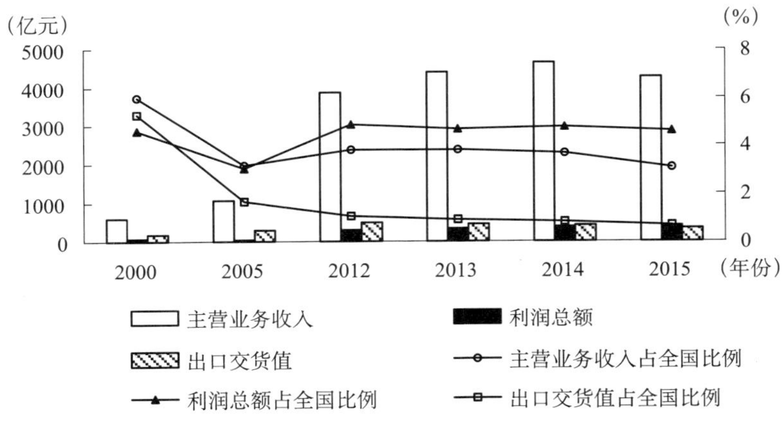

图3-31 2000~2015年东北三省高技术产业生产经营情况

第二节　东北城市基本经济特征

本节将对东北三省的地级市进行基本经济特征现状研究。

一、东北城市基本情况

东北地区的地级市有34个，此外，地级单位还有延边朝鲜族自治州和大兴安岭地区（一般的统计数据都不包括这两个地区，只含34个地级市）。其中，主要工业城市有沈阳市、大连市、鞍山市、本溪市、抚顺市、吉林市、长春市、哈尔滨市、齐齐哈尔市、大庆市，形成了沈大工业带、长吉工业带和哈大齐工业带三个工业带，目前国家层面根据区域已有发展基础确定了辽中南城市群和哈长城市群两大区域性城市群①。

东北地区的沈阳市、大连市、长春市、哈尔滨市作为东北地区最发达的城市，是东北两个城市群发展的增长极和支撑点，为了进一步加大其对东北区域经济的辐射带动作用，近年新成立三个国家级新区。国家级新区是由国务院批准设立，承担国家重大发展和改革开放战略任务的综合功能区，截至2017年9月，中国国家级新区总数共19个。此外，目前辽宁省还有中德沈阳高端装备制造产业园和中国（辽宁）自由贸易试验区。其中辽宁自贸区是2017年4月新设立的，截至2017年9月，中国共有自贸区11个。以上这些新区和自贸区将成为东北地区未来发展的重要引擎和示范区，以下对其进行整理比较（见表3－1）。

表3－1　东北三省新区与自贸区

名称	所在城市	批复时间	规划范围面积（单位：平方千米）	战略定位	重点发展产业
金普新区	大连	2014年	2299	我国面向东北亚区域开放合作的战略高地，引领东北地区全面振兴的重要增长极，老工业基地转变发展方式的先导区，体制机制创新与自主创新的示范区，新型城镇化和城乡统筹的先行区	①电子信息产业：集成电路研发设计，加工制造等；②新兴产业类：生物制药、新材料、新能源等；③高端装备制造：数控机床及关键零部件、专用设备、汽车及零部件制造；④现代生产性服务业：空海航运、保税物流、国际贸易、现代商务、科教研发、创意设计、金融保险等；⑤高端生活服务业：休闲购物、旅游度假、影视娱乐等

① 我国跨省份城市群规划目前在编制阶段，确定打造20个城市群，包括5个国家级城市群、9个区域性城市群和6个地区性城市群。其中，东北地区有两个区域性城市群，即辽中南城市群和哈长城市群，其中，哈长城市群发展规划已于2016年3月通过国务院批复发布。

续表

名称	所在城市	批复时间	规划范围面积（单位：平方千米）	战略定位	重点发展产业
哈尔滨新区	哈尔滨	2015 年	493	中俄全面合作重要承载区、东北地区新的经济增长极、老工业基地转型发展示范区和特色国际文化旅游聚集区	绿色食品、高端装备、新一代信息技术；生物医药、新材料、节能环保；金融商务、商贸物流、文化旅游等
长春新区	长春	2016 年	499	创新经济发展示范区、新一轮东北振兴重要引擎、图们江区域合作开发重要平台、体制机制改革先行区	高端农业与食品业、汽车及零部件产业、工程机械装备产业、光机电产业、软件产业、动漫产业等
中德装备园	沈阳	2015 年	48	拉动沈阳市转型发展的新引擎、“中国制造 2025”与“德国工业 4.0”战略合作试验区、开放型经济新体制探索区、国际先进装备制造业发展示范区，创新驱动和绿色集约发展引领区	汽车制造、高端装备、智能制造、工业服务等战略性新兴产业
辽宁自贸区	涵盖大连、沈阳和营口部分地区	2017 年	119.89	提升东北老工业基地发展整体竞争力和对外开放水平的新引擎	①大连片区：先进装备制造、高新技术、循环经济、港航物流、金融商贸、航运服务等；②沈阳片区：装备制造、汽车及零部件、航空装备等先进制造业以及金融、科技、物流等现代服务业；③营口片区：商贸物流、跨境电商、金融等现代服务业和新一代信息技术、高端装备制造等战略性新兴产业

二、东北城市经济特征

本部分主要通过对 2015 年东北 34 个地级市的城市人口规模、城市经济规模和水平、工业效益情况、地方政府财政收支情况、城市三次产业从业人数和产值结构方面来进行经济现状特征描述分析。

1. 城市人口规模

衡量城市规模的人口标准为常住人口①，由于目前地级市的常住人口数据只

① 2014 年，我国新的城市规模划分标准改为以城区常住人口为统计口径，城市分为五类七档：城区常住人口 50 万以下的城市为小城市，其中 20 万以上 50 万以下的城市为Ⅰ型小城市，20 万以下的城市为Ⅱ型小城市；城区常住人口 50 万以上 100 万以下的城市为中等城市；城区常住人口 100 万以上 500 万以下的城市为大城市，其中 300 万以上 500 万以下的城市为Ⅰ型大城市，100 万以上 300 万以下的城市为Ⅱ型大城市；城区常住人口 500 万以上 1000 万以下的城市为特大城市；城区常住人口 1000 万以上的城市为超大城市（以上包括本数，以下不包括本数）。

有2010年的第六次人口普查数据，因此这里以《中国城市统计年鉴》中2015年的年平均人口指标加东北城市经济特征以代替性分析和比较。

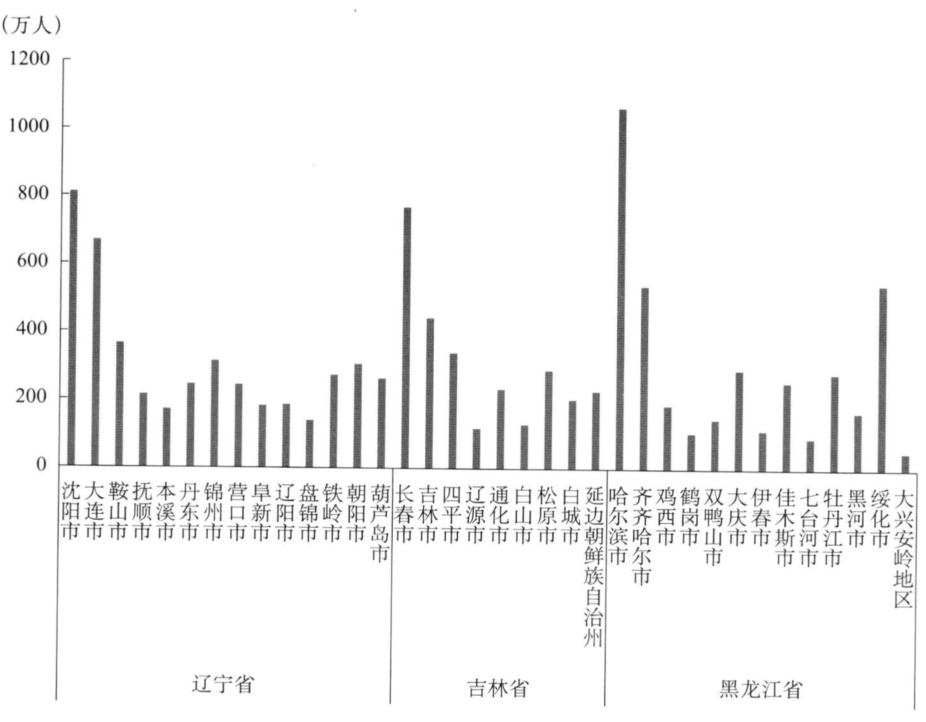

图3－32　2010年东北各地级市（区、自治州）常住人口

如图3－32所示，以2014年重新调整的城市规模划分标准来看，2010年东北三省的34个地级市、1个自治州和1个地区的规模分布为：1个超大城市——哈尔滨市，5个特大城市——沈阳市、大连市、长春市、齐齐哈尔市和绥化市，5个Ⅰ型大城市（辽宁省3个，吉林省2个），23个Ⅱ型大城市（辽宁省9个，吉林省5个地级市、1个自治州，黑龙江省8个），2个中等城市（黑龙江省的七台河市和大兴安岭地区）。

2015年，从地级市的年平均人口来作为常住人口的替代指标来看（见图3－33），34个地级市中（此处数据不包括延边朝鲜族自治州和大兴安岭地区），哈尔滨市人口已不足1000万，退出了超大城市行列，东北三省有6个特大城市（辽宁省2个，吉林省1个，黑龙江省3个），6个Ⅰ型大城市（辽宁省4个，吉林省2个，黑龙江省0个），21个Ⅱ型大城市（辽宁省8个，吉林省5个，黑龙江省8个），1个中等城市七台河市，整体规模结构变化不大。

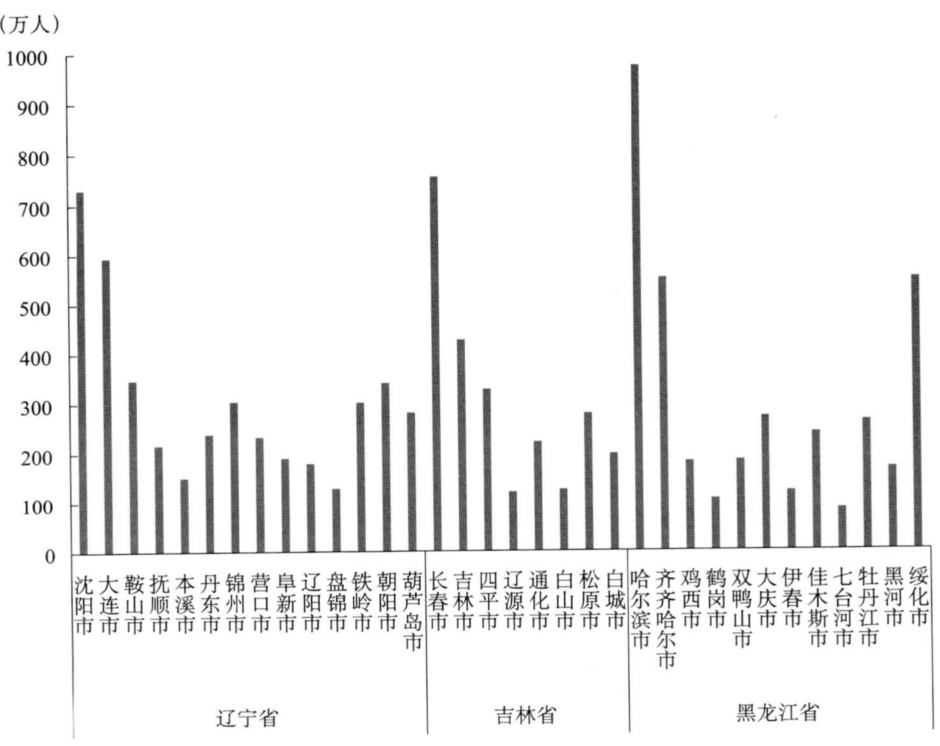

图 3－33 2015 年东北三省 34 个地级市年平均人口

2. 城市经济规模和水平

从东北 34 个地级市的 GDP 及增长率方面来看（见图 3－34），2015 年 GDP 最高的是辽宁省的大连市，其次是沈阳市，二者都在 7000 亿元以上，其次是哈尔滨市和长春市，二者都在 5000 亿～6000 亿元，这四个城市为东北三省集聚力最高的核心大城市。再往下一个等级中，3 个城市（鞍山市、吉林市、大庆市）的 GDP 都在 2000 亿～3000 亿元；GDP 在 1000 亿～2000 亿元的城市有 12 个（辽宁省 6 个，吉林省 3 个，黑龙江省 3 个）；GDP 在 1000 亿元以下的辽宁省 5 个，吉林省 3 个，黑龙江省 7 个。

从人均 GDP 方面来看（见图 3－35），10 万元以上的有 2 个城市（大连市和大庆市），人均 GDP 在 8 万～10 万元的有 2 个城市（沈阳市和盘锦市），人均 GDP 在 6 万～8 万元的有 4 个（辽宁省 3 个、吉林省 1 个省会城市长春），人均 GDP 在 4 万～6 万元的有 11 个（辽宁省 4 个、吉林省 5 个、黑龙江省 2 个），人均 GDP 在 2 万～4 万元的有 15 个（辽宁省 4 个、吉林省 2 个、黑龙江省 9 个）。

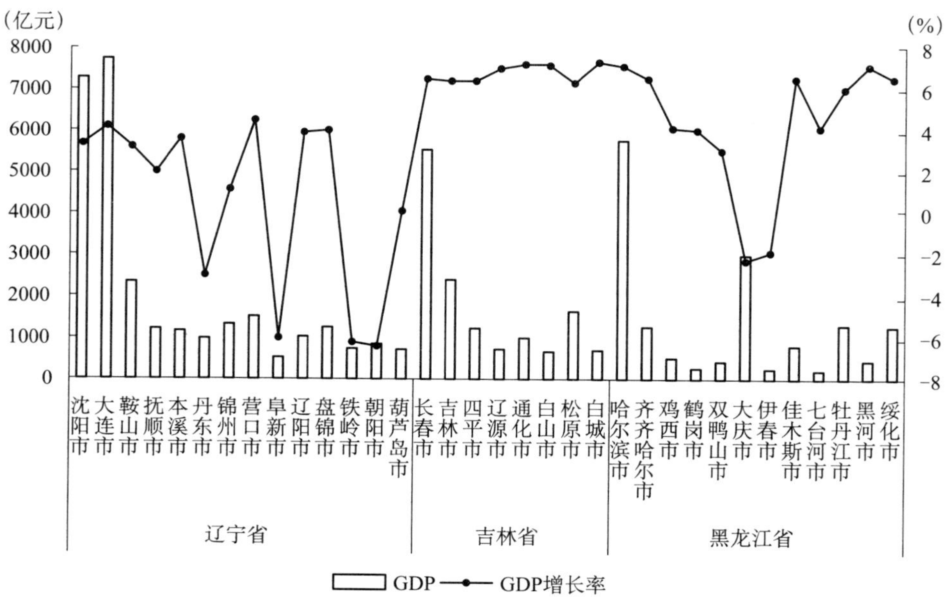

图 3-34　2015 年东北三省 34 个地级市地区生产总值（GDP）及增长率

总体来看，东北三省的人均 GDP 方面，辽宁省的各层次分布较广，吉林省的人均 GDP 普遍处于中游水平，没有过高过低的，黑龙江省则差异相对悬殊，多数城市人均 GDP 比较低。

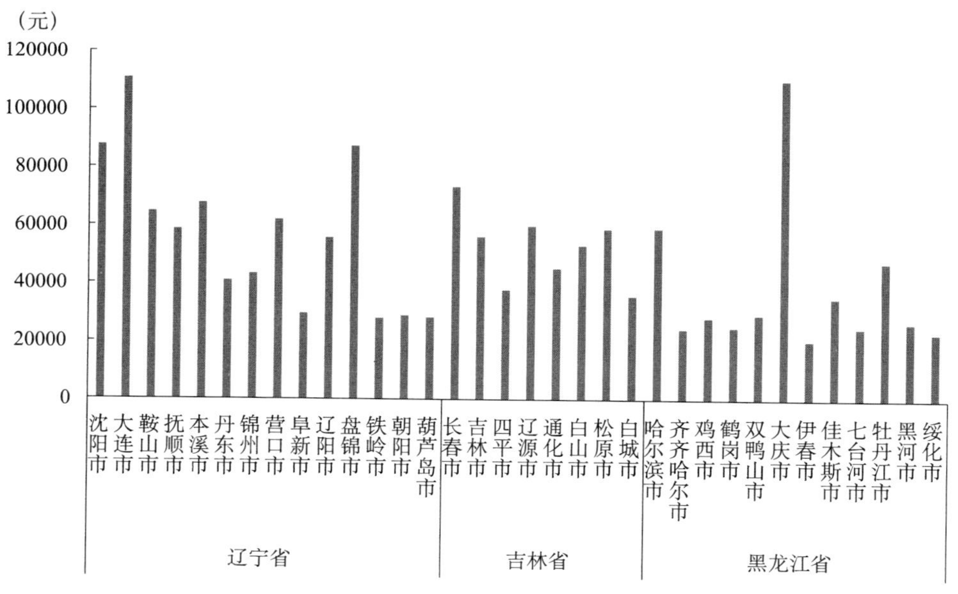

图 3-35　2015 年东北三省 34 个地级市人均地区生产总值

3. 工业效益情况

从规模以上工业总产值来看（见图3-36），2015年东北34个地级市的产值最高的依次为沈阳市、长春市和大连市（大连市工业总产值将近7000亿元），哈尔滨市排名第四位，但是工业总产值只有3334亿元，其他地级市的产值水平则相差较多，其中产值在2000亿～3000亿元的有9个（依次为吉林市、大庆市、盘锦市、鞍山市、锦州市、营口市、四平市、通化市和松原市），1000亿～2000亿元的5个，1000亿元以下的17个（辽宁省6个、吉林省1个、黑龙江省10个）。整体来看，2015年黑龙江省的工业总产值规模最小，吉林省除了省会长春市以外地级市间差距相对较小，辽宁省则不同规模层次都有。

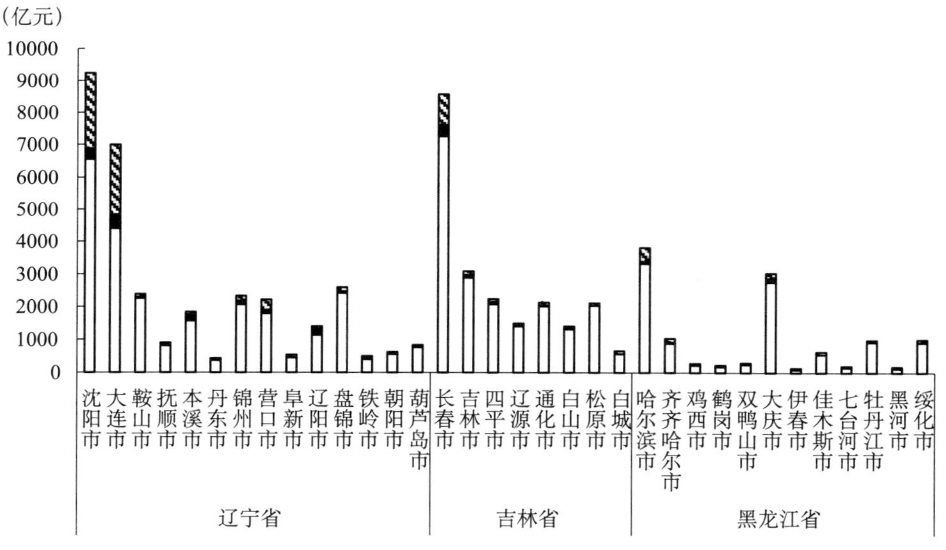

图3-36　2015年东北34个地级市规模以上工业总产值

从规模以上工业企业利润总额来看（见图3-37），2015年东北34个地级市中，长春市的利润总额表现最突出，达到765.4亿元，其次分别是沈阳市（446.6亿元）、大连市（255.1亿元），其他地级市利润总额都在200亿元以下，其中在100亿～200亿元的依次为哈尔滨市、大庆市、锦州市、通化市和营口市，其他地级市中除一部分的利润总额在100亿元以下甚至接近0，还出现很多亏损的地级市有辽宁省5个、黑龙江省6个（利润总额在10亿元以下）。可见，东北地区的不同城市工业企业利润总额情况除长春市表现较好，且整个吉林省的地级市都未出现亏损，其他城市都不乐观，很多城市工业企业利润情况非常糟糕。

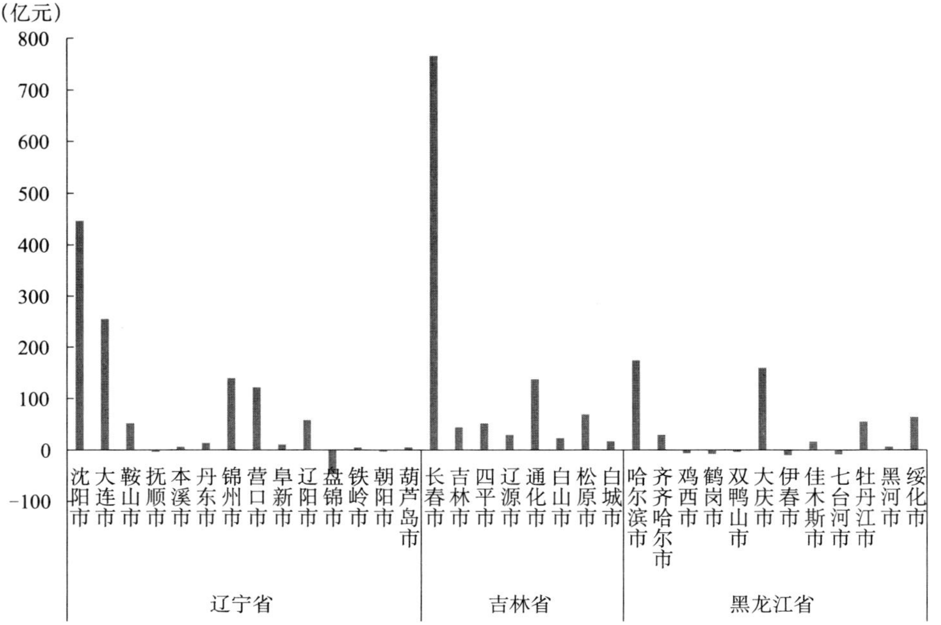

图 3－37　2015 年东北 34 个地级市规模以上工业企业利润总额

4. 地方政府财政收支情况

地方财政方面有如下特点（见图 3－38）：一是财政收入分化大，除了沈阳、大连、长春、哈尔滨 4 个城市的财政收入相对较高外（为 400 亿～600 亿元），其他城市的财政收入绝大多数都在 100 亿元以下，且整体辽宁省好于吉林省，黑龙江省财政收入水平最低。二是财政收入支出比都小于 1，说明财政收入小于财政支出（该值越小，说明财政压力越大），其中，财政收支比在 0.5 以上的只有 8 个城市（辽宁省 5 个、吉林省 1 个、黑龙江省 2 个），财政收支在0.3～0.5的为 8 个城市（辽宁省 5 个、吉林省 2 个、黑龙江省 1 个），财政收支比低于 0.3 的有 17 个城市（辽宁省 3 个、吉林省 5 个、黑龙江省 9 个），可见黑龙江省财政收支情况最严峻，其次是吉林省，最后是辽宁省，整体情况堪忧。

5. 城市三次产业从业人数和产值结构

从城镇单位从业人员数可以看出（见图 3－39），在第一产业方面，辽宁省盘锦市、黑龙江省黑河市、伊春市、齐齐哈尔市、鸡西市和鹤岗市的第一产业从业人员数较大，这与这些城市的资源和功能密切相关。在第二产业方面，从业人数最多的城市为沈阳、大连、鞍山、长春、哈尔滨和大庆。在第三产业方面，从业人数最多的是哈尔滨、沈阳、大连、长春。

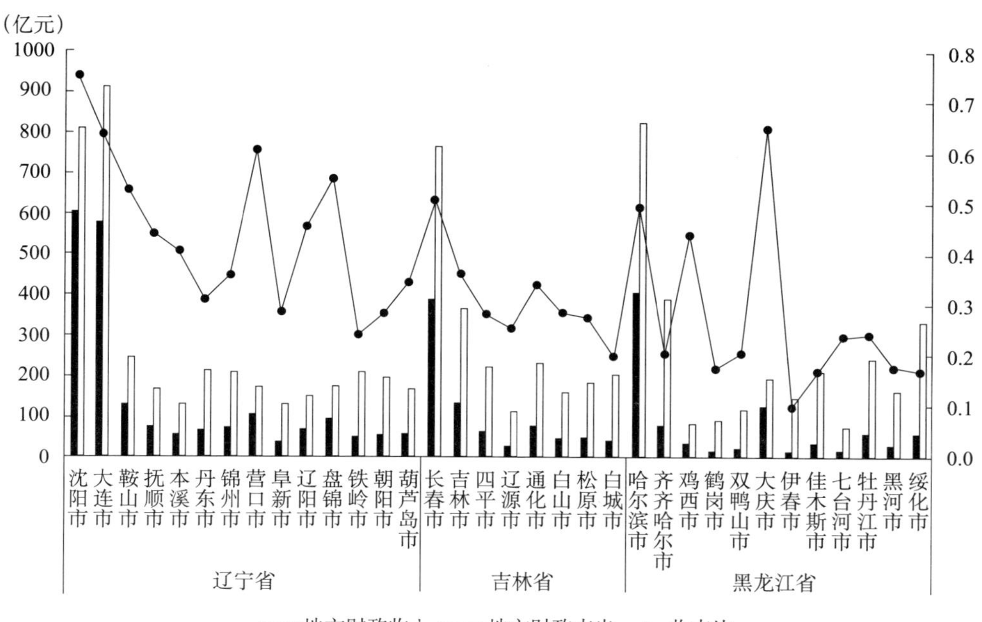

图 3－38　2015 年东北三省 34 个地级市地方财政收入与支出及收支比

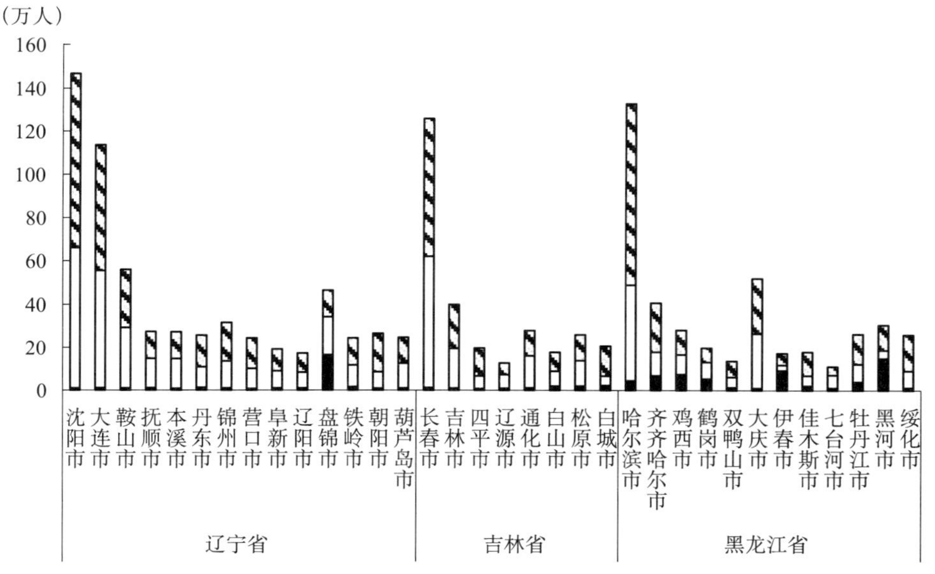

图 3－39　2015 年东北 34 个地级市三次产业年末城镇单位从业人员数

从东北 34 个地级市的三次产业生产总值比例结构来看（见图 3－40），各城市的功能和特点非常明显：黑龙江省很多城市第一产业生产总值占比非常高，如黑河市、伊春市、绥化市、鸡西市、鹤岗市、佳木斯市，都高达33%以上，辽宁省和吉林省也有部分城市第一产业占比较高，超过20%，如铁岭市、朝阳市、四平市等。在第二产业方面，大庆市的第二产业比重最高，为64.9%，凸显了其矿业城市的特点。此外，辽宁省辽阳市、盘锦市，吉林省辽源市、通化市、白山市，第二产业生产总值占比也都在55%~60%，黑龙江省地级市总体来讲第二产业占比最小。在第三产业方面，东北三省34个地级市中第三产业产值占比低于40%的有16个（其中辽宁省3个、吉林省6个、黑龙江省7个），超过50%的只有2个（齐齐哈尔市和大连市），其他都在40%~50%，其中哈尔滨市产值占比最高（55.9%），大庆市占比最低（28.6%）。

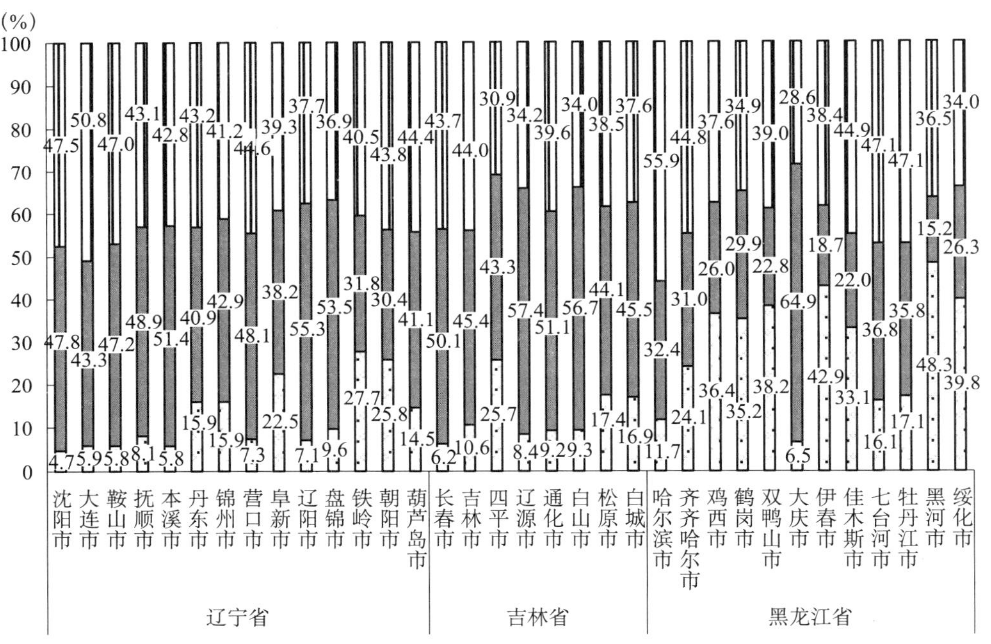

图3-40　2015年东北各地级市三次产业生产总值所占GDP比例

第三节　东北地区产业结构演变历程

区域产业结构的现状特征是由区域经济与社会发展的历史累积塑造的。本节将在前两节的基础上对东北地区的产业结构演变历程进行历史性梳理，总结出不同历史背景条件下区域产业结构的演变特征，分析不同历史时期影响区域产业生成与结构演变的因素与机理。

一、自然经济与殖民地经济时期的资源密集型产业形成期（清末至1949年）

从清末到中华人民共和国成立之前，东北地区的经济产业发展主要经历了两个阶段，首先是清末至民国中期的自然经济发展阶段，之后是民国中后期阶段的日伪时期的重工业化发展阶段，这两个阶段都具有产业资源密集型特征。

1. 清末至民国中期资源型产业体系初步形成（1861～1930年）

东北地区的开发始于清末移民的大量涌入，这些移民对肥沃的黑土地的大规模开发使东北迅速成为全国商品粮生产基地。农业的发达也促进了工业的发展。至清末，东北地区形成以农产品加工为中心的榨油、面粉和酿酒三大支柱产业。同时，由于洋务运动的开展，采矿业、机械制造业也开始萌芽。这一时期东北地区产业发展的资源密集型要素特征明显。清末至民国时期，以面粉、榨油和酿酒为代表的农产品加工业高度发达，成为当时东北地区的主导产业和区域特色（刘洋、金凤君，2009），此时其他行业规模较弱小，采矿、能源等重工业部门处于萌芽状态。

这一阶段的产业形成与发展，除了内部条件，外部列强的资本渗透与消费需求也是重要的影响因素。日俄战争后，俄帝在东北地区北部大力投资面粉加工业、制糖业和酿酒业，促进了东北北部以这些产业为主体的产业体系的形成。南部是日、英、美市场的辐射范围，这些国家作为东北豆饼和豆油的主要买主，直接促成了东北地区南部尤其是港口地区以榨油业为主体的农产品加工业的发展。

2. 日伪时期掠夺式开发下的重工业急剧发展（1931～1945年）

1906年日本设立南满洲铁道株式会社，至民国中后期，基本完成其对东北经济的全面控制战略目标，东北地区从此走上由外部性因素所主导的殖民地经济路径。为了满足侵略战争的需要，在“工业日本、原料满洲”的政策下，日伪在东北地区倾全力发展重工业，区域产业结构开始向重型化方向急剧倾斜。到1942年，以矿业、窑业、金属工业、机械工业、化学工业为代表的重工业资本额比重达79.2%，轻工业比重仅占20.8%。至此，东北地区的产业结构经历了由以农产品加工为主导向以原材料工业等重工业为主导的急剧转型。在这一阶段，农业与轻工业所占比重日益缩小，区域产业结构严重扭曲，并体现出以劳动、资源密集型产业为主体的要素特征。

二、计划经济时期的举国重型化发展期（1949～1978年）

中华人民共和国成立初期，东北在全国首先获得恢复生产的条件，经过三年恢复调整，到1952年已初步建立起相对完整的工业体系，机械、纺织、冶金、造纸、森林工业成为区域的主导部门。由于较好的工业基础和区位优势，东北成为国家“一五”计划期间的重点建设区域，苏联援建的156个重点项目中的56项安排在东北。这些项目的建成促使东北地区于20世纪50年代成为我国重要的以原材料工业和重型装备制造为主的重工业基地。

20世纪60年代大庆油田的发现给东北地区工业发展带来新的支撑，东北地区基于石油开采又发展成为我国重要的石油工业基地。20世纪70年代中期，石油加工与化学工业取代了原来造纸与森林工业的地位，成为两个新的区域经济主导部门。自此，东北地区的重化工产业发展路径开始不断得到强化，形成以石油及煤炭开采、石油加工、冶金、机械制造等资金、资源密集型产业为主体的重工业体系。计划经济时期是东北地区在全国经济发展地位的鼎盛时期，这一时期东北地区在全国GDP中所占比例达到历史最高点，是全国工业化最发达的地区，同时东北地区乃至全国的第二产业占比在此期间不断上升并达到了历史最高点。

三、市场经济时期的结构调整与升级期（1979年至今）

1978年改革开放以来，一直在计划经济体制中发展的东北地区遭遇了重大发展环境变革的冲击，计划经济时期造就的超级重工业化巨人随着国家开始逐步过渡并迈入市场经济发展阶段显现出越来越多的不适应，东北地区在全国的经济地位自此不断下降。本书将改革开放以来东北地区的产业结构演变划分为四个时期。

1. 1979～1991年的适应调整期

这一时期是我国改革开放后向市场经济过渡的摸索期，此时的区域发展背景发生重大转换：一方面，区域发展战略转为向东南沿海地区倾斜——以沿海地区开发开放为重点，利用沿海地区的区位优势和对外开放的有利条件，向东部沿海地区实行投资和政策倾斜。东南沿海地区由此在市场化改革进程中赢得先机，形成“先发优势”，给市场化推进进程滞后的东北地区造成强大冲击。另一方面，国家的工业化战略向轻型化方向调整——实行轻工业的“六个优先”政策。这导致需求结构发生变化，用于发展重工业的投资类产业需求减少，利好东南沿海地区，但是对东北造成产业结构调整与升级的压力。对此，东北三省于20世纪80年代开始发展轻工业、改造传统工业的适应性调整，食品工业于此时新发展成为区域主导产业之一。与此同时，东北地区的技术改造率先启动，大规模的技改投资为东北地区的原有主导产业在体制转型的剧烈变动中生存下来发挥了重要作用。这一期间东北地区的第二产业占比开始下降，同时重工业与轻工业的产值比也有所下降（见图3－23），但是总体来讲，这一期间的结构调整效果并不理想，工业部门结构没有发生实质性变化，新兴部门成长缓慢，东北地区的经济发展速度缓慢，在全国的地位开始不断下滑。

2. 1992～2001年的升级调整期

1992年中共十四大确立了社会主义市场经济体制。随着市场经济的全面铺开和逐步深入，这一时期东北地区占全国GDP比例在1995年之前继续快速下降，1995年之后保持平稳，与此相应的产业结构调整呈现复杂的态势：一方面三次产业产值结构趋于合理化（第一、第二产业产值比例下降，第三产业比例上升）；另一方面三次产业的就业结构在1997年亚洲金融危机之后出现严重扭曲（第二产业的从业人员数量减少，第一产业从业人员数量增多）。由此可判断是第二产业的就业人员被挤到第一产业，因此三次产业的就业结构出现明显倒退现象。同时，与扭曲的就业结构变化相伴的是这一时期东北地区的重工业和轻工业的产值比继续上升。这是由于第二产业的重工业化升级使得资金技术更加密集，无法吸纳较多的劳动力导致这一异常的劳动力流动现象。这一时期的区域主要工业部门出现一些新变化，以煤炭、造纸、纺织工业为代表的传统行业快速下滑，传统的原材料工业装备水平得到改进，同时高新技术产业开始孕育成长。

1992年技改投入、市场需求的变化和对外贸易是东北传统产业升级的重要因素和支撑。由于技改投入，东北三省的机械、石油和冶金工业的优势地位得到巩固，尤其是冶金工业。同时，国内房地产和汽车行业的迅速发展为东北地区的冶金和机械工业提供巨大的市场需求，促进了这些部门的升级进程。此外，外资和对外贸易成为带动东北地区区域经济不断发展的重要因素，随着东北亚区域经济合作的不断展开，东北地区进一步靠近外向型经济格局，有关数据显示，1995年辽宁省、吉林省和黑龙江省对外贸易占各自国内生产总值分别为32.9%、

20.1% 和 14.2%。贸易结构的优化又成为东北地区产业结构不断升级的积极因素，东北地区逐渐将第三产业和高新技术产业作为产业结构优化升级的重点，高新技术产业开始成长发育。

3. 贸易经济时期的重型化持续期（2002～2008 年）

这一时期中国加入了 WTO，经济贸易全球化特征更加明显，东北地区的贸易也更加活跃，股份制经济与外商投资在区域经济和产业发展中的作用日益突出，同时国家于 2003 年启动了东北振兴战略，对东北地区进行政策扶持，使东北地区在东南沿海地区的迅猛发展态势和冲击下，在全国经济占比上没有出现大幅下降的趋势。东北地区在这一时期的产业结构方面，与全国的变化趋势相一致，第二产业占比再次上升，同时重工业和轻工业的产值比继续在历史高位持续（全国的这一占比在上升），这与该时期的东北振兴主要是重型化路径依赖下的投资驱动有关。东北地区在这一时期三次产业的就业结构呈持续优化，劳动生产率不断提高，工业部门中造纸、纺织等部门继续下滑，高新技术产业中电子工业及医药工业成长迅速并成为主要工业部门，而这主要得益于股份制经济在上述领域投资的快速增长（刘洋，2009）。

4. 创新经济时期的转型调整期（2009 年至今）

2009 年之后，美国开始的金融危机逐渐演变为全球性经济危机，中国自东南沿海地区的外贸加工产业受首创，之后逐渐传导蔓延到全国，出口拉动型经济被倒逼转型为靠产业创新走内需拉动型经济模式。东北地区在 2011 年之前受影响不大，但是自 2012 年之后经济下滑位列全国前列，主要是工业下滑最为突出，而这与东北地区工业长期过度依赖基础能源原材料和基础装备行业等重工业有关，导致其经济增长具有先天的脆弱性。东北地区的主导产业中煤炭和石油工业部门等受全球大宗产品价格走低的影响大，受经济周期影响大，而其他高新技术产业又发展不足，第三产业发展也不足，因此陷入经济低迷。东北三省中的辽宁省由于第二产业比重最大，受冲击也最大，吉林省由于在这一时期第三产业发展较快，因此受影响相对较小，经济表现优于辽宁省和黑龙江省。2009 年以来，东北地区的重工业和轻工业产值比在不断下降，吉林省和黑龙江省的重轻比值目前已经低于全国平均水平。东北地区在主要工业部门方面变化不大，主要集中在石油工业、农副食品加工业、交通运输设备制造、冶金工业和化学工业，但由于不少工业部门的增加值和效益等在下降，在全国的地位也不断下降，东北地区的优势工业部门已经越来越少。

第四节　东北经济衰退的原因分析

通过本章前三节较长历史跨度的经济和产业发展趋势研究，我们发现改革开放对东北地区的发展是一个重要的时间节点。改革开放之前，东北地区在计划经济时期是其经济最辉煌的时期，在全国的经济占比和经济地位很高。改革开放之后经济地位呈下降趋势，这种大的趋势性变化要从宏观视角进行分析，主要是老工业基地经济衰退的内外部因素。

东北地区同全世界的老工业基地一样，其步入衰退的原因可以从内因和外因两个层面进行分析，且比较而言，外因比内因对老工业基地的打击更为致命。内因主要是老工业基地沉浸于高度繁荣时种下的祸根，因循守旧，不注意产业更新与技术创新。外因主要是老工业基地外部出现新的强劲对手并导致其竞争力逐渐下降，外部区域抓住机遇迅速崛起，导致老工业基地过去的强项被新的竞争对手超越（张可云，2017）。对于东北地区来说，内因即东北地区自身存在体制机制束缚和僵化，对市场经济不适应，其原有产业体系排斥新产业的进入与成长。外因即改革开放后东南沿海地区凭借区位优势、政策优势和后发的产业竞争优势迅速崛起、不断壮大，而东北地区却区位优势逆转直下、政策优势不复存在且旧体制包袱沉重，因此在区域发展和竞争格局中相对衰退，这是导致东北地区步入衰退的致命冲击。在内外因素双重作用下，东北地区不断相对衰退，在全国的区域发展格局中和东南沿海地区的差距逐渐拉大，且随着市场经济环境下要素流动的成本不断降低，区域发展呈现马太效应，东北地区的产业优势不断下滑，在全国的经济地位逐渐边缘化。同时，东北地区的情况有其独特性，主要是东北地区衰退中外因的具体导致因素不同于世界其他老工业基地，世界其他老工业基地的外因很多都是在新的产业技术革命发生之际崛起新的区域和城市，成为老工业基地的竞争者并将其超越，属于市场因素，而东北地区的外因导致其与产业技术革命没有直接关系，主要是我国改革开放后区域发展政策倾斜、产业发展政策转变和经济体制发生转变三大方面的影响，属于国家政策因素，是国家政策因素的改变使东北地区的区位优势转为区位劣势。因此，东北经济的衰退与全国的整体发展环境息息相关，振兴东北也必须从全国的视角进行审视。

而 2012 年以来的经济加速衰退则与东北地区的产业结构、产业体系问题直接相关。东北地区以重工业为主的经济结构在 2003 ~ 2011 年进一步强化，并同国家政策支持和顺经济周期的因素相耦合，因此呈现经济的快速增长，但是当行业经济周期下行形势来临时，相对单一的产业结构抗风险能力不足，因此经济衰退走势也十分严重。

第五节　小结

本章对东北三省的经济发展现状和历程进行梳理和分析，发现东北地区的经济和产业发展历程复杂又独特，主要表现在以下五个方面：

第一，经济地位的下降趋势较为明显。东北地区曾经是“共和国长子”，其在中华人民共和国成立之后的计划经济时期里，在举国重型化发展战略下曾达到发展的鼎盛辉煌时期，是中国工业化进程最领先最发达的地区，为独立工业体系做出了巨大贡献，并支援全国的工业建设。但是随着改革开放的深入，计划经济时代造就的工业巨人在骤然改变的新环境下，被东南沿海地区等追赶超越，结果是不断的相对衰退，最终在全国的经济地位越来越边缘化。

第二，三省自身特征存在明显的差异。辽宁省的经济发展水平最高，对外开放度也最高，黑龙江省起初跟辽宁省接近，但是之后发展被不断超越，目前已经沦为东北三省的最后一名，而经济体最小的吉林省则后来者居上，在东北振兴战略启动之后发展较为迅速，已经赶超黑龙江省，并在不断缩小同辽宁省的差距。

第三，产业结构变迁的外因影响明显。在产业结构演变方面，东北地区最主要的产业结构形成和转变主要是靠外力主导，从殖民地时期的经济重型化发展到后来中华人民共和国成立后的重工业化发展，都不是东北自身的自然经济演变，而是被赋予了政治经济任务的发展战略。1938 ~ 1978 年重工业化塑造历程和三十年的计划经济制度运行使东北地区的产业结构具有很大的刚性和路径依赖，尽管改革开放之后进行了产业结构调整，但是尚未发生实质性改变。

第四，产业结构重型和粗放特征突出。在产业结构特点方面，东北地区的第一产业和第二产业占比较高，第三产业占比较低，且第二产业内部结构失衡，重工业比例偏高，且主要是依赖基础能源原材料和基础装备行业的重工业，高技术产业发展不足，低附加值产品居多，在国际产业链中处于低端，创新能力不足。

第五，东北经济衰退存在内外因之分。从中华人民共和国成立以来的发展来看，东北地区的经济由兴转衰的最关键影响因素是外因，即改革开放后东南沿海地区凭借倾斜政策等新发优势迅速崛起，东北地区则在新的政策和竞争环境下进入相对衰退，且这种国家层面制度和政策的改变对东北地区的区位优势形成较大负面冲击。内因则主要是东北地区自身的体制机制束缚和僵化，对市场经济不适应，其原有产业体系排斥新产业的进入与成长。

第四章　东北产业体系的时空特征分析

产业作为经济活动的载体，对经济发展的可持续性具有重要影响，因此，可以通过研究东北产业体系的演变特征来分析东北经济发展情况。产业体系是一个多层次的概念，本书将从产业体系的竞争力、产业体系的运行环境以及产业的集聚程度变化三个层面对东北产业体系发展的时空特征进行研究。

第一节　产业体系竞争力的变化情况

产业体系作为区域经济的主要载体，其发展质量情况对区域经济的质量具有重要意义。在区域经济竞争中，如果某区域的产业体系具备较强的竞争力，就说明这一区域在所有区域中处于相对优势地位，其经济发展就能够吸引更多的外地要素流入，如果产业体系丧失竞争力，也就意味着整个区域的发展将陷入困境。东北地区作为中华人民共和国工业发展水平最高的区域之一，在中华人民共和国成立至今，其产业体系的发展情况与竞争力已经发生巨大的变化，本节将对东北产业体系的竞争力变化情况进行比较分析。

一、产业体系竞争力评价方法回顾

产业体系竞争力的评价方法主要有两种思路：管理学方法和统计学方法。管理学方法包括波特的钻石模型、凯尔特人矩阵方法、SWOT 分析方法。而统计学方法则包括熵值法、偏离份额分析方法（SSM）、面板因子、AHP 加权层次法、指标分析方法等，其中主要方法有如下几种：

钻石模型：钻石模型是 1990 年迈克尔·波特（Michael Porter）在研究产业竞争力过程中提出的模型，详见前文理论基础部分。

AHP 方法：AHP 方法是将与决策总是有关的元素分解成目标、准则、方案等层次，在此基础之上进行定性和定量分析的决策方法，该方法依赖于对不同指标权重的确定。

偏离份额分析方法：美国经济学家 Daniel（1942）和 Creamer（1943）最早提出偏离—份额分析法（Shift-share Analysis），之后被 Dunn（1960）等总结并逐步完善，成为现在对产业竞争力展开评价常见的研究方法。

指标分析方法：主要指的是将评价指标进一步细化，将最终指标分解成次级甚至三级指标，选取相关数据对指标进行测量和评价，最终得到评价结果，这种方法与 AHP 方法类似，也受到权重设置的影响。

考虑到指标权重对评价结果的影响，本书在进行产业竞争力评价时，尽可能地选择评价结果与指标权重设置关系不大甚至是无关的方法展开研究。

二、偏离—份额分析方法

偏离—份额分析法是将一个区域在某一时期的经济变量（如收入、产出或就业等）的变动分为三个分量，即份额分量（The National Growth Effect）、结构偏离分量（The Industrial Mix Effect）和竞争力偏离分量（The Competitive Effect），以此说明区域经济发展和衰退的原因，评价区域经济结构优劣和自身竞争力的强弱，找出区域具有相对竞争优势的产业部门，进而确定区域未来经济发展的合理方向和产业结构调整的原则。

假设区域 i 和上级区域在经历了时间［0，t］之后，经济总量和结构均已发生变化。区域 i 基年（$T=0$）和末年（$T=t$）经济总规模为 $g_i(0)$ 和 $g_i(t)$，以 $g_{ij}(0)$ 和 $g_{ij}(t)$ 分别表示区域 i 第 j 个产业部门在基年与末年的规模，并以 $G(0)$ 和 $G(t)$ 表示下属区域所在大区在相应时期基年与末年的经济总规模，以 $G_j(0)$ 与 $G_j(t)$ 表示大区域基年与末年第 j 个产业部门的规模，则区域 i 第 j 个产业部门在（0，t）时段的变化率为：

$$r_{ij} = [g_{ij}(t) - g_{ij}(0)]/g_{ij}(0)\ (j=1,\ 2,\ 3) \tag{4-1}$$

区域 i 所属大区的经济规模在（0，t）时段的变化率为：

$$R = [G(t) - G(0)]/G(0) \tag{4-2}$$

区域 i 所属大区第 j 个产业部门在（0，t）内的变化率为：

$$R_j = [G_j(t) - G_j(0)]/G_j(0)\ (j=1,\ 2,\ 3) \tag{4-3}$$

偏离份额分析认为区域经济增长与三个因素有关：全省分量、结构分量和竞争分量。即：

$$\Delta g_{ij} = g_{ij}(t) - g_{ij}(0) = N_{ij} + P_{ij} + D_{ij}$$

$$= g_{ij}(0)^{*} + g_{ij}(0)^{*}(R_j - R) + g_{ij}(0)^{*}(r_{ij} - R_j) \qquad (4-4)$$

其中，N_{ij} 为区域增长份额（全国平均增长效应），是指 j 部门的上级区域总量按比例分配，i 区域 j 部门规模发生的变化，即区域标准化的产业部门若按全国的平均增长率增长所发生的变化量。

P_{ij} 为产业结构偏离份额（产业结构效应），表示上级区域 j 产业增长与全部经济活动增长的差异，其取决于 $g_{ij}(0)$ 结构，反映 i 区域以上级区域为标准时产业结构的优劣程度。它排除了区域增长速度与上级区域的平均速度差异，单独分析部门结构对增长的影响和贡献。该值越大，表明部门结构对经济总量增长的贡献越大。

D_{ij} 为区位偏离份额（竞争力偏离分量），包括产业构成以外的一切因素，主要有生产率水平、经营管理水平和企业规模结构等。指区域 i 第 j 个部门增长速度与全国相应部门增长速度的差别引起的偏差，反映区域 j 部门相对竞争能力。该值越大，说明区域 i 第 j 个部门竞争力对经济增长的作用越大。

PD_{ij} 为总偏离分量，反映区域 i 第 j 个部门总的增长优势。

三、三大产业层次的竞争力演变过程与分析

首先以三大产业为研究对象，对东北三省的产业竞争力演化过程进行研究。其中基期分别为1978 年和1993 年，报告期则分别为1993 年和2015 年，换言之，本书将进行两次偏离份额分析方法，时间区间分别是 1978 ~ 1993 年和 1993 ~ 2015 年。上级区域为全国，本级区域分别为辽宁省、吉林省和黑龙江省。1978 年、1993 年数据来源于《新中国六十年统计资料汇编》，2015 年数据来源于东北三省统计年鉴和《中国统计年鉴》。

从表 4 - 1 至表 4 - 8 中可以得到如下结论：

第一，从产业增长率分析，1978 ~ 1993 年辽宁省第一产业和第三产业的增长率都高于全国水平，而第二产业增长率低于全国水平；吉林省的第一产业和第二产业增长率都低于全国水平，第三产业略高于全国水平。黑龙江省的三大产业的增长率都低于全国水平。1993 ~ 2015 年，辽宁省第二产业和第三产业的增长率低于全国水平，第一产业增长率高于全国水平，相比于 1978 ~ 1993 年，辽宁省第三产业发展情况也不尽如人意。吉林省的第一产业和第二产业的增长率高于全国平均水平，第三产业增长率则低于全国水平，与 1978 ~ 1993 年的情况刚好相反。黑龙江省第一产业的增长率高于全国平均水平，第二产业和第三产业增长

率仍然低于全国水平，与1978～1993年相比，只有第一产业发展有所起色。

第二，从竞争力分量分析，1978～1993年，辽宁省的第一产业和第三产业都具有一定的竞争力，其竞争力分量为正，而第二产业的竞争力则出现小幅度下滑，其值为负。吉林省的第一产业和第二产业竞争力都出现下滑，其中第二产业竞争力下滑幅度大于第一产业，第三产业则具有一定竞争力优势。黑龙江省三大产业竞争力在1978～1993年都出现下滑，其中第二产业竞争力下滑幅度最大，第一产业其次，第三产业下滑幅度最小。1993～2015年，辽宁省第二产业的竞争力进一步下滑，同时第三产业的竞争力也开始出现下降，只有第一产业仍然保持一定竞争力优势。1978～1993年吉林省的第一产业和第二产业竞争力开始上升，但是与此同时第三产业的竞争力优势开始下滑。黑龙江省第二产业和第三产业竞争力下滑趋势没有得到遏制甚至在加速下降，第一产业的竞争力优势有所上升。

第三，从东北三省整体产业增长率和竞争力变化情况分析，1978～1993年东北三省产业竞争力是在逐渐下降的，尤其是第二产业和第三产业。三省的第二产业竞争力都处于下降过程。1993～2015年，辽宁省和黑龙江省第二产业竞争力下滑的趋势没有得到扭转甚至在加剧，只有吉林省的第二产业竞争力有所提升，不过通过比较辽宁省、黑龙江省第二产业竞争力下滑的幅度和吉林省第二产业竞争力上升的幅度，我们可以认为整体上东北三省的第二产业是逐渐下滑的，而第三产业的竞争力在1993～2015年处于全体下滑趋势。

表4-1　1978年和1993年全国与东北三省GDP总量与三产产值情况

	GDP总量		第一产业		第二产业		第三产业	
	1978年	1993年	1978年	1993年	1978年	1993年	1978年	1993年
全国	3645.2	35334	1027.5	6964	1745.2	16454	872.5	11916
辽宁省	229.2	2010.82	32.4	260.77	162.9	1039.29	33.9	710.76
吉林省	82.0	718.58	24.0	156.05	43.0	351.03	15.0	211.50
黑龙江省	174.8	1198.3	41.0	198.40	106.6	649.70	27.2	350.20

表4-2　1978～1993年辽宁省产业竞争力测算结果

j	第一产业	第二产业	第三产业
R（上级区域增长）	8.69	8.69	8.69
r_{ij}（i区域j产业增长）	7.05	5.38	19.97
R_j（上级区域j产业增长）	5.78	8.43	12.66
$r_{ij}-R_j$（产业增长差）	1.27	-3.05	7.31
Δg_{ij}（产业规模变化）	228.37	876.39	676.86
N_{ij}（份额分量）	52.77	657.32	102.7
P_{ij}（结构分量）	134.43	715.62	326.38
D_{ij}（竞争力分量）	41.18	-496.55	247.78

表 4-3 1978~1993 年吉林省产业竞争力测算结果

j	第一产业	第二产业	第三产业
R（上级区域增长）	8.69	8.69	8.69
r_{ij}（i 区域 j 产业增长）	5.50	7.16	13.10
R_j（上级区域 j 产业增长）	5.78	8.43	12.66
$r_{ij}-R_j$（产业增长差）	-0.28	-1.26	0.44
Δg_{ij}（产业规模变化）	132.05	308.03	196.50
N_{ij}（份额分量）	39.09	173.51	45.44
P_{ij}（结构分量）	99.58	188.90	144.42
D_{ij}（竞争力分量）	-6.61	-54.38	6.64

表 4-4 1978~1993 年黑龙江省产业竞争力测算结果

j	第一产业	第二产业	第三产业
R（上级区域增长）	8.69	8.69	8.69
r_{ij}（i 区域 j 产业增长）	3.84	5.09	11.88
R_j（上级区域 j 产业增长）	5.78	8.43	12.66
$r_{ij}-R_j$（产业增长差）	-1.94	-3.33	-0.78
Δg_{ij}（产业规模变化）	157.40	543.10	323.00
N_{ij}（份额分量）	66.77	430.14	82.41
P_{ij}（结构分量）	170.11	468.30	261.87
D_{ij}（竞争力分量）	-79.48	-355.34	-21.28

表 4-5 1993 年和 2015 年全国与东北三省 GDP 总量与三产产值情况

	GDP 总量		第一产业		第二产业		第三产业	
	1993 年	2015 年	1993 年	2015 年	1993 年	2015 年	1993 年	2015 年
全国	35334	689052	6964	60862	16454	282040	11916	346149
辽宁省	2010.82	28669.0	260.77	2384.0	1039.29	13042	710.76	13243.0
吉林省	718.58	14063.1	156.05	1596.3	351.03	7005.7	211.50	5461.1
黑龙江省	1198.3	15083.7	198.40	2633.5	649.70	4798.1	350.20	7652.1

表 4-6 1993~2015 年辽宁省产业竞争力测算结果

j	第一产业	第二产业	第三产业
R（上级区域增长）	18.50	18.50	18.50
r_{ij}（i 区域 j 产业增长）	8.14	11.55	17.63
R_j（上级区域 j 产业增长）	7.74	16.14	28.05
$r_{ij}-R_j$（产业增长差）	0.40	-4.59	-10.42
Δg_{ij}（产业规模变化）	2123.23	12002.71	12532.24
N_{ij}（份额分量）	397.77	7811.76	6723.25
P_{ij}（结构分量）	1620.46	8963.54	13212.92
D_{ij}（竞争力分量）	105.00	-4772.60	-7403.93

表 4-7　1993~2015 年吉林省产业竞争力测算结果

j	第一产业	第二产业	第三产业
R（上级区域增长率）	18.50	18.50	18.50
r_{ij}（i 区域 j 产业增长率）	9.23	18.96	24.82
R_j（上级区域 j 产业增长率）	7.74	16.14	28.05
$r_{ij}-R_j$（产业增长差）	1.49	2.82	-3.23
Δg_{ij}（产业规模变化）	1440.25	6654.67	5249.60
N_{ij}（份额分量）	238.04	2638.50	2000.63
P_{ij}（结构分量）	969.72	3027.52	3931.75
D_{ij}（竞争力分量）	232.50	988.65	-682.78

表 4-8　1993~2015 年黑龙江省产业竞争力测算结果

j	第一产业	第二产业	第三产业
R（上级区域增长率）	18.50	18.50	18.50
r_{ij}（i 区域 j 产业增长率）	12.27	6.39	20.85
R_j（上级区域 j 产业增长）	7.74	16.14	28.05
$r_{ij}-R_j$（产业增长差）	4.53	-9.76	-7.20
Δg_{ij}（产业规模变化）	2435.10	4148.40	7301.90
N_{ij}（份额分量）	302.64	4883.43	3312.63
P_{ij}（结构分量）	1232.88	5603.45	6510.16
D_{ij}（竞争力分量）	899.58	-6338.49	-2520.89

四、细分产业层次的竞争力演变过程与分析

考虑到东北自中华人民共和国成立后就是中国的工业基地之一，同时上述三大产业层面的竞争力变化也显示出工业的竞争力呈现下降趋势，本书将选择细分的制造业数据，对东北三省细分制造业的竞争力的变化情况进行研究。细分制造业数据在 2008 年之前的《中国统计年鉴》和《中国工业经济统计年鉴》以规模以上工业企业增加值或者产值指标公布，但是 2008 年后，《中国统计年鉴》和《中国工业经济统计年鉴》都不再公布细分制造业的增加值或产值数据，但是各省份的统计年鉴仍然公布这一指标，因此本书以 1999 年为基期、2014 年为报告期，对东北三省细分制造业 1999~2014 年的竞争力变化情况进行研究，其中东北三省 1999 年和 2014 年的细分制造业数据来源于 2000 年和 2015 年各自统计年鉴，1999 年全国的细分制造业数据来源于 2000 年的《中国统计年鉴》，难点是 2014 年的全国细分制造业数据，由于《中国统计年鉴》《中国城市年鉴》《中国区域经济年鉴》《中国工业经济统计年鉴》都已经不再公布全国层面的细分制造业数据，本书采取逆向回推法即通过全国 31 个省份的 2015 年省级统计年鉴获取

加总31个省份的细分产业产值即得到2014年全国层面的细分制造业产值数据①。

从东北三省细分制造业的偏离份额分析结果（见表4-9~表4-11）可以得到如下几点结论：

第一，东北三省制造业竞争力下滑趋势明显。1999~2014年，辽宁省细分制造业竞争力下滑的产业个数为27个，占全部34个制造业的79.4%。吉林省细分制造业竞争力下降的产业个数为21个，占全部34个制造业的61.8%。黑龙江省细分制造业竞争力下降的产业个数为14个，占全部34个制造业的41.2%。因此从竞争力下降产业的个数分析，东北三省1999~2014年制造业下降的整体为60.8%，制造业竞争力趋于下降特征极为明显。

第二，从东北三省之间的竞争力分量比较分析，辽宁省的制造业竞争力下滑最为严重，吉林省其次，黑龙江省次之。然而值得注意的是，在1999年或者更早的东北三省制造业发展水平上，辽宁无疑占据绝对的优势，如1999年在所有34个细分制造业规模中，除了石油天然气开采业规模低于黑龙江省，烟草加工业、化学纤维制造业、交通运输设备（汽车制造）制造业三个产业的产值低于吉林省外，辽宁省在其他30个细分制造业的发展规模都高于吉林省和黑龙江省，而辽宁省则是1999~2014年东北三省制造业竞争力下降比例和幅度最大的省份，这进一步表明东北三省的产业竞争力大幅度下滑。

第三，基于结构分量测算结果可以发现东北三省各自的优势主导产业，吉林省的交通运输设备（汽车制造）制造业、农副食品加工业、非金属矿物制品业属于相对优势比较大的产业；辽宁省的通用设备制造业、交通运输设备（汽车制造）制造业、农副食品加工业、非金属矿物制品业、黑色金属冶炼和压延加工业属于相对优势比较大的产业；黑龙江省的农副食品加工业，石油加工、炼焦和核燃料加工业，电力、热力、水的生产和供应业属于相对优势比较大的产业。从具体的结构分量值分析，在东北三省占据相对优势的产业中，只有吉林省的交通运输设备（汽车制造）制造业，辽宁省的通用设备制造业、交通运输设备（汽车制造）制造业、农副食品加工业、非金属矿物制品业以及黑龙江省的农副食品加工业属于相对优势较大的产业，其他的相对优势产业比较优势并不大。

---

① 在这一过程中采取了两种处理数据的方法：第一种是由于有个别省份比如青海等地公布的是细分制造业的增加值数据而不是产值数据，针对这一类别的省份，本书对其增加值进行换算，换算系数为其全省层面的工业产值与增加值数之比。第二种是由于个别省份没有公布细分产业的制造业数据，比如海南，由于偏离份额分析方法是下级区域对上级区域的同步比较，因此剔除海南省并不会影响下级区域产业竞争力的评价结果，故本书在加总过程中没有考虑海南省。

表 4-9 吉林省偏离份额分析结果

产业	全国经济增长率（%）	吉林产业增长率（%）	全国产业增长率（%）	G 吉林	P 吉林	D 吉林
煤炭开采和洗选业	6.11	13.34	14.98	123.06	145.69	-32.95
石油和天然气开采业	6.11	8.21	7.99	291.14	100.00	10.42
黑色金属矿采选业	6.11	67.47	17.95	23.89	239.93	193.64
有色金属矿采选业	6.11	37.31	39.40	22.42	114.50	-7.68
非金属矿采选业	6.11	28.45	31.00	23.10	84.43	-9.65
农副食品加工业	6.11	48.49	78.70	403.14	2796.54	-1992.95
食品制造业	6.11	15.41	20.91	155.99	237.35	-140.49
酒、饮料和精制茶制造业	6.11	16.93	14.29	172.12	304.80	74.37
烟草制品业	6.11	11.49	10.96	76.68	67.46	6.59
纺织业	6.11	6.09	17.98	136.38	-0.44	-265.38
纺织服装、服饰业	6.11	22.01	23.01	29.39	76.49	-4.80
皮革、毛皮、羽毛及其制品和制鞋业	6.11	15.35	18.99	9.53	14.42	-5.67
木材加工和木、竹、藤、棕、草制品业	6.11	56.15	14.00	94.71	775.55	653.26
家具制造业	6.11	49.44	45.99	16.56	117.41	9.34
造纸和纸制品业	6.11	7.23	22.94	106.93	19.68	-274.85
印刷和记录媒介复制业	6.11	18.83	23.09	21.75	45.30	-15.15
文教、工美、体育和娱乐用品制造业	6.11	769.72	27.92	0.27	34.36	33.38
石油加工、炼焦和核燃料加工业	6.11	8.97	17.03	138.45	64.70	-182.74
化学原料和化学制品制造业	6.11	6.77	25.99	1311.82	142.54	-4125.70
医药制造业	6.11	29.70	26.86	325.05	1254.89	150.99
化学纤维制造业	6.11	1.90	12.00	127.09	-87.48	-210.00
橡胶和塑料制品业	6.11	20.76	24.99	86.15	206.63	-59.58
非金属矿物制品业	6.11	34.99	42.93	272.14	1286.28	-353.68
黑色金属冶炼和压延加工业	6.11	15.59	16.87	329.82	511.84	-68.98
有色金属冶炼和压延加工业	6.11	12.35	15.02	84.13	85.87	-36.82
金属制品业	6.11	32.07	43.29	56.15	238.61	-103.07
通用设备制造业	6.11	34.10	31.99	77.47	354.96	26.80
专用设备制造业	6.11	50.20	56.02	72.04	519.83	-68.60
汽车制造业	6.11	14.71	12.92	2661.52	3744.88	778.45
电气机械和器材制造业	6.11	24.33	28.95	84.93	253.27	-64.21
计算机、通信和其他电子设备制造业	6.11	1.81	20.99	177.50	-125.04	-557.30
仪器仪表制造业	6.11	13.54	12.05	17.84	21.70	4.36
其他制造业	6.11	34.80	9.02	6.48	30.41	27.33
电力、热力、水的生产和供应业	6.11	10.10	6.99	510.80	333.71	260.15

表 4-10 辽宁省偏离份额分析结果

产业	全国经济增长率（%）	辽宁产业增长率（%）	全国产业增长率（%）	G 辽宁	P 辽宁	D 辽宁
煤炭开采和洗选业	6.11	3.55	14.98	375.15	-156.97	-701.59
石油和天然气开采业	6.11	1.25	7.99	981.88	-781.36	-1083.47
黑色金属矿采选业	6.11	163.57	17.95	64.77	1669.09	1543.59
有色金属矿采选业	6.11	20.84	39.40	97.76	235.70	-296.94
非金属矿采选业	6.11	31.27	31.00	100.20	412.55	4.35
农副食品加工业	6.11	29.77	78.70	872.51	3378.34	-6987.51
食品制造业	6.11	20.86	20.91	194.91	470.68	-1.44
酒、饮料和精制茶制造业	6.11	9.83	14.29	274.34	167.01	-200.27
烟草制品业	6.11	9.32	10.96	48.27	25.33	-12.98
纺织业	6.11	5.54	17.98	417.92	-38.84	-850.75
纺织服装、服饰业	6.11	11.56	23.01	328.72	293.02	-616.20
皮革、毛皮、羽毛及其制品和制鞋业	6.11	8.88	18.99	160.08	72.58	-264.88
木材加工和木、竹、藤、棕、草制品业	6.11	27.70	14.00	163.75	578.62	367.17
家具制造业	6.11	37.74	45.99	59.27	306.85	-79.98
造纸和纸制品业	6.11	11.52	22.94	172.91	153.15	-323.14
印刷和记录媒介复制业	6.11	7.93	23.09	84.32	25.08	-209.24
文教、工美、体育和娱乐用品制造业	6.11	79.05	27.92	15.28	182.36	127.83
石油加工、炼焦和核燃料加工业	6.11	9.23	17.03	2608.97	1333.87	-3328.97
化学原料和化学制品制造业	6.11	11.98	25.99	1457.85	1400.40	-3342.96
医药制造业	6.11	13.03	26.86	356.21	403.16	-806.57
化学纤维制造业	6.11	1.98	12.00	98.98	-66.94	-162.36
橡胶和塑料制品业	6.11	20.16	24.99	452.75	1040.85	-358.16
非金属矿物制品业	6.11	22.13	42.93	951.94	2496.67	-3239.88
黑色金属冶炼和压延加工业	6.11	10.70	16.87	2650.52	1993.15	-2674.54
有色金属冶炼和压延加工业	6.11	10.93	15.02	642.16	506.58	-429.86
金属制品业	6.11	21.68	43.29	523.63	1334.51	-1851.81
通用设备制造业	6.11	21.39	31.99	1109.58	2775.43	-1924.37
专用设备制造业	6.11	27.50	56.02	495.52	1734.50	-2313.20
汽车制造业	6.11	18.08	12.92	1382.69	2707.74	1166.63
电气机械和器材制造业	6.11	15.34	28.95	795.52	1202.27	-1771.50
计算机、通信和其他电子设备制造业	6.11	4.02	20.99	1100.41	-375.62	-3055.51
仪器仪表制造业	6.11	15.36	12.05	86.15	130.44	46.69
其他制造业	6.11	4.10	9.02	74.54	-24.46	-59.96
电力、热力、水的生产和供应业	6.11	7.22	6.99	1245.83	226.73	47.30

表 4－11　黑龙江省偏离份额分析结果

产业	全国经济增长率（%）	黑龙江产业增长率（%）	全国产业增长率（%）	G 黑龙江	P 黑龙江	D 黑龙江
煤炭开采和洗选业	6. 11	10. 38	14. 98	193. 69	135. 41	－145. 77
石油和天然气开采业	6. 11	2. 42	7. 99	3277. 40	－1978. 72	－2987. 15
黑色金属矿采选业	6. 11	110. 37	17. 95	2. 76	47. 12	41. 77
有色金属矿采选业	6. 11	16. 16	39. 40	9. 04	14. 88	－34. 39
非金属矿采选业	6. 11	21. 39	31. 00	11. 12	27. 81	－17. 49
农副食品加工业	6. 11	105. 75	78. 70	153. 85	2509. 05	681. 24
食品制造业	6. 11	35. 85	20. 91	96. 11	467. 87	235. 06
酒、饮料和精制茶制造业	6. 11	14. 91	14. 29	127. 03	182. 90	12. 84
烟草制品业	6. 11	14. 12	10. 96	42. 95	56. 30	22. 20
纺织业	6. 11	10. 99	17. 98	48. 57	38. 79	－55. 58
纺织服装、服饰业	6. 11	63. 06	23. 01	2. 99	27. 90	19. 62
皮革、毛皮、羽毛及其制品和制鞋业	6. 11	271. 58	18. 99	1. 53	66. 37	63. 15
木材加工和木、竹、藤、棕、草制品业	6. 11	88. 65	14. 00	33. 79	456. 43	412. 80
家具制造业	6. 11	20. 51	45. 99	22. 36	52. 72	－93. 24
造纸和纸制品业	6. 11	12. 31	22. 94	38. 80	39. 36	－67. 51
印刷和记录媒介复制业	6. 11	17. 18	23. 09	10. 02	18. 16	－9. 68
文教、工美、体育和娱乐用品制造业	6. 11	199. 07	27. 92	1. 96	61. 75	54. 77
石油加工、炼焦和核燃料加工业	6. 11	30. 85	17. 03	260. 90	1056. 60	590. 31
化学原料和化学制品制造业	6. 11	65. 02	25. 99	52. 18	503. 12	333. 34
医药制造业	6. 11	16. 38	26. 86	125. 87	211. 57	－215. 88
化学纤维制造业	6. 11	－0. 50	12. 00	22. 18	－23. 98	－45. 36
橡胶和塑料制品业	6. 11	27. 83	24. 99	43. 38	154. 24	20. 19
非金属矿物制品业	6. 11	40. 72	42. 93	80. 16	454. 14	－28. 93
黑色金属冶炼和压延加工业	6. 11	40. 15	16. 87	31. 65	176. 32	120. 59
有色金属冶炼和压延加工业	6. 11	17. 81	15. 02	12. 46	23. 87	5. 69
金属制品业	6. 11	45. 08	43. 29	25. 54	162. 88	7. 47
通用设备制造业	6. 11	46. 69	31. 99	57. 86	384. 27	139. 18
专用设备制造业	6. 11	33. 49	56. 02	50. 71	227. 25	－187. 00
汽车制造业	6. 11	15. 98	12. 92	144. 13	232. 78	72. 13
电气机械和器材制造业	6. 11	27. 48	28. 95	52. 00	181. 87	－12. 50
计算机、通信和其他电子设备制造业	6. 11	2. 90	20. 99	36. 78	－19. 32	－108. 90
仪器仪表制造业	6. 11	13. 86	12. 05	10. 39	13. 17	3. 07
其他制造业	6. 11	65. 83	9. 02	2. 75	26. 87	25. 56
电力、热力、水的生产和供应业	6. 11	20. 56	6. 99	379. 61	898. 07	843. 39

第二节　产业体系运行环境的衰退情况判断

产业的发展都需要一个相对稳定的发展环境，这种环境体现于产业所在城市或区域的吸引力尤其是对各种经济要素的吸引力，当一个城市发展比较稳定，能够为产业发展提供各种必需的发展资源，那么整个城市或者区域的产业体系的发展就会比较顺利，反之，如果整个城市或区域发展陷入困境，对各种经济要素的吸引力逐渐下降，那么整个产业体系的发展也会随之陷入衰退。这种现象我们可以称之为城市破产，比如美国的底特律城，城市破产的同时其主导产业汽车产业也逐渐陷入衰退并最终被淘汰。因此，产业体系的发展和衰退与整个城市的发展健康程度密切相关，基于这一点，我们在研究东北产业体系问题时，也考虑对东北城市的整体运行健康度进行考察。

一、城市破产风险度的内涵与衡量

"破产"一词来源于商业，描述的是企业资不抵债的状况。而城市破产同样指的是一个城市单独依靠自己力量已经无法保障整个城市正常运行的情况。在破产阶段，整个城市的各种要素、产业、企业大量流出，城市的公共产品和政府公务人员的工资无法保障。当然，现实世界中的城市破产表现远比这些特征更为复杂，同时由于城市破产与否的界限不可能同企业破产界限那么明确，本书只研究城市破产的可能性即风险情况，并不断定具体的哪座城市将破产。具体评价思路是根据现有破产城市的主要特征以及中国城市发展实践来构建城市破产风险度评价体系来测算城市破产风险。理论上，城市破产（City Bankruptcy）是城市发展周期的终点阶段。一般认为一个城市的发展阶段要经历城市形成（Urban Formation）、城市扩张（Urban Expansion）、城市收缩（Shrinking Cities）、城市衰退（Urban Decline）以及城市破产（City Bankruptcy）五个阶段①，其中与城市破产阶段密切相关的是城市收缩以及城市衰退阶段。如果一个城市进入到城市收缩或城市衰退阶段，而决策部门没有及时采取强有力的措施改变这一趋势，该城市进

---

① 当然可以在城市破产阶段后加上城市复兴（Urban Renaissance）阶段，但是本书认为城市复兴只不过是城市重新进入了下一个城市发展周期，并不影响城市阶段的五分思路。

入到破产阶段将不可避免。从现有文献看，研究城市收缩和衰退现象的文献多而研究城市破产的文献少。比如 Northam（1969）发现美国部分城市中心城区出现严重的人口流失现象。① Clark（1989）、Rowland（1996）对主要西方发达国家以及苏联城市的衰退现象进行研究。②③ Rappaport（2003）对美国城市 1950～2000 年的发展历程进行研究，认为包括纽约、芝加哥、波士顿在内的大城市在“二战”后陷入了衰退，但是到 20 世纪 80 年代这些城市又实现了城市复兴。④ Kreichauf（2014）认为 21 世纪前 10 年，欧洲部分城市出现收缩现象，并指出这种收缩是因为资源和要素在全球范围内重新配置的结果。⑤ Weaver 等（2015）基于演化经济学理论对城市收缩和衰退的机理进行分析，并以美国城市为研究对象提出城市衰退的三个命题。⑥ 因此，虽然最近城市破产现象已经引起社会各界的广泛关注，但是学界关于城市破产的直接研究并不太多。本书以“城市破产”为题名在 CNKI 期刊数据库进行检索，发现只有 40 篇相关论文，其中多为新闻报道，部分学术论文也是与底特律城市破产案例相关的研究，定量测度城市破产风险的文献并不多见⑦。因此，本书将首先讨论城市破产风险概念的内涵并根据这一内涵设计相应的指标体系进行分析。

任何一个城市想要保持健康发展，都必须有源源不断的资源支撑，不管这些资源是内生培育还是外地引入，资源存量和增量的丰富是保持城市发展的决定性因素。因此，本书认为衡量一个城市破产风险的高低应先基于城市运行过程中所需要的资源变化情况。根据经济增长理论，资金与人口都是经济发展的必需要素，因此城市破产风险评价首先应该将人口和资金要素纳入其中。其次城市破产风险的高低同样取决于政府的收支情况，支出超过收入越多，城市的负债情况就越严重，破产的风险也就越高。再次城市自身经济结构的多样性对于抵御发展过程中出现的随机风险也较为重要，因此本书将构建经济结构多样性指标衡量城市抵抗经济风险的能力。最后城市破产风险也取决于城市在整个区域竞争中所表现

---

① Northam, R. M. Population Size, Relative Location, and Declining Urban Centers: Conterminous United States, 1940 - 1960 [J]. Land Economics, 1969, 45 (3).

② Clark, D. Urban Decline [M]. London and New York: Routledge, 1989.

③ Rowland, R. H. Russia's Disappearing Towns: New Evidence of Urban Decline, 1979 - 1994 [J]. Post-Soviet Geography and Economics, 1996, 37 (2).

④ Rappaport, J. U. S. Urban Decline and Growth, 1950 to 2000 [J]. Economic Review, 2003, 88 (2).

⑤ Kreichauf, R. Being on the Losing Side of Global Urban Development? The Limits to Managing Urban Decline [D]. ERSA Conference Papers. European Regional Science Association, 2014.

⑥ Weaver, R, Holtkamp, C. Geographical Approaches to Understanding Urban Decline: From Evolutionary Theory to Political Economy and Back [J]. Geography Compass, 2015, 9 (5).

⑦ 检索日期截止到 2016 年 7 月。

的潜力，城市潜力越大，城市破产风险就越小。因此将根据这一思路设计相对应的指标体系。

二、城市破产风险测度指标体系、测算方法以及数据来源

根据这种思路，本书选取了如下几个评价指标衡量城市风险度（Degree of City Bankruptcy Risk）①

1. 人口增长率（The Growth Rate of Population）

人口要素是城市发展的基础，人口既能够创造财富，同时其消费活动又能进一步促进经济发展，因此人口的持续增长是城市健康的表现，本书以户籍人口规模作为衡量城市人口增长率的统计口径②，同时选用在校学生人数衡量城市集聚人口状况。

2. 资金增长率（The Growth Rate of Capital）

在市场经济条件下，资金的逐利性决定了资金会选择利润率最高的区域，同时资金的集聚程度也能够表明城市的活力，因此资金规模对城市健康发展具有重要意义，本书以本地金融机构年度储蓄存款和贷款余额作为衡量指标。

3. 财政收支失衡率（The Degree of Financial Imbalance）

任何一个城市的健康运行都需要提供如教育、交通、安全、环境等方面的公共产品并支付相关公务人员的工资，这部分支出主要来自城市的财政收入，如果一个城市的财政支出长期和大幅度地超过其自身的财政收入情况，该城市的破产风险就是较高的，因此一个城市的财政支出与其财政收入的比值能够反映城市的经济支撑情况。

4. 经济结构多样性（The Diversity of Economic Structure）

经济结构多样性越好，产业结构越复杂，城市发展能力和抵御风险能力就强，产业结构越单一，城市陷入破产境地的风险就越大，本书以从业人员占整个就业体系比例第一的产业与第二产业的比值和国有经济与私营经济的比值作为衡量指标。

5. 发展潜力（Development Potenial）

发展潜力比较抽象且主观判断属性太强，并不好判断，必须寻找代理变量。

---

① 实际上，本书在选取相关指标时不仅仅需要考虑指标的合适性，同时也必须考虑到指标数据的可得性，尤其研究的是大规模的城市样本，数据的可得性至关重要。

② 实际上常住人口规模更为合适，但是考虑到当前城市和区域年鉴数据不公布常住人口数据，只能以户籍人口代替。

本书以城市房地产产业发展情况作为代表变量，这是因为房地产在中国不仅是住房消费产品，实际上在当前中国投资体系中，房产是绝大部分人首选的投资品，因此一个城市房地产产业的发展情况能够很好地反映外界对该城市未来发展的潜力判断，房地产产业发展越好越能够在一定程度上说明这个城市未来发展被人看好，其出现风险的可能性也就相对越小①。因此可以用一定时期内房地产及相关产业占整个经济结构的比例作为城市发展潜力的判断指标，同时考虑到我国外向型经济特征明显，招商引资在我国城市经济发展中占据重要地位，而外商在确定投资区位过程中会充分考虑到城市发展潜力情况，因此，本书同样以实际利用外资总额作为衡量城市发展潜力的代表指标②。根据上文的分析，最终构建的城市破产风险度指标体系如表 4－12 所示。

表 4－12 城市破产风险度评价指标体系

一级指标	二级指标	三级指标	指标属性	具体测算公式	基准值
城市破产风险	人口增长率（0.2）	户籍人口增长率（0.5）	动态反向指标	POP_t/POP_{t-1}	最大值
		在校学生人数（0.5）	动态反向指标	STU_t/STU_{t-1}	最大值
	资金增长率（0.2）	金融机构储蓄余额（0.5）	动态反向指标	CAP_t/CAP_{t-1}	最大值
		金融机构贷款余额（0.5）	动态反向指标	$DEBT_t/DEBT_{t-1}$	最大值
	财政收支失衡率（0.2）	财政支出与财政收入比值	静态正向指标	FE_t/FI_t	最小值
	经济结构多样性（0.2）	产业结构多样性（0.5）	静态正向指标	$(fir\_ind)/(sec\_ind)$	最小值
		所有制混合度（0.5）	静态正向指标	Nat_prop/pri_prop	最小值
	城市发展潜力（0.2）	房地产产业比重（0.5）	动态适中指标	REM_t/REM_{t-1}	适中值
		实际利用 FDI（0.5）	动态反向指标	FDI_t/FDI_{t-1}	最大值

注：破产风险度越大表明城市破产风险越低，越小表明城市破产风险越大。基准值指使城市破产风险最大程度降低的值，该值主要根据指标的属性确定。动态指标指该指标的衡量必须基于两期值的比较，而静态指标则只需要一期数据即可。正向指标指指标越大，破产风险度越高，反之亦然。

在本书构建的指标体系中，指标的基准值有三种：正向型指标、负向型指标和适中型指标，其计算公式如下：

正向型指标得分＝指标值/该指标最优值（所有城市中该指标最大值）×权重

负向型指标得分＝该指标最优值（所有城市中该指标最小值）/指标值×权重

适中型指标分为两种情景：当指标值小于适中型指标的最优值时，其得分＝

① 必须承认这一指标具有双面性和阶段性，如房价的上涨意味着城市发展潜力被人看好，但是房价过快上涨也在消耗这种潜力，当房价上涨到一定阶段，可能就意味着城市将面临房价上涨带来的发展压力，由于本书采取的是综合性的多种指标衡量城市破产风险，房地产这一单一指标的不确定性能够被最大限度地避免，同时在测度该指标的影响时，本书将该指标的基准值设定为适中值，排除房地产产业的非正常膨胀的影响。

② 必须强调本书只考虑可预测性的指标，类似如天灾、战争等不可预测的，同时又会直接导致城市破灭的因素不予考虑。

指标值/（指标最优值所有城市该指标均值）×权重；当指标值大于适中型指标的最优值时，其得分 =（指标最优值所有城市该指标均值）/指标值×权重。在具体的测算过程中，本书对不同指标的得分进行量化处理。

三、东北 34 个城市的破产风险测度结果与分析

本书测算东北 34 个城市 2011 ~ 2014 的破产风险情况，数据来源于 2011 ~ 2014 年《中国城市统计年鉴》《中国区域经济统计年鉴》以及 2015 年各城市统计公报，测算结果如表 4 – 13 所示。

表 4 – 13　2011 ~ 2014 年东北 34 个城市破产风险度测算结果

城市破产风险	2011 年	2012 年	2013 年	2014 年
哈尔滨市	0.78213	0.75326	0.73445	0.71617
齐齐哈尔市	0.72540	0.73653	0.70772	0.69544
鸡西市	0.81344	0.79457	0.75576	0.68728
鹤岗市	0.69400	0.66513	0.64632	0.58804
双鸭山市	0.73879	0.70192	0.69111	0.63283
大庆市	0.79725	0.70091	0.74957	0.72129
伊春市	0.69409	0.68251	0.64641	0.63111
佳木斯市	0.67030	0.64143	0.61262	0.59434
七台河市	0.80286	0.78399	0.75518	0.73369
牡丹江市	0.64114	0.60217	0.59346	0.53522
黑河市	0.72613	0.70726	0.67845	0.63722
绥化市	0.64858	0.64971	0.60090	0.56462
长春市	0.75736	0.73849	0.70968	0.65243
吉林市	0.71953	0.70066	0.67185	0.62711
四平市	0.69707	0.69820	0.64939	0.59111
辽源市	0.77339	0.74452	0.71571	0.69432
通化市	0.72155	0.70268	0.69387	0.63595
白山市	0.68090	0.67203	0.63322	0.59411
白城市	0.74427	0.72540	0.69659	0.66631
松原市	0.78099	0.76212	0.73331	0.72503
沈阳市	0.84777	0.80890	0.80009	0.74821
大连市	0.84345	0.80458	0.79577	0.77491
鞍山市	0.80029	0.76620	0.74261	0.72431
抚顺市	0.76040	0.74153	0.71272	0.67244
本溪市	0.85504	0.81470	0.80736	0.77108
丹东市	0.78999	0.78112	0.75231	0.70403
锦州市	0.81739	0.79852	0.76971	0.72243
营口市	0.82831	0.82944	0.80063	0.77225
阜新市	0.72965	0.69078	0.68197	0.64569
辽阳市	0.81349	0.77462	0.76581	0.76733

续表

城市破产风险	2011 年	2012 年	2013 年	2014 年
盘锦市	0.79742	0.71155	0.74974	0.72416
铁岭市	0.77584	0.72657	0.72816	0.69188
朝阳市	0.79203	0.77316	0.74435	0.71027
葫芦岛市	0.77071	0.72184	0.72303	0.68975

由于本书测算的城市破产风险度是一个相对值，因此还必须提出一个如何判断城市破产风险度值高低的基准值。这种基准有两个选择思路，第一种是用同年东北三省所有城市的破产风险均值作为判断基准，第二种是用同年全国所有城市破产风险度均值作为判断基准。考虑到本书研究对象是东北地区，为了得到符合全国发展实际的选择标准，本书决定选择全国城市破产风险度的均值作为判断标准，将东北城市分为高于全国平均破产风险和低于全国平均破产风险两类，最终结果如表 4－14 所示。

从表 4－14 可以发现：

第一，东北地区破产风险高于全国平均风险的城市数量较多，2011～2014 年东北地区破产风险度高于全国平均水平的城市常年在 16 个左右，最多的是 2012 年，破产风险高于全国平均风险的城市多达 18 个，超过东北所有城市数量的 50%。同时，如果考虑到不同年份不同城市的集合，东北 34 个城市一共有 21 个城市陷入过城市破产风险当中。

第二，进一步观察发现，2011～2014 年有部分城市的破产风险是始终比全国城市平均破产风险高的，如牡丹江市、双鸭山市、绥化市、阜新市、四平市、伊春市、佳木斯市、黑河市、吉林市、通化市、白山市，还有部分城市在四年间出现 3 次，如齐齐哈尔市、鹤岗市、白城市，这表明这些城市四年间始终处于高风险阶段，整个城市的运行环境对产业发展是非常不利的。这一点与实际情况也是吻合的，以财政收入指标为例，2015 年东北三省一共有 26 个城市一般预算收入增速为负，即使不考虑辽宁省数据质量问题①，在本书测算的 11 个高破产风险的城市中，有 9 个城市的一般财政预算增速都是负的，双鸭山市的一般预算收入为－3.0%、鹤岗市为－7.3%、绥化市为－8.7%、佳木斯市为－14.3%、牡丹江市为－33.1%、白山市为－3.5%、白城市为－4.6%、通化市为－6.7%。

城市破产风险度测算结果表明，东北城市运行情况不尽如人意甚至令人担忧，一半左右城市的发展环境质量在全国平均水平之下，由于城市运行环境与产

① 辽宁省一般预算收入增速仅有锦州市（4.9%）为正增长，其他 13 个地级市的一般预算收入均出现了 20% 以上的下降，其中本溪市下降 58.6%。

业体系发展之间存在密切的联系，这种测算结果表明东北产业体系已经遭遇巨大的困难与挑战，甚至已经开始陷入严重衰退的境地。

表 4－14　全国均值标准下东北城市分类

年份	基准值	高于全国平均水平	低于全国平均水平
2011	0.7519	齐齐哈尔市、鹤岗市、双鸭山市、伊春市、佳木斯市、牡丹江市、黑河市、绥化市、吉林市、四平市、通化市、白山市、白城市、阜新市	本溪市、沈阳市、大连市、营口市、锦州市、辽阳市、鸡西市、七台河市、鞍山市、盘锦市、大庆市、朝阳市、丹东市、哈尔滨市、松原市、铁岭市、辽源市、葫芦岛市、抚顺市、长春市
2012	0.7386	齐齐哈尔市、铁岭市、双鸭山市、葫芦岛市、盘锦市、大庆市、鹤岗市、伊春市、佳木斯市、牡丹江市、黑河市、绥化市、吉林市、四平市、通化市、白山市、白城市、阜新市	哈尔滨市、营口市、本溪市、沈阳市、大连市、锦州市、鸡西市、七台河市、丹东市、辽阳市、朝阳市、鞍山市、松原市、辽源市、抚顺市、长春市
2013	0.7153	齐齐哈尔市、鹤岗市、双鸭山市、伊春市、佳木斯市、牡丹江市、黑河市、绥化市、长春市、吉林市、四平市、通化市、白山市、白城市、抚顺市、阜新市	本溪市、营口市、沈阳市、大连市、锦州市、辽阳市、鸡西市、七台河市、丹东市、盘锦市、大庆市、朝阳市、鞍山市、哈尔滨市、松原市、铁岭市、葫芦岛市、辽源市
2014	0.6874	抚顺市、白城市、长春市、阜新市、黑河市、通化市、双鸭山市、伊春市、吉林市、佳木斯市、白山市、四平市、鹤岗市、绥化市、牡丹江市	大连市、营口市、本溪市、辽阳市、沈阳市、七台河市、松原市、鞍山市、盘锦市、锦州市、大庆市、哈尔滨市、朝阳市、丹东市、齐齐哈尔市、辽源市、铁岭市、葫芦岛市、鸡西市

第三节　产业聚集程度地位的变化

产业集聚程度能够反映一个区域某产业在全国中的地位，该产业的集聚程度高能够说明该区域在这项产业上具有优势，反之亦然。因此我们可以通过比较东北三省相关产业的集聚程度变化情况来分析东北三省产业体系的变化情况。

一、产业集聚程度方法的比较与选择

常用的产业集聚测量方法主要包括统计指标和空间格局统计。统计指标如行业集中度、赫芬达尔指数、熵指数、EG 指数等方法。空间格局统计方法包括空间基尼系数与经济重心等方法。其原理分别如下。

行业集中度：行业集中度用来衡量某产业规模最大的前几个地区在全国所占的份额。其计算公式如下：

$$IC = \frac{\sum_{i=1}^{n} A_i}{\sum_{i=1}^{N} A_i} \tag{4-5}$$

其中，IC 代表行业集中度，A_i 代表产业 A 中排名第 i 位区域的产值或销售额、从业人员等，N 代表产业 A 中的地区数目。式（4－5）表明行业集中度等于产业 A 中规模排名前 n 位的区域企业规模之和占产业 A 全国总规模的比例。由于 IC 主要反映行业在几个区域的集中程度，没有涉及行业的数目与行业总规模之间的差异。行业集中系数就是为了弥补这个缺陷。以 P 表示计算的企业占行业企业总数的比例：

$$P = \frac{100}{N} \times n \tag{4-6}$$

那么，行业集中系数 CC 可表示为：

$$CC = \frac{IC}{P} \tag{4-7}$$

行业集中度与集中系数能够形象地反映产业区域集中水平以及行业中企业数量的影响，测量方法便捷直观，但也存在一些缺点：第一，只能分析产业分布规模最大的几个地区的情况，而不清楚其余地区的情况。第二，不能反映最大几个地区中的个别情况。第三，目标区域选取数目直接影响结果。因此，该种方法一般较少单独用来测度产业集聚，更多的是作为辅助指标。

赫芬达尔指数（HHI）：其计算公式为：

$$HHI = \sum_{i=}^{N} (A_i/A)^2 \tag{4-8}$$

其中，A 代表产业总规模，A_i 代表区域 i 的产业规模，N 代表产业中的地区数目。HHI 实质上是给产业中每个地区的市场份额赋予一个权重，此权重又以市场份额来代替。HHI 的取值范围是［1/N，1］，取值越大表示产业地理集聚程度越高。该方法的优点是能够较准确地反映产业地区集中程度，计算简便，容易理解，但不足在于该方法未考虑其他产业的空间分布，使不同产业之间难以进行比较，同时也未考虑不同地区的面积差异，因此难以反映产业分布的实际情况。

熵指数：其计算公式为：

$$EI = \sum_{i=1}^{N} \left[\left(\ln \frac{1}{R_i} \right) \cdot R_i \right] \tag{4-9}$$

熵指数实质是对每个地区的市场占有率 R_i 赋予一个权重 $\ln\frac{1}{R_i}$，与 *HHI* 相反，*EI* 对规模大的地区赋予的权重较小，而对规模小的地区赋予的权重较大。熵指数越大，代表产业集聚水平越低，反之亦然。在极端的市场垄断情况下，*EI* 等于0，但在同等规模的区域分布情况下，*EI* 等于 $\ln N$。

EG 集聚指数：空间基尼系数只能表明某产业在某区域的集中，而没有考虑到企业之间的规模差异，因为如果某一地区的某产业中存在规模很大的企业时，就会造成很大的基尼系数，但并不代表有较高的集聚度。因此，利用空间基尼系数来比较产业之间的集聚程度时，会由于各产业中企业规模或区域大小的差异而造成产业比较上的误差，而 *EG* 集聚指数则可以弥补这一不足。

假设某经济体中某一产业内有 N 个企业将该经济体划分为 M 个地理区域，*EG* 指数计算公式如下：

$$SCI = \frac{\sum_{i=1}^{M}(p_i - q_i)^2 - (1 - \sum_{i=1}^{M} q_i^2)H}{(1 - \sum_{i=1}^{M} q_i^2)(1 - H)} \quad (4-10)$$

其中，*SCI* 表示 *EG* 集聚指数，p_i 为 i 区域内某产业就业人数的全国占比，q_i 为该区域内就业人数的全国占比，H 为赫芬达尔指数。*EG* 指数充分考虑了企业规模及区域差异带来的影响，弥补了空间基尼系数的缺陷，能够进行跨产业、跨时间，甚至跨国的比较。但是，*EG* 指数的计算对数据要求较高，必须要同时具备企业层面和产业层面的数据。

空间基尼系数：空间基尼系数是依据在 i 区域的 j 产业结构的空间洛伦兹曲线进行计算。产业洛伦兹曲线通常表现为一条下凸的曲线，曲线的凸度越大表明产业分布越不均衡，反之表明产业分布越均衡。以由小到大的顺序排列的企业数累计百分比为横轴，以这些企业市场份额的累计百分比为纵轴，产业洛伦兹曲线如图4－1所示。

记产业洛伦兹曲线与对角线围成的面积为 R_A，下三角形余下部分面积为 R_B，空间基尼系数可表示为：

$$SGC = \frac{R_A}{R_A + R_B} \quad (4-11)$$

洛伦兹曲线下凸程度越小，*SGC* 就越小，表明产业 j 在区域 i 的空间分布与整个产业的空间分布是相匹配的。洛伦兹曲线下凸程度越大，*SGC* 就越大，表明产业 j 可能集中于某些区域。空间基尼系数把地区面积对地理集中度的影响考虑

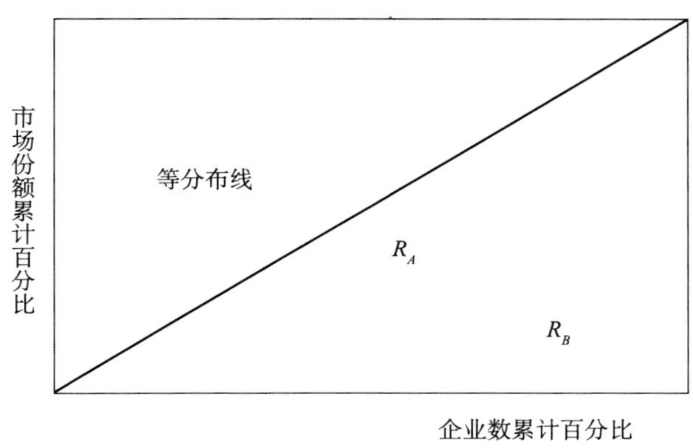

图 4-1　产业洛伦兹曲线

进去，而且将全部产业的地理分布作为比较基础，使不同产业间集聚程度具有可比性，是一个相对集聚度指数，而且空间基尼系数对数据要求不高，易于计算。

二、东北制造业集聚程度的变化

为了说明东北地区产业集聚程度的变化情况，对 1986~2014 年的东北三省细分制造业的数据进行整理。在剔除缺乏数据的观测年份后，将其分为 1986~1994 年、1997~2006 年以及 2007~2014 年三个阶段，并以各个产业的产值份额作为集聚指标进行统计，以此分析东北产业地位的变动情况。

表 4-15 按照 1990 年不变价格分别统计出 1986~1994 年、1997~2006 年、2007~2014 年制造业各分行业生产总值份额排名进入前四位地区的上榜数据，并整理出对应地区的年均上榜次数，以及上榜地区在三个时间段内所集聚的行业代码。其中，行业代码按不变价格计算的各地区制造业分行业总产值占全国的份额大小进行排列（由大到小），以分析制造业行业集聚地区的分布变化态势。

根据表 4-15，在将近 30 年的时间里我国的制造业分布格局发生了较大变化。就东北地区而言，黑龙江省、吉林省、辽宁省三地在 20 世纪 80 年代保留的制造业集聚优势已不复存在，尤其是黑龙江省、吉林省的年均上榜次数减少趋势明显，制造业细分产业的产值占比排名呈现阶段性递增的态势。如黑龙江省过去的优势行业石油加工、炼焦及核燃料加工业（C25）的主导地位已逐渐被河北等地取代。而吉林省过去的支撑产业交通运输设备制造业（C37）也受到重庆等地产业发展的较大冲击，吉林省反而转向发展医药制造业（C27）。对于辽宁省而言，虽然其在2007～2014年阶段的制造业细分产业产值占比排名相比上一阶段有所提升，其年均上榜次数由2.9上升到了4.1，但仍与1986～1994年保留下来的“龙头”地位有较大差距。

表4－15 制造业分行业生产总值份额排名前四位地区

地区	1986～1994年		1997～2006年		2007～2014年	
	年均上榜次数	集聚行业代码	年均上榜次数	集聚行业代码	年均上榜次数	集聚行业代码
江苏	13.8	C39 C40 C13 C14 C15 C17 C22 C26 C27 C28 C31 C32 C33 C34 C36 C37 C41 C35&C36	22.1	C39 C40 C13 C14 C15 C16 C17 C22 C25 C26 C27 C28 C31 C32 C33 C34 C36 C37 C41 C35	16.3	C39 C40 C13 C15 C16 C17 C22 C26 C27 C28 C31 C32 C33 C34 C36 C37 C41 C35
广东	13.5	C39 C40 C13 C14 C15 C17 C16 C22 C25 C26 C28 C27 C31 C33 C34 C37 C41	19.0	C39 C40 C13 C14 C15 C17 C22 C25 C26 C28 C31 C33 C34 C36 C37 C41	13.4	C39 C40 C13 C14 C15 C17 C22 C25 C26 C28 C31 C33 C34 C36 C37 C41 C16 C27 C16
上海	12.6	C39 C40 C13 C17 C27 C26 C28 C32 C33 C34 C36 C37 C41 C35&C36	11.3	C39 C40 C14 C16 C25 C27 C28 C32 C34 C36 C37 C41 C35 C36	3.0	C16 C40 C35 C37 C41
山东	10.5	C13 C14 C15 C17 C22 C25 C26 C27 C31 C34 C36 C35 &C36	16.9	C39 C13 C14 C15 C17 C22 C25 C26 C27 C28 C31 C32 C33 C34 C36 C37 C35 C36	18.0	C39 C13 C14 C15 C17 C22 C25 C26 C27 C28 C31 C32 C33 C34 C36 C37 C35 C36 C40
辽宁	7.9	C39 C22 C25 C26 C27 C28 C31 C32 C33 C37 C36 C35 &C36	2.9	C25 C32 C33 C35 &C36	4.1	C13 C25 C35 C37 C32 C31 C36
浙江	6.9	C39 C40 C13 C14 C15 C17 C22 C28 C27 C31 C34 C41 C35&C36	14.1	C39 C14 C15 C17 C22 C26 C28 C27 C31 C33 C34 C36 C41 C35 C36	8.3	C28 C17 C41 C27 C34 C35 C39 C41 C26 C22 C37
四川	5.3	C40 C13 C14 C15 C22 C26 C32 C41	1.7	C15 C16 C37	1.1	C15
湖北	2.0	C16 C32 C37	0.9	C16 C37	1.1	C15 C13 C16
北京	1.5	C40 C13 C25 C26	1.3	C40	0.1	C40
河南	1.4	C16 C31 C36	5.6	C13 C14 C15 C16 C28 C31 C33 C36	6.4	C31 C33 C13 C14 C36 C27 C15
云南	1.4	C16 C17 C33	1.3	C16	1.1	C16

续表

地区	1986~1994年		1997~2006年		2007~2014年	
	年均上榜次数	集聚行业代码	年均上榜次数	集聚行业代码	年均上榜次数	集聚行业代码
黑龙江	1.1	C25	0.1	C25	0	—
湖南	1.0	C16 C33	0.6	C16	1.6	C16 C36
甘肃	0.8	C33	0	—	0	—
吉林	0.6	C37	0.9	C37	0.4	C27
贵州	0.3	C16	0.9	C16	0	—
安徽	0.3	C16	0.1	C13	0	—
河北	0.1	C32	2.1	C14 C27 C31 C32	1.8	C32 C34 C25
福建	0.1	C40	0.7	C28	1.1	C28 C14
天津	0.1	C28	0	—	0.4	C14
宁夏	0.1	C17	0	—	0	—
陕西	0.1	C17	0	—	0	—
青海	0.1	C17	0	—	0	—
内蒙古	0	—	0.3	C14	0.5	C14
广西	0	—	0.1	C25	0	—
江西	0	—	0	—	0.6	C33
重庆	0	—	0	—	0.4	C37
山西	0	—	0	—	0.3	C25

注：产业代码详见产业分类标准2011。

第四节　结论与分析

本章从产业体系的竞争力、产业体系的运行环境和集聚程度三方面对东北三省的产业体系发展情况进行全面研究，结果发现：

（1）无论是三大产业视角还是细分产业视角，1978~1993年东北三省的产业竞争力是在逐渐下降的，尤其是第二产业和第三产业。而1993~2015年，除了吉林省的第二产业竞争力略有提升外，辽宁省和黑龙江省第二产业竞争力下滑的趋势没有得到扭转甚至在加剧，且辽宁省、黑龙江省第二产业竞争力下滑的幅度大于吉林省第二产业竞争力上升的幅度。

（2）从产业的运行环境分析，东北城市运行情况不尽如人意甚至令人担忧，一半左右城市的发展环境质量在全国平均水平之下，由于城市运行环境与产业体系发展之间存在密切的联系，这种测算结果表明东北产业体系已经遭遇巨大的困难与挑战，甚至已经开始陷入严重衰退的境地。

（3）从产业集聚程度视角分析，除了第一产业的经济重心在1990~2014年向东北区域偏移了一些，第二产业和第三产业的经济重心都在偏离东北区域，其中第二产业的偏离幅度更大，另外细分制造业的集聚程度变化也表明东北三省的制造业地位逐渐弱化。因此结合这三方面的研究，我们可以认为当前东北三省的产业体系已经面临极大的衰退风险。

第五章　产业结构变迁对东北经济增长的影响研究

作为经济活动的载体，产业结构和规模的变化会对区域经济的增长产生直接影响，产业结构优化、规模提高，区域经济增长就能够得以保持，反之亦然。然而，一方面从文献回顾部分看，东北地区的产业结构以及产业结构升级等方面存在比较严重的问题；另一方面在东北地区产业结构特征分析中，我们也发现东北三省的产业结构演化历程存在一定的问题。为了更好地研究东北地区经济增长的产业结构因素，本章将对产业结构与东北地区经济增长的关系进行研究。

第一节　研究产业结构变动对区域经济影响的方法回顾

产业结构变动或调整对经济增长的影响一直是经济增长领域和区域经济领域的热点问题，研究的文献汗牛充栋，通过对相关文献的分类，我们将相关的方法提炼梳理归纳为如下几类。

一、产业增长贡献率方法

产业增长贡献率指的是由产业的增长带来的经济增长，主要思路是将经济指标即 GDP 指标的增长分解成各个产业的增长并测算出不同产业的经济增长贡献率，其主要测算思路是：

$$G_i = \frac{industry_t - industry_{t-1}}{GDP_t - GDP_{t-1}} \tag{5-1}$$

其中，G_i代表市产业增长贡献率，右边分母为观察期内 GDP 的增长量，分子则为产业规模的增长量，两者之比即为该产业的经济增长贡献率。该方法含义明确，测算思路简单，是一种比较常用的方法，但是这种方法仍然有两个弊端：

一是只能衡量产业数量这个因素对经济增长的影响，无法衡量出产业结构优化即质量对经济增长的影响。换言之，该方法可能适应研究比较简单的产业结构与经济增长的关系，对于产业结构深层次变化的经济增长影响可能就无法深入研究。

二是该方法需要产业的规模数据，然而除三大产业的规模数据易于获得，更为细分的产业规模数据获取有一定难度，一些行业的类别名称发生变化，因此使用该种方法时会涉及统计数据的获取与处理。

二、生产函数测算方法

生产函数方法是一种量经济学检验方法，其主要思路是将产业规模占经济规模的比重作为自变量，区域经济增长率为因变量，运用回归估计方法对产业规模变化与经济增长率的关系进行模拟检验。基本原理是：$Y=f(X_1, X_2, X_3, \cdots, X_k, X_n, S)$，其中 Y 为经济增长指标，X 为各个细分产业，S 为其他变量，对此式进行微分可得：

$$dY = \frac{\partial Y}{\partial X_1}dX_1 + \frac{\partial Y}{\partial X_2}dX_2 + \cdots + \frac{\partial Y}{\partial X_k}dX_k + \frac{\partial Y}{\partial X_n}dX_n + \frac{\partial Y}{\partial S}dS \qquad (5-2)$$

其中，右边为每一个产业对经济增长的贡献效率。常见的变量选取思路是将第一产业比重、第二产业比重和第三产业比重与 GDP 增长率指标进行回归估计，得到三大产业结构变化对经济增长的作用。比如周明生等（2013）就曾经以中国为研究对象，对中国三大产业结构变化情况与经济增长的关系进行回归估计，发现三次产业的优化发展尤其是第二产业和第三产业的结构升级与经济增长存在紧密关系。卢学法等（2016）则对中国省级经济与产业结构变化的关系进行动态面板估计，发现短期内产业结构变动促进经济增长，长期则不具备这种关系。

生产函数计量检验方法最大的优势在于采取数学模型和大量的数据作为支撑，保证研究结果的客观性，一方面绝大部分研究都只采取三大产业层面的数据，无法进行更深入的研究，另一方面计量检验结果有时候也会受到模型设计和变量选取的影响，从而影响最终测算结果的准确性。

三、投入产出方法

投入产出是列昂惕夫提出的分析解决结构变化的模型范式，在投入产出模型中由于直接涉及产业结构与经济发展变量，因此投入产出也是一种常见的测度产业结构变动与经济增长的方法。投入产出方法的核心是投入产出表，目前我国的投入产出表主要有全国层面和各个省份层面的，每五年公布一次。利用投入产出模型测算产业结构与经济增长关系的原理如下：

$$r = \frac{E}{\Delta G} = \frac{E}{G_t - G_0} \tag{5-3}$$

$$E = \sum_{i=1}^{n} (T_{ti} \times G_{0i}/T_{0i}) - (T_t \times G_0/T_0) \tag{5-4}$$

其中，E 代表资源配置变化，在我们研究的主题中即代表产业结构调整所带来的经济增长，G 代表的是总产出，T 代表的是总投入，i 代表的是不同细分产业，r 则是我们测算的产业结构对经济增长的影响程度。

相比于生产函数方法，投入产出方法最大的优势在于投入产出方法不需要提前假定经济增长与产业变量之间的关系，它唯一需要的就是投入产出表数据的准确性，测算过程比较清晰直接，易于接受。但是投入产出方法最大的弊端也在于此，一方面投入产出表的数据每五年公布一次，时间间隔较大，最新投入产出表数据难以获取；另一方面投入产出表数据量庞大，很难保证投入产出表数据的准确性。

四、向量自回归模拟方法

向量自回归模型（VAR）是西姆斯（Sims）于 1980 年提出的一种用来处理内生变量动态关系的模型，这种模型采用多方程联立的形式，它不以经济理论为基础，在模型的每一个方程中，通过对模型的全部内生变量滞后项进行回归，从而估计出全部内生变量的动态关系。假设 y_{1t}，y_{2t}之间存在关系，如果分别建立两个自回归模型，则无法捕捉两个变量之间的关系。而通过采用联立的形式就可以建立出两个变量之间的关系。

式（5－1）和式（5－2）反映向量自回归模型的两个函数形式，其中模型的结构与两个参数有关。一个是所含变量个数 N，一个是最大滞后阶数 k。

$$y_{1,t} = f(y_{1,t-1}, y_{1,t-2}, \cdots) \tag{5-5}$$

$$y_{2,t} = f(y_{2,t-1}, y_{2,t-2}, \cdots) \tag{5-6}$$

以两个变量 y_{1t}，y_{2t}滞后一期的 VAR 模型为例：

$$\begin{cases} y_{1,t} = \mu_1 + \pi_{11.1} y_{1,t-1} + \pi_{12.1} y_{2,t-1} + u_{1t} \\ y_{2,t} = \mu_2 + \pi_{21.1} y_{1,t-1} + \pi_{22.1} y_{2,t-1} + u_{2t} \end{cases} \tag{5-7}$$

其中，u_{1t}，$u_{2t} \sim IID$（0，σ_2），Cov（u_{1t}，u_{2t}）=0。写成矩阵形式为：

$$\begin{bmatrix} y_{1t} \\ y_{2t} \end{bmatrix} = \begin{bmatrix} \mu_1 \\ \mu_2 \end{bmatrix} + \begin{bmatrix} \pi_{11.1} & \pi_{12.1} \\ \pi_{21.1} & \pi_{22.1} \end{bmatrix} \begin{bmatrix} y_{1,t-1} \\ y_{2,t-1} \end{bmatrix} + \begin{bmatrix} u_1 \\ u_2 \end{bmatrix} \quad (5-8)$$

设 $Y_t = \begin{bmatrix} y_{1t} \\ y_{2t} \end{bmatrix}$，$\mu = \begin{bmatrix} \mu_{1t} \\ \mu_{2t} \end{bmatrix}$，$\Pi_1 = \begin{bmatrix} \pi_{11.1} & \pi_{12.1} \\ \pi_{21.1} & \pi_{22.1} \end{bmatrix}$，$u_t = \begin{bmatrix} u_{1t} \\ u_{2t} \end{bmatrix}$，

则：

$$Y_t = \mu + \Pi_1 Y_{t-1} + u_t \quad (5-9)$$

那么，含有 N 个变量滞后 k 期的 VAR 模型表示如下：

$$Y_t = \mu + \Pi_1 Y_{t-1} + \Pi_2 Y_{t-2} + \cdots + \Pi_k Y_{t-k} + u_t, u_t \sim IID(0, \Omega) \quad (5-10)$$

其中，

$$Y_t = (y_{1,t} y_{2,t} \cdots \quad y_{N,t})'$$

$$\mu = (\mu_1 \mu_2 \cdots \mu_N)'$$

$$\Pi_j = \begin{bmatrix} \pi_{11.j} & \pi_{12.j} & \cdots & \pi_{1N.j} \\ \pi_{21.j} & \pi_{22.j} & \cdots & \pi_{2N.j} \\ \vdots & \vdots & \ddots & \vdots \\ \pi_{N1.j} & \pi_{N2.j} & \cdots & \pi_{NN.j} \end{bmatrix}, \ j = 1, \ 2, \ \cdots, \ k \quad (5-11)$$

$u_t = (u_{1t} u_{2,t} \cdots u_{Nt})'$，

其中，Y_t 为 $N \times 1$ 阶时间序列列向量，μ 为 $N \times 1$ 阶常数项列向量，Π_1，…，Π_k 均为 $N \times N$ 阶参数矩阵，$u_t \sim IID$（0，Ω）是 $N \times 1$ 阶随机误差列向量，其中每一个元素都是非自相关的，但这些元素，即不同方程对应的随机误差项之间可能存在相关，在本书的研究过程中，产业结构调整与经济增长就是 y_1，y_2这两大变量。

与其他模型相比，VAR 模型的构建不需要严格的经济理论基础，在构建过程中只需要明确哪些变量之间存在关系以及确定滞后期 k 即可，同时 VAR 模型需要的是产业结构与经济增长的动态变化数据，能够充分反映这一过程的动态变化，也能够充分利用这两个变量的数据信息，是目前学术界经常采取的一种方法。如王兵等（2006）对广东、杨明娟（2009）对湖北、虞斌（2010）对浙江、卢福财等（2011）对江西、马楠等（2016）对福建等都运用了 VAR 模型对产业结构调整与经济增长关系进行研究。

五、偏离—份额方法

偏离—份额分析方法具有较强的综合性和动态性，是揭示区域与城市部门结

构变化的重要原因，该方法的原理和具体测算过程已经在第四章详细论述，此处不再赘述。与其他方法相比，偏离—份额分析方法具有一个显著优势：该方法不仅能够衡量出不同产业对经济增长的作用，更重要的是该方法能够找出导致这些作用存在差异的原因。所以在很多文献中，偏离—份额分析方法被运用在分析产业竞争力领域。当然，这种优势某种程度上也是偏离—份额分析方法的劣势，因为该方法已经对影响产业结构变动的因素进行归类，影响产业结构发挥作用的因素只有份额分量（The National Growth Effect）、结构偏离分量（The Industrial Mix Effect）和竞争力偏离分量（The Competitive Effect），而且偏离—份额分析方法更多的是一种相对方法，在需要进行绝对研究或者缺乏比较对象时，该方法的适用性就相对较差。

六、灰色关联度分析方法

灰色关联度方法也是研究产业结构变动与区域经济增长的常见方法。作为一种统计学方法，灰色关联度方法提出对各子系统进行灰色关联度分析的概念，意图通过一定的方法，去寻求系统中各子系统（或因素）之间的数值关系。由于灰色关联度方法所针对的对象是不同的数据序列，强调数据序列的动态变化性，而产业结构变动和经济增长又是动态过程，因此在某种程度上，灰色关联度方法在测算产业结构对经济增长影响上具有一定的优势。其基本思想是将评价指标原始观测数进行无量纲化处理，计算关联系数、关联度以及根据关联度的大小对待评指标进行排序。

灰色关联度方法在测算产业结构变动与经济增长关系中的一个最大缺陷在于它只能测算出不同产业与经济增长关系的联系程度，而不能直接测算某一个产业结构变动对经济增长的作用，因此灰色关联度更多的只能用于一个地区不同产业间的比较，而不能用于多个地区之间的比较。

综上所述，在诸多方法中，实际操作性较强且符合本章研究目标的选择是，首先采用产业增长贡献率方法研究东北地区的产业特征，其次通过向量自回归模型对产业结构与经济增长的关系进行研究，最后深入探究产业结构变迁对经济增长的影响。

第二节　东北地区产业增长贡献率变化与特征——宏观与细分产业双重视角

为了对东北地区产业结构与经济发展的关系进行更为深入的研究，我们首先运用贡献率方法对东北地区不同产业的经济增长贡献率进行测算，其次对其特征以及变化思路进行研究。

一、研究对象与数据来源

在收集产业结构数据时，我们整理如下统计年鉴，《中国统计年鉴》提供第一产业、第二产业和第三产业的增加值数据，且按照农林牧渔业、工业、建筑业、批发零售业、交通运输仓储和邮政业、住宿和餐饮业、金融业和房地产业对三大产业进行一定程度的细分。《中国城市统计年鉴》和《中国区域统计年鉴》只提供了各城市和省份各产业的就业和工资数据，已经不再提供各产业的产值和增加值数据。《中国工业统计年鉴》提供了细分制造业的产值数据。因此，我们先可以从宏观产业层面对东北地区产业增长贡献率的变化进行研究。其中数据来源于中国国家统计局的国家数据统计库，该数据库为官方数据库，目前提供1994～2015年东北地区产业的增加值数据。

二、东北三省宏观产业层面增长贡献率测算

根据上文对产业增长贡献率方法的描述，我们利用1994～2015年东北地区三大产业和九大细分产业的增加值数据测算了东北三省不同产业的经济增长贡献率，测算结果如表5－1～表5－3所示。

从表5－1～表5－3测算结果可以看出：

第一，从三大产业层面分析，东北三省三大产业经济增长贡献率变化呈现一定的相似性。第一产业增长贡献率总体为正，第二产业则呈下降趋势，尤其是最近两年呈急速下降趋势，第三产业虽然有所波动但是总体上呈现上升趋势。再从三大省份各自情况分析：

辽宁省：辽宁省第一产业经济增长贡献率除了2015年大幅度增加外，1994～

2014 年呈现相对比较平稳状态，峰值为 27.3%，谷值为 -3.7%。辽宁省第二产业 1994 ~2014 年贡献率波动中都是正值，2015 年第二产业数据堪称“雪崩”，其经济增长贡献率数据直接大幅度下滑，为检验这一变化是否与数据质量有关，我们找到了 2016 年的数据，发现相比于 2015 年，辽宁省经济产业发展情况恶化，地区生产总值从 2.8 万亿元下降至 2.2 万亿元、第二产业增加值由 1.3 万亿下降至 0.8 万亿元，同时根据国家统计局月度固定资产投资完成额数据，辽宁省 2017 年 2 月固定资产投资额已经下降至 48 亿元，而 2014 年 12 月这一指标曾经超过 4900 亿元，降幅惊人；辽宁省第三产业的经济增长贡献率 1994 ~2014 年总体上看也比较平稳，峰值 66.5%、谷值 28.8%。因此，可以认为辽宁省第二产业自 2012 年以来已经遇到极为严峻的挑战。

吉林省：吉林省第一产业经济增长贡献率呈很强波动趋势，从 1994 年的 47.2% 下降至 1997 年的 -6.7%，随后又上升至 1998 年的 54.4%，之后继续波动，多数年份在 5% ~15%，2015 年为 27.8%。吉林省第二产业经济增长贡献率总体表现优于第一产业，也优于辽宁省第二产业，除了 2015 年经济增长贡献率为负，从 1994 ~2015 年总体数据看，第二产业对吉林省的经济增长作用十分突出，1999 年开始第二产业的经济增长贡献率几乎都保持在 40% 以上，说明吉林省最近几年的工业发展可能取得了一定成绩。吉林省第三产业经济增长贡献率表现相对稳定，1994 ~2014 年在 25.6% ~67.8%，多数在 40% 左右，2015 年为 180.2%。

黑龙江省：黑龙江省的第一产业经济增长贡献率在 2010 年之前波动趋势非常突出，1994 年达到 26.3%，而 1999 年则为 -56.5%，自 2011 年以来波动中呈现明显上升趋势，2015 年的经济增长贡献率达到 50%；黑龙江省第二产业的经济增长贡献率在 1994 ~2008 年呈相对稳定性波动，但从 2009 年开始受到冲击转为负值，之后在波动中先是反弹为正，之后从 2012 年开始急转直下又转为负值，并在 2015 年也出现“雪崩”。黑龙江省的第三产业和吉林省的第三产业类似且表现更好一些，最近几年保持快速增加状态。

第二，从九大细分产业层面分析：

一是东北三省的工业在所研究区间的多数年份都是九大产业中经济增长贡献率最高的行业，但波动性较大，尤其是最近几年其经济增长贡献率下降趋势明显，2015 年三省都是很大的负值，成为九大产业中的“另类者”。东北三省的工业和第二产业的经济增长贡献率变化趋势相对一致，总体上呈现下降趋势，其中辽宁省和黑龙江省的工业经济增长贡献率其中有 12 年呈现降低趋势，且最近连续五年增长率下降。吉林省的工业经济增长率同样有 12 年呈现降低趋势。因此，工业增长乏力是东北三省经济与产业发展的一个首要特征。

二是建筑业和批发零售业是除农林牧渔业和工业以外的产业中经济增长贡献率较大的产业，且对经济增长的贡献率相对平稳。其中辽宁省在 1994 ~ 2015 年建筑业经济增长贡献率均值为 11.7%，批发零售业经济增长贡献率均值为 79.9%；吉林省在 1994 ~ 2015 年建筑业经济增长贡献率均值为 13.1%，批发零售业经济增长贡献率平均值为 17.8%。黑龙江省在 1994 ~ 2015 年建筑业经济增长贡献率均值为 12.2%，批发零售业经济增长贡献率平均值为 40.7%。

三是东北三省的交通运输与邮政仓储业经济增长贡献率总体上呈下降趋势。其中辽宁省交通运输与邮政仓储业经济增长贡献率在 2004 年之前多在 6% ~16%，而 2004 年之后则多在 3% ~6%。吉林省的交通运输与邮政仓储业经济增长贡献率整体来讲从最初的平均 8% 降至近年的 3%。黑龙江省的交通运输与邮政仓储业经济增长贡献率在 2004 年之前多在 10% 以上，2004 年之后多在 3% 上下。

第三，东北三省的住宿和餐饮业、房地产业的经济增长贡献率绝对值都不高且变化比较平稳。其中辽宁省住宿和餐饮业经济增长贡献率大体保持在 1.5% ~ 3%，房地产业经济增长贡献率大体保持在 3% ~6%。吉林的住宿和餐饮业经济增长贡献率整体多在 2% 左右，房地产业的经济增长贡献率除 1999 年和 2013 年分别为 13% 和 17.3% 以外，其他年份多在 3% 以内。黑龙江省住宿和餐饮业经济增长贡献率多数在 1% ~3%，房地产业的经济增长贡献率除个别年份以外，多数都在 1% ~5%。

第四，东北三省金融业的经济增长率绝对值不高，但波动明显，整体来讲呈先降后增特征。其中辽宁省金融业经济增长贡献率由 1994 年的 3.9% 降至 1997 年的 -12.2%，之后先是波动性缓慢增长，然后从 2012 年之后迅速增加到 2015 年的 913.2%。吉林省的金融业经济增长贡献率波动更为频繁，2012 年之前主要在 -1.8% ~7.9% 波动，2015 年增加到 38.6%。黑龙江省金融业经济增长贡献率波动也较大，先降后增趋势明显，2000 年为谷底 -30.5%，2006 开始始终保持正值且逐渐增加至 2014 年的 17.3%，2015 年为 316.7%。

第五，从 2015 年这个“特殊”年份来看，东北三省工业的经济增长率都出现“雪崩”，且以辽宁省和黑龙江省为最。在工业的经济增长贡献率雪崩的同时，经济增长贡献率的主要贡献者是批发零售业、交通运输和仓储邮政业、金融业。而房地产业、建筑业、住宿餐饮业等未对整个产业经济造成主要影响，不属于东北三省产业经济中的活跃因素。

表 5－1　1994～2015 年辽宁省不同产业经济增长贡献率的变化情况

单位：%

年份	第一产业	第二产业	第三产业	农林牧渔业	工业	建筑业	批发和零售业	交通运输、仓储和邮政业	住宿和餐饮业	金融业	房地产业	其他行业
1994	12.9	48.7	38.4	12.9	42.0	6.7	7.9	8.4	2.1	3.9	3.3	12.8
1995	22.1	39.5	38.4	22.1	37.2	2.2	11.1	6.6	3.0	4.1	1.6	12.1
1996	22.5	40.5	37.0	22.5	40.0	0.5	10.1	6.3	2.7	3.6	2.3	12.0
1997	0.1	48.5	51.4	0.1	44.4	4.2	16.5	15.0	4.5	－12.2	1.4	26.2
1998	19.1	37.2	43.7	19.1	32.2	5.0	10.2	9.3	2.8	－0.1	3.9	17.8
1999	－3.7	50.4	53.2	－3.7	45.4	5.0	10.4	16.1	2.8	0.5	2.4	21.0
2000	－3.5	68.9	34.5	－3.5	64.2	4.8	8.0	8.3	2.2	0.6	2.8	12.7
2001	11.3	26.4	62.3	11.3	20.7	5.7	12.7	13.8	3.4	0.9	3.1	28.3
2002	10.8	39.8	49.4	10.8	33.4	6.5	10.6	8.7	2.9	1.4	3.8	22.0
2003	4.7	53.1	42.2	4.7	41.3	11.8	11.1	6.7	3.0	1.5	10.6	9.3
2004	27.3	24.3	48.4	27.3	18.5	5.8	12.8	－16.7	0.2	6.4	2.2	43.5
2005	6.1	58.7	35.2	6.1	52.5	6.3	9.8	5.0	1.3	3.3	3.9	11.9
2006	4.5	55.5	40.0	4.5	48.9	6.5	7.9	6.2	1.7	5.6	4.9	13.6
2007	10.4	52.5	37.0	10.4	47.1	5.5	8.6	5.0	1.6	4.5	4.9	12.5
2008	6.7	64.5	28.8	6.7	58.6	5.9	7.1	2.7	1.8	2.7	3.6	10.8
2009	7.3	48.4	44.3	7.3	36.7	11.7	9.9	3.7	2.8	6.8	6.8	14.4
2010	6.7	63.8	29.5	6.7	57.4	6.4	7.4	4.2	1.6	2.4	3.9	9.9
2011	7.5	57.7	34.7	7.5	50.6	7.1	8.2	5.7	1.8	3.1	3.8	12.2
2012	9.2	41.2	49.7	9.2	34.7	6.5	8.8	5.9	2.0	8.2	6.6	18.2
2013	2.5	31.0	66.5	7.0	29.4	7.7	9.4	4.2	2.1	11.8	6.0	22.5
2014	4.9	29.8	65.3	5.8	25.2	4.9	17.0	6.5	2.3	16.4	－3.2	25.1
2015	231.6	－3163.7	3032.1	240.3	－3268.1	13.3	743.5	504.3	121.4	913.2	56.5	775.5

资料来源：国家统计局网站，部分口径有变化的细分数据笔者已经按比例法等方式重新分配，从而将数据口径一致化，表 5－2 和表 5－3 同。

表 5－2　1994～2015 年吉林省不同产业经济增长贡献率的变化情况

单位：%

年份	第一产业	第二产业	第三产业	农林牧渔业	工业	建筑业	批发和零售业	交通运输、仓储和邮政业	住宿和餐饮业	金融业	房地产业	其他行业
1994	47.2	20.9	31.9	47.2	21.3	－0.3	8.3	6.6	1.8	4.7	1.2	9.3
1995	22.4	39.3	38.4	22.4	29.6	9.6	9.4	8.9	1.5	1.7	2.8	14.0
1996	34.4	29.5	36.1	34.4	27.4	2.1	9.0	8.9	1.9	0.7	2.4	13.3
1997	－6.7	25.5	81.2	－6.7	20.2	5.2	12.6	24.4	3.4	1.9	1.2	37.7
1998	54.4	16.6	29.0	54.4	8.0	8.6	0.7	0.1	2.7	7.9	6.4	11.2
1999	－6.3	71.8	34.5	－6.3	50.3	21.5	7.9	－2.8	7.3	3.4	13.0	5.6

续表

年份	第一产业	第二产业	第三产业	农林牧渔业	工业	建筑业	批发和零售业	交通运输、仓储和邮政业	住宿和餐饮业	金融业	房地产业	其他行业
2000	-8.9	41.1	67.8	-8.9	37.1	4.0	32.3	13.4	1.4	1.7	5.9	13.1
2001	6.1	49.5	44.3	6.1	40.9	8.6	16.2	0.9	2.4	4.2	3.1	17.6
2002	16.2	39.9	43.9	16.2	34.5	5.3	8.2	7.8	1.3	-1.8	3.1	25.2
2003	13.4	49.4	37.2	13.4	40.6	8.8	11.7	7.4	1.6	-0.7	5.1	12.1
2004	17.5	50.3	32.2	17.5	46.4	3.9	4.1	0.8	2.2	0.9	1.3	23.0
2005	11.4	50.4	38.2	11.4	44.2	6.3	5.2	3.2	3.7	1.3	2.9	21.9
2006	7.2	51.1	41.7	7.2	45.1	6.0	8.8	4.4	2.1	2.6	2.9	21.0
2007	11.0	55.5	33.5	11.0	50.7	4.8	8.3	3.9	2.0	2.5	2.2	14.7
2008	11.6	54.5	33.9	11.6	45.4	9.1	8.3	3.6	1.8	1.9	2.6	15.8
2009	7.5	52.2	40.3	7.5	43.0	9.2	10.9	2.9	2.4	3.9	2.0	18.2
2010	5.0	69.4	25.6	5.0	63.0	6.5	5.8	2.3	1.6	0.7	0.9	14.3
2011	12.0	58.1	29.9	12.0	52.0	6.1	5.6	2.5	1.4	0.9	1.4	18.2
2012	9.8	55.8	34.3	9.8	48.5	7.4	9.2	3.0	2.6	2.7	0.2	16.7
2013	4.9	44.7	50.3	8.8	43.1	4.2	2.2	3.3	2.5	14.0	17.3	4.6
2014	7.6	54.8	37.6	8.0	48.3	6.7	6.4	2.6	2.0	8.6	0.1	17.3
2015	27.8	-108.0	180.2	28.6	-120.4	13.7	22.2	4.5	17.3	38.6	1.2	94.2

表 5-3 1994～2015 年黑龙江省不同产业经济增长贡献率的变化情况

单位：%

年份	第一产业	第二产业	第三产业	农林牧渔业	工业	建筑业	批发和零售业	交通运输、仓储和邮政业	住宿和餐饮业	金融业	房地产业	其他行业
1994	26.3	49.4	24.4	26.3	45.2	4.1	6.7	3.1	1.2	2.9	1.1	9.3
1995	17.1	51.3	31.6	17.1	47.8	3.5	6.7	3.6	1.4	6.9	2.9	10.1
1996	19.3	58.5	22.2	19.3	55.6	2.9	5.2	4.1	1.3	3.7	0.9	6.9
1997	5.4	54.7	39.9	5.4	48.8	5.9	9.9	12.9	1.7	-3.0	3.1	15.3
1998	-29.1	46.2	82.9	-29.1	25.4	20.9	12.6	13.5	4.2	5.7	6.9	40.0
1999	-56.5	81.0	75.5	-56.5	73.9	7.1	8.7	10.5	1.6	2.7	5.0	47.1
2000	2.1	61.4	36.5	2.1	58.4	3.0	18.9	13.6	4.4	-30.5	16.8	13.4
2001	22.0	17.4	60.6	22.0	10.7	6.7	11.8	16.9	3.5	0.2	1.8	26.4
2002	15.6	28.5	55.9	15.6	23.8	4.7	11.6	12.5	5.0	0.1	3.6	23.1
2003	7.3	57.4	35.3	7.3	53.3	4.1	7.4	5.1	2.5	0.1	2.0	18.1
2004	14.6	58.0	27.4	14.6	53.0	5.0	2.5	1.1	1.4	0.0	1.5	20.9
2005	10.3	63.5	26.2	10.3	59.5	4.0	2.8	3.9	1.6	0.4	3.4	14.0
2006	9.4	56.4	34.2	9.4	50.5	5.9	5.2	2.9	2.3	5.6	4.5	13.7
2007	18.5	37.0	44.5	18.5	31.1	5.9	6.1	6.7	2.2	9.1	3.5	16.9
2008	14.3	51.6	34.1	14.3	44.6	7.0	9.6	1.8	2.2	1.8	1.5	17.1

续表

年份	第一产业	第二产业	第三产业	农林牧渔业	工业	建筑业	批发和零售业	交通运输、仓储和邮政业	住宿和餐饮业	金融业	房地产业	其他行业
2009	24.0	-95.0	171.0	24.0	-116.2	21.2	53.9	-0.2	15.8	18.4	20.8	62.3
2010	8.3	54.1	37.5	8.3	49.4	4.8	10.0	2.9	2.4	4.3	5.1	12.7
2011	18.0	42.3	39.6	18.0	36.4	6.0	11.9	3.7	2.5	3.0	4.5	14.0
2012	37.1	6.8	56.1	37.1	0.5	6.2	12.5	2.7	5.3	10.3	2.7	22.5
2013	47.2	-25.0	77.8	52.8	-19.7	6.1	10.8	0.4	2.7	15.9	3.9	27.1
2014	23.5	-51.7	128.2	24.4	-52.4	0.2	27.9	14.0	8.7	17.3	5.0	54.8
2015	50.0	-1685.9	1735.9	63.6	-1649.2	11.2	235.5	54.0	93.0	316.7	36.0	939.3

三、东北三省细分产业层面增长贡献率测算

从三大产业以及九大细分产业经济增长率测算结果分析，第二产业和工业经济增长贡献率的下滑是东北三省共同的特征，考虑到前文对东北地区产业特征进行分析所得到的结果：工业和制造业是东北三省的主导产业之一。本书将对细分制造业的经济增长贡献率情况进行分析。根据《中国工业统计年鉴》，由于很多细分制造业的类别名称曾经发生过细微或者重大变化，比如饮料制造业后来改为酒、饮料和精制茶制造业；交通运输设备制造业后来改为铁路、船舶、航空航天和其他运输设备制造业与汽车制造业；通信设备、计算机及其他电子设备制造业改为计算机、通信和其他电子设备制造业等。本书重新对细分制造业数据进行整理，一共选取了21个细分制造业2000～2015年的数据进行分析。根据产业经济增长率测算公式得出东北三省细分制造业2000～2015年的经济增长贡献率结果，如表5-4～表5-6所示。

表5-4　2000～2015年辽宁省部分细分制造业经济增长贡献率

单位：%

行业 \ 年份	2000	2006	2008	2010	2012	2014	2015
农副食品加工业	4.25	8.04	10.76	10.41	17.86	18.84	10.02
食品制造业	1.27	1.6	1.68	1.73	2.52	2.47	1.7
饮料制造业	0.2	0.64	1.22	1.12	1.69	0.83	1.01
烟草制造业	-0.15	0.11	0.09	0.1	0.21	-0.16	-0.05
纺织业	1.83	0.69	0.93	1.02	0.68	2.66	1.4
纺织服装、鞋、帽制造业	1.77	2.3	4.17	1.6	4.15	8.92	2.15
造纸及纸制品业	-0.14	0.74	0.84	1.3	1.45	3.6	0.93

续表

年份 行业	2000	2006	2008	2010	2012	2014	2015
石油加工、炼焦及核燃料加工业	38.81	15.59	9.8	8.13	9.56	1.58	7.24
化学原料及化学制品制造业	10.1	5.9	3.29	10.46	8.83	15.34	5.62
医药制造业	0.32	2.34	1.06	1.19	1.69	-2.35	1.17
化学纤维制造业	0.51	0.25	-0.01	-0.37	0.23	-0.02	0.06
非金属矿物制品业	3.58	6.39	9.24	8.76	14.29	7.37	9.24
黑色金属冶炼及压延加工业	8.73	8.47	13.56	11.99	15.41	14.05	13.15
有色金属冶炼及压延加工业	3.09	5.47	3.12	1.89	1.75	5.29	3.23
金属制品业	2.26	4.57	6.25	4	7.6	2.76	5.5
通用设备制造业	2.6	12.14	14.61	12.38	-8.11	19.68	11.96
专用设备制造业	1.55	4.76	6.45	3.84	8.11	5.49	5.2
交通运输设备制造业	6.57	11.57	6.36	9.75	5.2	-14.32	12
电气机械及器材制造业	3.07	5.2	5.25	6.91	5.43	5.98	5.74
通信设备、计算机及其他电子设备制造业	9.45	2.86	0.77	3.43	0.4	0.85	2.27
仪器仪表及文化、办公用机械制造业	0.33	0.38	0.58	0.36	1.04	1.14	0.46

表 5-5　2000~2015 年吉林省细分制造业经济增长贡献率

单位:%

年份 行业	2000	2006	2008	2010	2012	2014	2015
农副食品加工业	-0.82	0.4	5.42	5.36	2.48	0.26	1.24
食品制造业	5.44	0.51	6.75	8.56	-0.39	2.13	0.37
饮料制造业	4.12	0.28	-1.23	5.19	0.4	0.51	-1.53
烟草制造业	16.79	0.34	0.32	3.18	2.78	0.15	-0.02
纺织业	19.15	0.23	2.51	5.45	5.84	1.24	1.28
纺织服装、鞋、帽制造业	14.19	0.34	1.52	-4.36	6.5	3.03	1.07
造纸及纸制品业	10.71	0.47	0.64	9.05	4.39	2.43	1.65
石油加工、炼焦及核燃料加工业	28.6	0.55	2.57	5.83	8.4	1.15	3.04
化学原料及化学制品制造业	14.04	0.49	-1.03	6.01	13.93	-0.06	2.7
医药制造业	16.14	0.61	1.17	6.07	6.53	0.32	1.65
化学纤维制造业	19.58	0.54	1.29	8.97	10.28	1.07	1.53
非金属矿物制品业	23.95	1.17	0.69	6.23	11.41	-0.1	2.22
黑色金属冶炼及压延加工业	18.3	-0.04	1.1	15.22	9	1.3	1.27
有色金属冶炼及压延加工业	7.46	1.15	0.54	23.28	9.95	1.29	-0.21
金属制品业	-16.52	-2.55	5.4	-34.78	-9.64	0.14	-8.26
通用设备制造业	-0.82	0.4	5.42	5.36	2.48	0.26	1.24
专用设备制造业	5.44	0.51	6.75	8.56	-0.39	2.13	0.37
交通运输设备制造业	4.12	0.28	-1.23	5.19	0.4	0.51	-1.53
电气机械及器材制造业	16.79	0.34	0.32	3.18	2.78	0.15	-0.02
通信设备、计算机及其他电子设备制造业	19.15	0.23	2.51	5.45	5.84	1.24	1.28
仪器仪表及文化、办公用机械制造业	14.19	0.34	1.52	-4.36	6.5	3.03	1.07

表 5－6　2000～2015 年黑龙江省细分制造业经济增长贡献率

单位:%

行业＼年份	2000	2006	2008	2010	2012	2014	2015
农副食品加工业	－3.09	0.08	70.82	6.82	1.36	1.53	0.7
食品制造业	－29.11	1.51	35.07	13.62	－11.3	3.03	3.83
饮料制造业	24.37	0.35	－23.65	8.44	－0.29	－0.45	－0.53
烟草制造业	13.4	0.19	29.67	4.82	0.71	－0.22	1.58
纺织业	17.02	0.07	28.8	2.3	1.19	0.72	0.7
纺织服装、鞋、帽制造业	8.97	0.26	19.73	23.31	2.97	0.79	－0.69
造纸及纸制品业	26.96	－0.07	21.29	－24.28	3.53	1.54	1.2
石油加工、炼焦及核燃料加工业	24.75	0.07	11.92	3.44	3.77	1.13	2.6
化学原料及化学制品制造业	0.82	0.01	0.07	0.13	0.27	－0.05	0
医药制造业	－2.37	－0.01	－1.68	－0.21	－0.78	－0.07	－0.14
化学纤维制造业	41.31	0.18	16.66	3.67	10.04	0.19	1.11
非金属矿物制品业	106.17	0.53	－21.07	2.93	14.03	－2.64	9.11
黑色金属冶炼及压延加工业	54.95	1.32	4.01	3.13	6.24	0.84	4.98
有色金属冶炼及压延加工业	58.62	－1.73	58.21	－14.52	4.92	3.73	2.53
金属制品业	－1.1	0.05	74.28	7.42	4.57	0.35	2.29
通用设备制造业	－3.09	0.08	70.82	6.82	1.36	1.53	0.7
专用设备制造业	－29.11	1.51	35.07	13.62	－11.3	3.03	3.83
交通运输设备制造业	24.37	0.35	－23.65	8.44	－0.29	－0.45	－0.53
电气机械及器材制造业	13.4	0.19	29.67	4.82	0.71	－0.22	1.58
通信设备、计算机及其他电子设备制造业	17.02	0.07	28.8	2.3	1.19	0.72	0.7
仪器仪表及文化、办公用机械制造业	8.97	0.26	19.73	23.31	2.97	0.79	－0.69

为了更好地对东北三省的细分制造业经济增长贡献率的变化情况与特征进行分析，我们对东北三省 21 个细分制造业经济增长贡献率的变化趋势进行可视化处理，如图 5－1～图 5－3 所示。

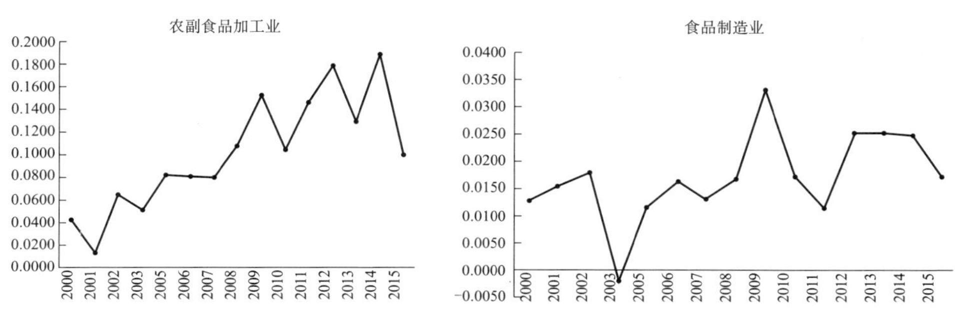

图 5－1　2000～2015 年辽宁省细分制造业经济增长贡献率变化趋势与特征

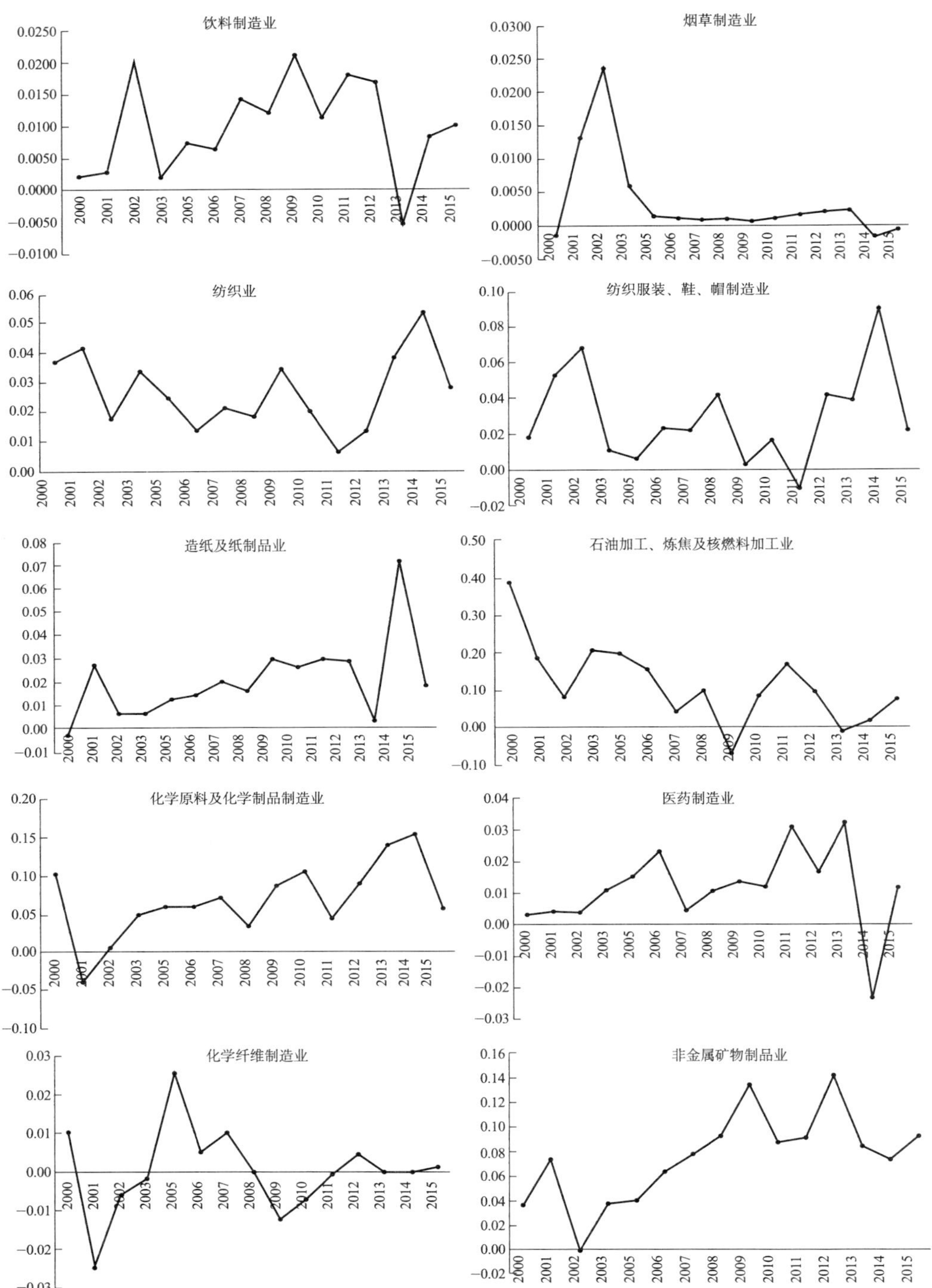

图 5-1 2000~2015 年辽宁省细分制造业经济增长贡献率变化趋势与特征（续）

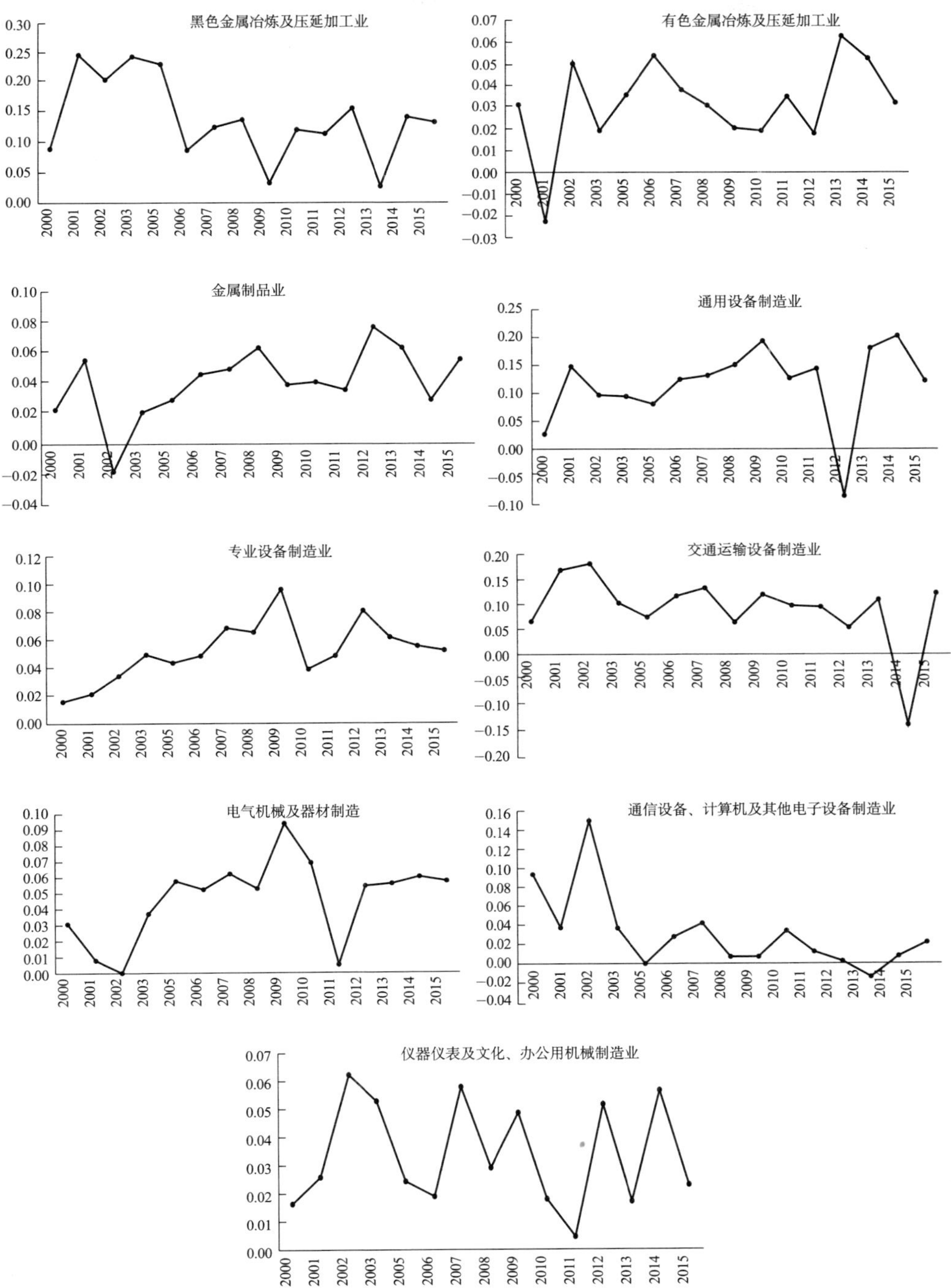

图 5-1　2000~2015 年辽宁省细分制造业经济增长贡献率变化趋势与特征（续）

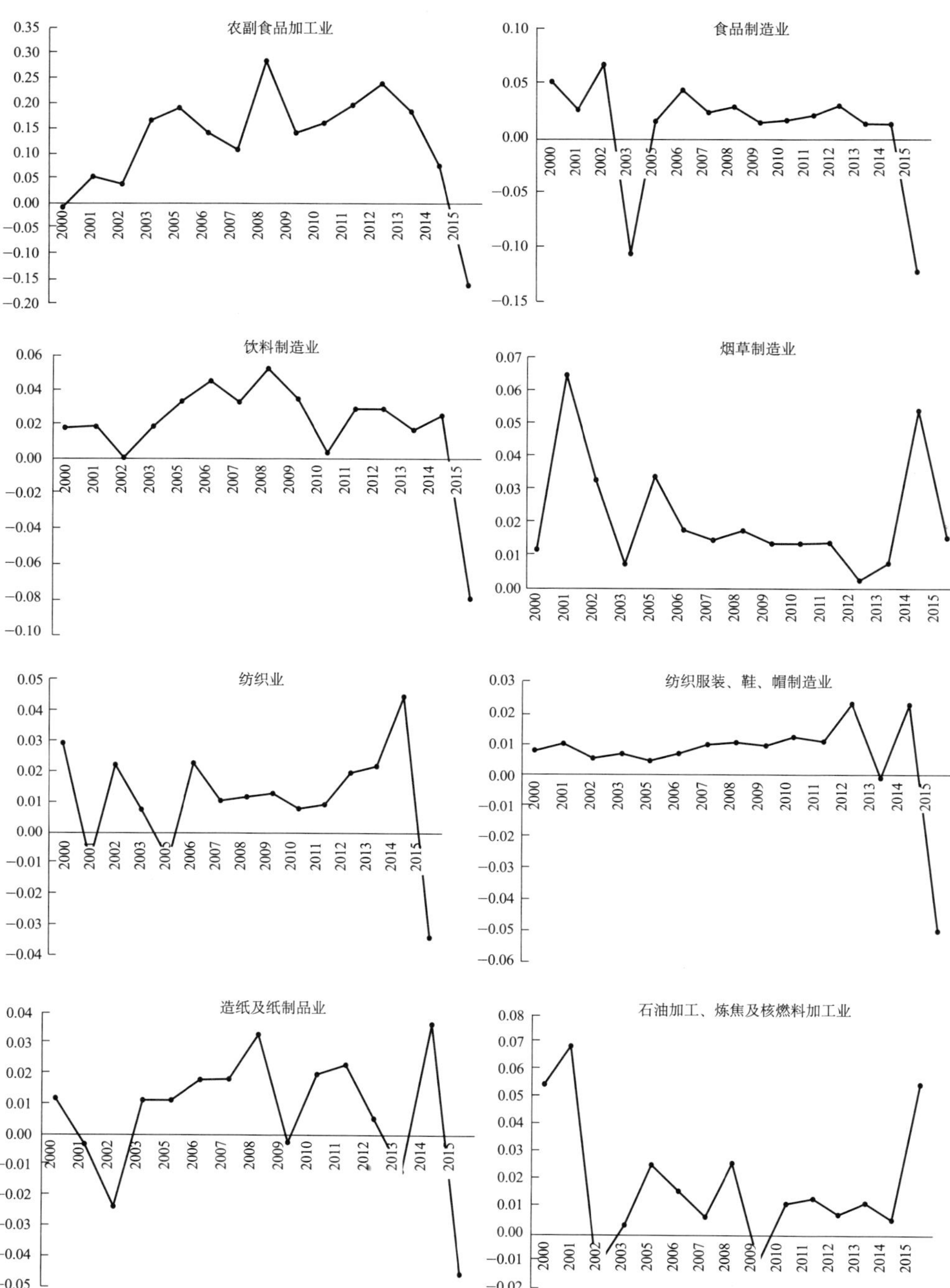

图5-2 2000～2015年吉林省细分制造业经济增长贡献率变化趋势与特征

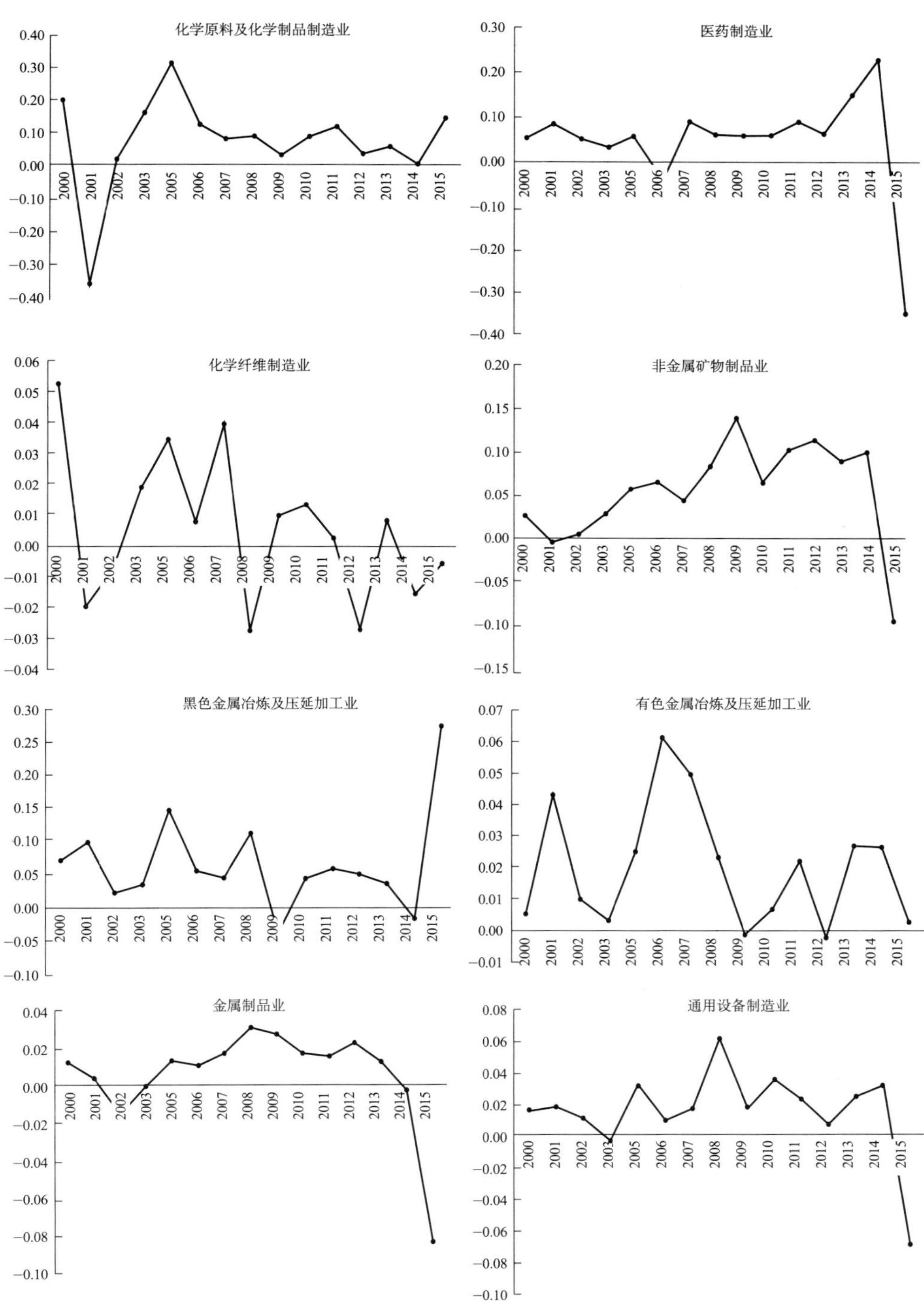

图 5－2　2000～2015 年吉林省细分制造业经济增长贡献率变化趋势与特征（续）

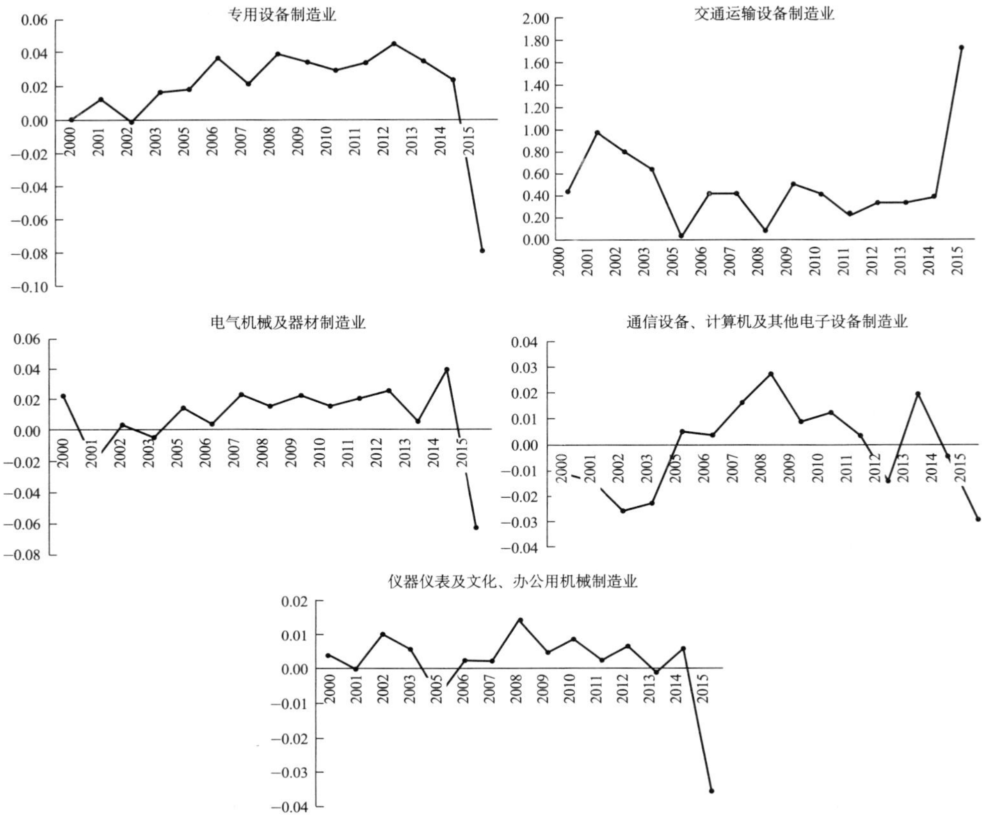

专用设备制造业

交通运输设备制造业

电气机械及器材制造业

通信设备、计算机及其他电子设备制造业

仪器仪表及文化、办公用机械制造业

图 5－2　2000～2015 年吉林省细分制造业经济增长贡献率变化趋势与特征（续）

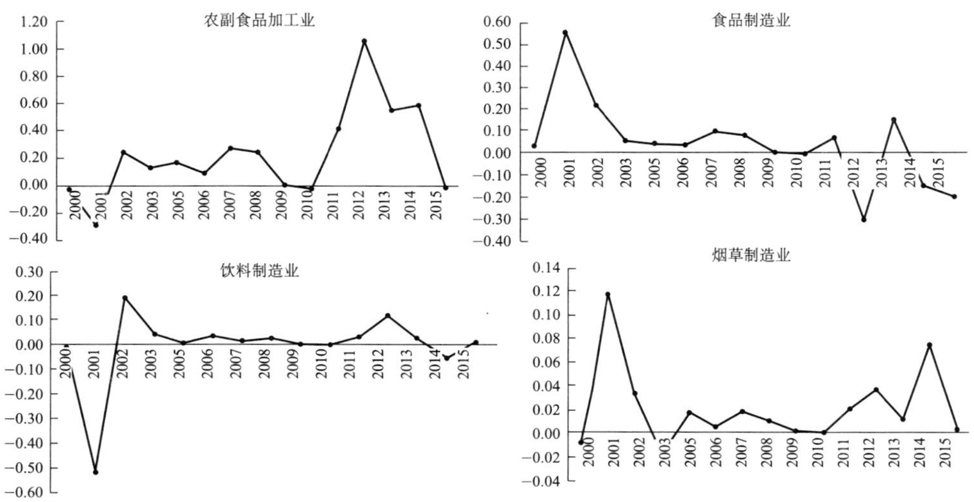

图 5－3　2000～2015 年黑龙江省细分制造业经济增长贡献率变化趋势与特征

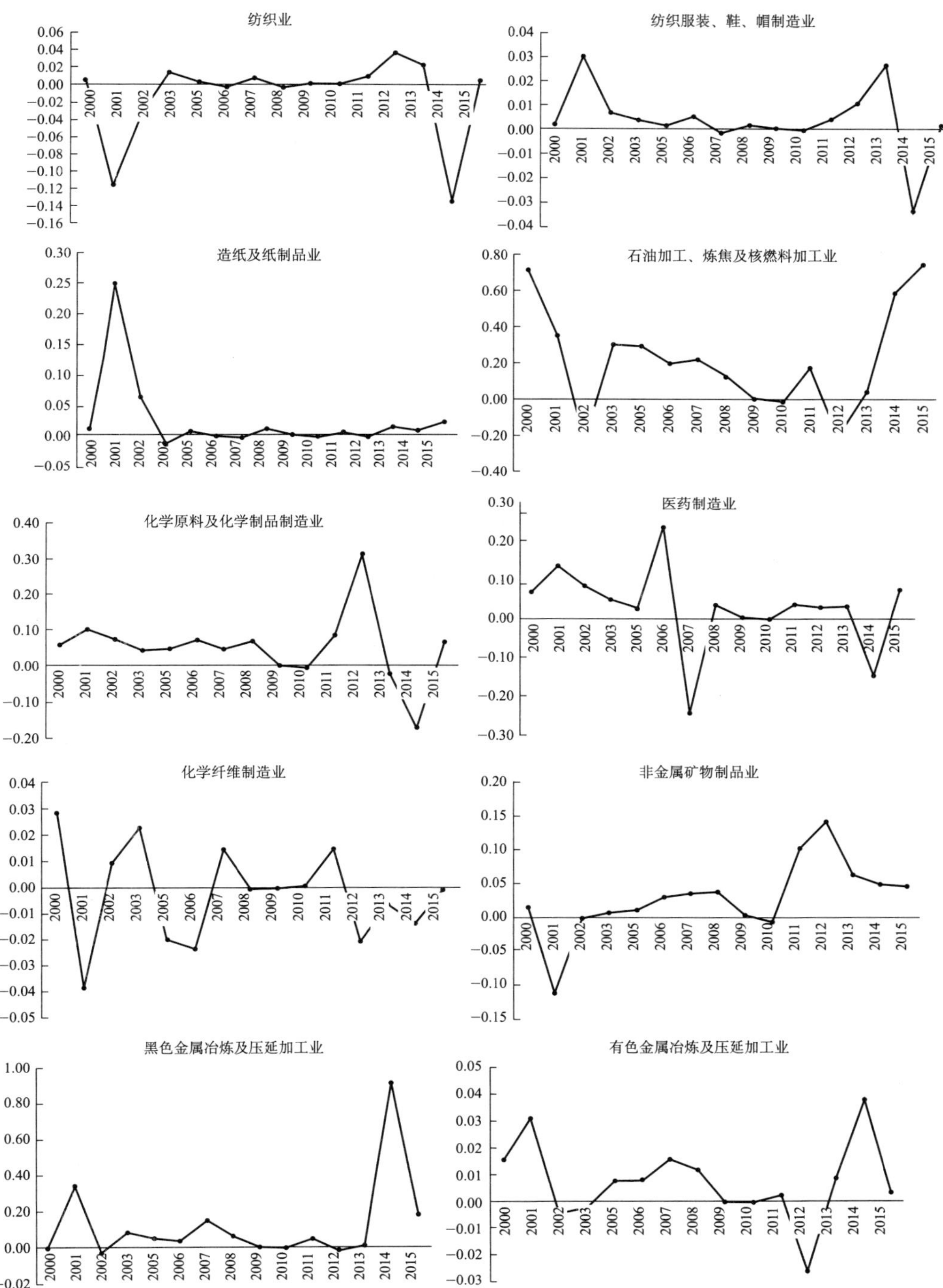

图 5 - 3　2000 ~ 2015 年黑龙江省细分制造业经济增长贡献率变化趋势与特征（续）

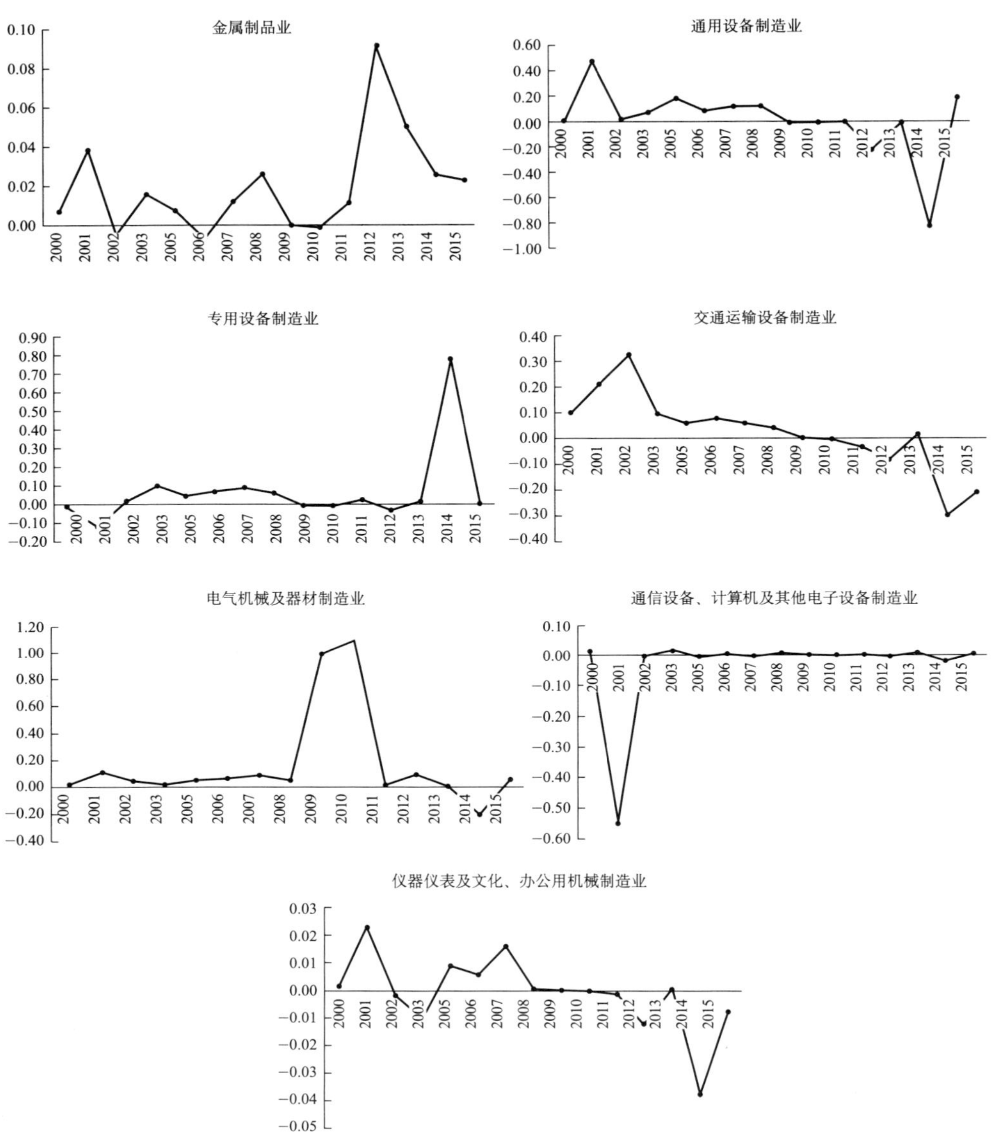

图 5-3　2000~2015 年黑龙江省细分制造业经济增长贡献率变化趋势与特征（续）

根据上述测算结果，我们得到如下结论：

第一，从整体趋势分析，辽宁省 21 个细分制造业有 8 个细分制造业经济增长贡献率处于明显的下降趋势，有 7 个细分制造业处于上升趋势，其他 6 个细分制造业处于较大的波动趋势中。吉林省 21 个细分制造业变化特征明显不同于辽宁省，有 13 个细分制造业的经济增长贡献率在 2015 年出现大幅度下降，只有 8

个呈现上升或波动趋势，其中整体上呈现上升趋势的细分制造业有 4 个，呈现波动趋势的细分制造业则有 14 个，下降趋势的为 3 个。黑龙江省 21 个细分制造业有 6 个细分制造业经济增长贡献率呈现上升趋势，4 个细分制造业呈现下降趋势，其他 11 个细分制造业处于波动趋势。同时，很多细分制造业在 2014 年和 2015 年也呈现下降的小趋势，因此无论是根据绝对趋势还是相对趋势，东北三省的制造业经济增长贡献率尤其是最近几年的贡献率已经面临极大的下行压力。

第二，从产业经济增长贡献率的均值分析，2000～2015 年对东北三省经济增长贡献最大的前七位细分制造业分别是：辽宁省经济增长贡献率位于前七的产业有黑色金属冶炼及压延加工业（13.7%），石油加工、炼焦及核燃料加工业（11.4%），通用设备制造业（11.3%），农副食品加工业（10.1%），交通运输设备制造业（9.0%），非金属矿物制品业（7.5%），化学原料及化学制品制造业（6.7%）。吉林省经济增长贡献率位于前七的产业有交通运输设备制造业（51.5%），农副食品加工业（12.1%），化学原料及化学制品制造业（7.0%），黑色金属冶炼及压延加工业（6.7%），非金属矿物制品业（5.5%），医药制造业（4.6%），石油加工、炼焦及核燃料加工业（1.9%）。黑龙江省经济增长贡献率位于前七的产业有农副食品加工业（22.8%），石油加工、炼焦及核燃料加工业（21.6%），电气机械及器材制造业（15.8%），黑色金属冶炼及压延加工业（12.0%），专用设备制造业（7.3%），化学原料及化学制品制造业（5.2%），食品制造业（4.6%）。

第三，从下降幅度分析，2000～2015 年东北三省 21 个细分制造业经济增长贡献率下降或者波动幅度最大的前七位产业分别如下：辽宁省制造业经济增长贡献率下降幅度最大的前七位产业分别为石油加工、炼焦及核燃料加工业，交通运输设备制造业，通用设备制造业，黑色金属冶炼及压延加工业，化学原料及化学制品制造业，农副食品加工业，通信设备、计算机及其他电子设备制造业。吉林省制造业经济增长贡献率下降幅度最大的前七位产业分别为交通运输设备制造业，化学原料及化学制品制造业，医药制造业，农副食品加工业，黑色金属冶炼及压延加工业，非金属矿物制品业，食品制造业。黑龙江省制造业经济增长贡献率下降幅度最大的前七位产业分别为农副食品加工业，电气机械及器材制造业，通用设备制造业，石油加工、炼焦及核燃料加工业，黑色金属冶炼及压延加工业，专用设备制造业，食品制造业。

第三节　产业结构变迁是否促进了东北经济增长

——基于 VAR 模型

通过对东北地区不同层次产业经济增长率的分析，发现东北地区部分产业的经济增长贡献率呈现下降趋势，考虑到产业作为经济活动的载体，产业发展的质量以及产业结构的变迁会对经济增长产生直接影响，我们将在本节直接研究产业结构变迁与东北地区经济增长的关系。因此，我们将对东北地区的产业结构变迁是否促进了东北地区的经济增长进行研究。

一、研究方法与思路

1. 产业结构变迁衡量指标

研究产业结构变迁与经济增长的关系，首先需要选择合适的指标去衡量产业结构变迁。从当前已有的文献看，目前学术界衡量产业结构变迁的指标比较多，比如产业结构合理化、高级化、虚拟化、实体化等指标。在选择这些指标的过程中，基于本书的研究目的和前文研究结果，必须挑选或者设计出能够反映东北地区产业与经济发展关系的指标，这里我们主要将产业结构变迁分解为产业结构服务化和产业结构合理化两方面来进行表征。

第一，产业结构服务化。从前文测算结果分析，目前东北地区第二产业尤其是工业的比重处于下降而第三产业处于上升趋势，而服务业提升的过程往往被视为产业结构升级或者是由中低级转向高级的标志。因此，本书选择的第一个指标是产业的服务化指标，通过比较多种指标，我们最终选择靖学青（2005）、李春生等（2015）提出的“产业结构层次系数 R”作为衡量产业结构服务化的指标，其基本原理为：

$$R = \sum_{i=1}^{R} \sum_{j=1}^{i} q(j) \qquad (5-12)$$

其中，$q(j)$ 是一个国家或地区内部第 j 产业的产值占 GDP 比重，不同产业的产业结构层次系数并不相同，在产业经济学和发展经济中，产业升级一般是按照第一产业为主转向第二产业为主再转为第三产业为主，所以第一、第二、第三产业的产业层次系数是逐渐升高的，为了便于测算，我们对三大产业的产业层次系数分别赋值为1、2、3，由此，可以将产业结构层次系数的公式简化为：

$$R = 1 \times q(1) + 2 \times q(2) + 3 \times q(3) \quad (5-13)$$

因此我们可以发现 R 值在1~3，其中 R 值越接近于1，说明产业结构层次越低；R 值越接近3，产业结构层次越高。

第二，产业结构合理化。除研究产业结构升级与经济增长的关系外，我们还必须考虑产业结构合理化与经济增长的关系。事实上，目前学术界对产业结构合理化的定义尚未统一，目前学术界对产业结构合理化的定义主要有结构协调论、结构功能论、结构动态均衡论和资源配置论等①。同时，绝大部分研究都是对产业结构合理化进行定性分析，没有设计出合理的量化指标。本书认为产业结构合理化一方面需要满足三大产业之间一定的协调度要求，另一方面产业间要素和资源配置的效率也需要达到一定水平。通过梳理已有文献，我们认为干春晖（2011）提出的产业结构合理化的量化指标是比较科学的，是产出结构和就业结构耦合性的反映，本书拟采取这一指标，其原理如下：

$$RAT_{it} = \sum_{i=1}^{3} \ln\left(\frac{Y_i}{L_i} / \frac{Y}{L}\right) \quad (5-14)$$

其中，Y、Y_i、L、L_i 分别表示总的增加值、三次产业的增加值、总的就业人数、三次产业的就业人数。根据定义可以发现当 $\frac{Y_i}{L_i}\Big/\frac{Y}{L} = 1$ 时，即 $RAT = 0$，产业结构合理程度最高。换言之，RAT 指数越接近于0，说明该地区的产业结构越为合理，干春辉（2011）将 $RAT = 0$ 的产业结构定义为均衡状态。

2. 模型与数据来源

产业结构与经济增长之间不仅具有极强的相关性，不同产业之间的相关性也很高，如果采取一般的计量经济学方法，模型的设置以及理论基础可能难以把握。为了能够对产业结构与经济增长之间的关系有更为准确的把握，本书选自向量自回归（VAR）模型对几个变量之间的关系进行研究，该模型如前所述，并不需要过多的理论基础，能够很好地满足我们的研究要求。

---

① 结构协调论以协调化为中心，认为通过产业结构调整，使各产业实现协调发展，才能满足社会不断增长的需求。结构功能论重视产业结构的功能，认为各产业间存在着较高的聚合质量。结构动态均衡论是从动态均衡的视角考察产业结构，认为产业结构的合理化就是要促进产业结构的动态均衡和产业素质的提高。资源配置论则从资源在产业间的配置结构及利用的角度考察产业结构合理化，认为在一定的经济发展阶段上，根据消费需求和资源条件理顺结构，使资源在产业间合理配置，有效利用。

GDP、三大产业产值、比重等数据来源于《新中国六十年统计资料汇编》以及2016年统计公报，分产业就业人口数据由于吉林省1950~1951年、1953~1956年、1958~1961年、1966~1968年和辽宁省1966~1968年等多年数据缺失，在测算合理化指标时选择1970~2015年作为样本区间，由于该数据来源于各省统计年鉴，发布2016年数据的2017年统计年鉴尚未公布，故样本截止年份为2015年。另外，黑龙江省统计年鉴数据不提供分产业就业人口数据，1970~2009年数据来源于《新中国六十年统计资料汇编》，2010~2015年数据通过收集其他资料完善而得。

二、描述性分析

根据前文提到的产业服务化与产业合理化衡量指标内涵及相关数据，本书对东北三省的产业结构服务化与合理化指标进行测算与分析，具体测算结果如表5-7、表5-8、图5-4和图5-5所示。

根据东北三省产业结构服务化与合理化指标测算结果，本书得到如下结论：

产业结构服务化方面：第一，在产业结构服务化整体变化趋势层面，东北三省的产业结构虽有波动，但是整体上都呈现上升趋势。第二，产业结构服务化绝对值层面，辽宁省产业结构服务化程度明显高于吉林省与黑龙江省，而黑龙江省产业结构服务化程度与吉林省交叉年份较多，但是总体来看，黑龙江省产业结构服务化程度略微高于吉林省。第三，从产业结构服务化趋势差异分析，东北三省产业结构服务化趋势经历了先缩小（1952~1964年）、后缩小（1964~1978年）、再扩大（1978~1984年）、再缩小（1984~1990年）、第三次扩大（1990~1997年）、第三次缩小（1998~2015年）的“三扩大三缩小”阶段，目前处于产业结构服务化程度差距最小的历史时期。第四，从产业结构服务化上升幅度分析，1952~2015年，吉林省产业结构服务化上升幅度最大，为0.7034，黑龙江省其次，其产业结构上升幅度为0.5834，辽宁省产业结构服务化上升幅度最小，为0.4802。

产业结构合理化层面：第一，从产业结构合理化变化趋势分析，辽宁省与吉林省的产业结构合理化程度呈现下降趋势，黑龙江省的产业结构合理程度则在提高。第二，从产业结构合理化绝对值层面分析，目前辽宁省产业结构不合理程度位于东北三省第一，其2015年产业结构合理度为-0.2885，吉林省其次，其产业结构合理度为-0.1896，黑龙江省产业结构合理度最低，为-0.0382。第三，从产业结构合理化指标的变化幅度分析，1970～2015 年变化幅度最大的是辽宁省，其 1970～2015 年偏离产业结构均衡状态幅度为 0.2738，其次为吉林省，其偏离产业结构均衡状态幅度为 0.0334，偏离产业结构均衡状态幅度最小的为黑龙江省，其值为 0.02671。

表 5－7　1952～2015 年东北三省产业结构服务化测算结果

年份	辽宁省	吉林省	黑龙江省
1952	1.9367	1.6151	1.7808
1953	2.0399	1.7412	1.8594
1954	1.9924	1.7685	1.8174
1955	1.9661	1.7591	1.8063
1956	1.9913	1.8072	1.8412
1978	2.0065	1.8909	1.9211
1979	1.9886	1.9036	1.9183
1980	1.9875	1.9175	1.9077
1981	2.0090	1.8741	1.9137
1982	2.0190	1.8727	1.9207
1983	1.9997	1.8087	1.8859
1984	2.0210	1.8500	1.9098
1985	2.0785	1.9588	1.9887
1986	2.1019	1.9742	2.0070
1998	2.2483	2.0840	2.1564
1999	2.2705	2.1074	2.1937
2000	2.2822	2.1974	2.2074
2001	2.2988	2.2121	2.2199
2002	2.3056	2.2211	2.2324
2003	2.3119	2.2206	2.2374
2004	2.3018	2.2098	2.2267
2005	2.2860	2.2177	2.2124
2006	2.2777	2.2373	2.2154
2007	2.2634	2.2350	2.2178
2008	2.2485	2.2375	2.2125
2009	2.2943	2.2440	2.2583
2010	2.2827	2.2378	2.2640
2011	2.2809	2.2273	2.2557
2012	2.2940	2.2293	2.2503
2013	2.3240	2.2484	2.2532
2014	2.3378	2.2513	2.2841
2015	2.3788	2.2748	2.3327
2016	2.4169	2.3186	2.3642

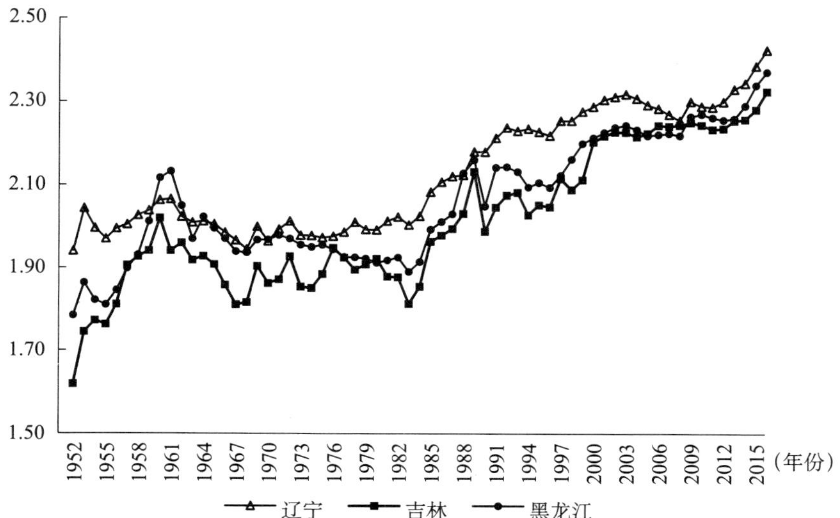

图 5－4 1952～2015 年东北三省产业结构服务化指标测算结果

表 5－8 1970～2015 年东北三省产业结构合理化测算结果

年份	辽宁省	吉林省	黑龙江省
1970	－0. 0147	0. 1562	0. 0115
1971	－0. 1372	0. 1015	－0. 0164
1972	－0. 1879	0. 0630	0. 0041
1973	－0. 1584	0. 0741	－0. 0010
1982	－0. 1901	－0. 0277	－0. 1024
1983	－0. 1429	－0. 0065	－0. 0955
1984	－0. 1678	－0. 0291	－0. 1012
1985	－0. 2224	－0. 0182	－0. 1241
1986	－0. 1696	－0. 0105	－0. 0669
1997	－0. 1757	0. 0144	－0. 1370
1998	－0. 1659	0. 0677	－0. 0906
1999	－0. 1939	0. 0648	－0. 1327
2000	－0. 2430	0. 0408	－0. 1438
2001	－0. 2355	0. 0336	－0. 1120
2002	－0. 2312	0. 0288	－0. 1020
2003	－0. 2474	0. 0289	－0. 1025
2004	－0. 1944	0. 0020	－0. 1329
2005	－0. 2255	－0. 0139	－0. 1502
2006	－0. 2413	－0. 0434	－0. 1624
2007	－0. 2524	－0. 0661	－0. 1436
2008	－0. 2814	－0. 0842	－0. 1354
2009	－0. 2734	－0. 1080	－0. 1076
2010	－0. 2987	－0. 1485	－0. 1180

续表

年份	辽宁省	吉林省	黑龙江省
2011	-0.3038	-0.1556	-0.0901
2012	-0.2893	-0.1720	-0.0439
2013	-0.3079	-0.2008	-0.0174
2014	-0.3050	-0.2140	-0.0222
2015	-0.2885	-0.1896	-0.0382

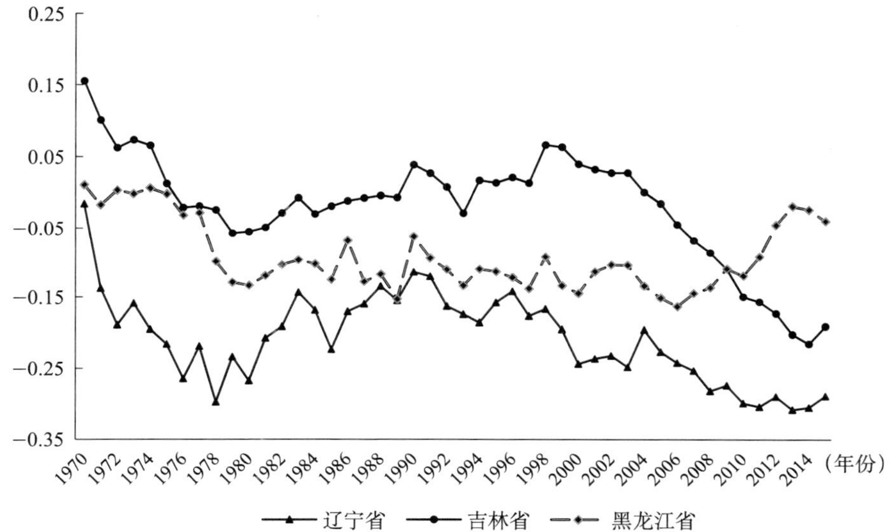

图 5－5　1970～2015 年东北三省产业结构合理化指标测算结果

三、省级层面的 VAR 模型分析结果

为了得到东北三省产业结构调整与经济增长直接的关系，我们利用向量自回归模型对东北三省的地区生产总值、产业结构服务化、产业结构合理化三个指标进行建模，分别用 *GDP*、*GJH*、*HLH* 代表这三个变量，其中变量进行对数化处理，处理后变量为 ln*GDP*、ln*GJH*、ln*HLH*。按照 VAR 模型的研究思路，本书对三个省分别进行变量的单位根检验、协整检验、格兰杰因果检验以及脉冲响应模拟四个步骤的分析，其过程及结果如下：

1. 单位根检验结果与 VAR 模型建立

为了避免伪回归的出现，本书先对各变量进行平稳性检验，然后在此基础上进行协整分析，各变量值和一阶差分的平稳性检验结果如表 5－9～表 5－11 所示。

表 5-9 辽宁省 VAR 模型各变量及其一阶差分的 ADF 检验结果

变量	检验类型	ADF 检验	5%的显著水平值	1%的显著水平值	结论
ln*GDP*	(c, t, 0)	-3.99	-4.08	-5.39	不平稳
△ln*GDP*	(c, 0, 1)	-5.43	-3.54	-2.91	平稳 ***
ln*GJH*	(c, 0, 0)	-2.34	-3.44	-4.57	不平稳
△ln*GJH*	(0, 0, 1)	-3.65	-1.93	-2.79	平稳 ***
ln*HLH*	(c, t, 0)	-1.82	-4.14	-5.33	不平稳
△ln*HLH*	(c, 0, 1)	-3.23	-1.92	-2.80	平稳 ***

注：标准△表示一阶差分，检验形式（c，t，k）中的 c 表示单位根检验方程包括常数项，t 表示方程中包括趋势项，k 表示相应的滞后阶数。0 表示方程中不包括常数项或者时间趋势项，滞后阶数依据 AIC 准则自动选取，*** 表示 1% 的置信水平。

表 5-10 吉林省 VAR 模型各变量及其一阶差分的 ADF 检验结果

变量	检验类型	ADF 检验	5%的显著水平值	1%的显著水平值	结论
ln*GDP*	(c, t, 0)	-2.13	-3.28	-4.91	不平稳
△ln*GDP*	(c, 0, 1)	-3.46	-2.02	-2.93	平稳 ***
ln*GJH*	(c, 0, 0)	-2.46	-3.87	-4.90	不平稳
△ln*GJH*	(0, 0, 1)	-2.94	-1.88	-2.24	平稳 ***
ln*HLH*	(c, t, 0)	-1.78	-3.55	-4.95	不平稳
△ln*HLH*	(c, 0, 1)	-3.09	-1.64	-2.17	平稳 ***

注：同上。

表 5-11 黑龙江省 VAR 模型各变量及其一阶差分的 ADF 检验结果

变量	检验类型	ADF 检验	5%的显著水平值	1%的显著水平值	结论
ln*GDP*	(c, t, 0)	-3.16	-4.44	-5.94	不平稳
△ln*GDP*	(c, 0, 1)	-3.89	-2.08	-3.01	平稳 ***
ln*GJH*	(c, 0, 0)	-2.78	-3.66	-4.09	不平稳
△ln*GJH*	(0, 0, 1)	-3.65	-2.11	-3.02	平稳 ***
ln*HLH*	(c, t, 0)	-1.77	-3.55	-4.19	不平稳
△ln*HLH*	(c, 0, 1)	-2.93	-1.75	-2.76	平稳 ***

注：同上。

表 5-9、表 5-10、表 5-11 显示，原序列在 5% 的显著水平上都是不平稳的，其一阶差分在 1% 的显著水平上都是平稳变量，即所有变量都是一阶单整的，东北三省产业结构调整与经济增长的 VAR 模型见下式，其中滞后期根据 AIC 取值最小的准则进行判断，最终确定的滞后期为 3，三省 VAR 模型如式（5-15）~式（5-17）所示。

$$\begin{bmatrix} \ln GDP \\ \ln GJH \\ \ln HLH \end{bmatrix} = \begin{bmatrix} 1.8658 & 2.0567 & -0.1835 \\ 0.0043 & 0.8998 & -0.0201 \\ 0.4220 & -4.0591 & 0.3641 \end{bmatrix} \begin{bmatrix} \ln GDP_{t-1} \\ \ln GJH_{t-1} \\ \ln HLH_{t-1} \end{bmatrix} + \begin{bmatrix} -1.2141 & -2.3680 & 0.1864 \\ 0.0065 & -0.0601 & -0.0082 \\ -1.5990 & -4.0591 & 0.2900 \end{bmatrix}$$

$$\begin{bmatrix} \ln GDP_{t-2} \\ \ln GJH_{t-2} \\ \ln HLH_{t-2} \end{bmatrix} + \begin{bmatrix} 0.3417 & 0.6408 & -0.0426 \\ 0.0008 & -0.1343 & 0.0073 \\ 1.3085 & 5.7578 & -0.0883 \end{bmatrix} \begin{bmatrix} \ln GDP_{t-3} \\ \ln GJH_{t-3} \\ \ln HLH_{t-3} \end{bmatrix} + \begin{bmatrix} -0.2157 \\ 0.1109 \\ 0.2875 \end{bmatrix} \tag{5-15}$$

$$\begin{bmatrix} \ln GDP \\ \ln GJH \\ \ln HLH \end{bmatrix} = \begin{bmatrix} 1.3758 & 0.4996 & 0.0042 \\ 0.0439 & 0.5260 & -0.0038 \\ -1.7762 & -3.4352 & 0.5175 \end{bmatrix} \begin{bmatrix} \ln GDP_{t-1} \\ \ln GJH_{t-1} \\ \ln HLH_{t-1} \end{bmatrix} + \begin{bmatrix} -0.2587 & -0.0015 & 0.0002 \\ -0.0934 & -0.1746 & -0.0019 \\ 2.0288 & -3.43520 & -0.0395 \end{bmatrix}$$

$$\begin{bmatrix} \ln GDP_{t-2} \\ \ln GJH_{t-2} \\ \ln HLH_{t-2} \end{bmatrix} + \begin{bmatrix} -0.1493 & 0.2653 & -0.0070 \\ 0.0752 & 0.0531 & -0.0030 \\ 0.0937 & -4.9333 & 0.0879 \end{bmatrix} \begin{bmatrix} \ln GDP_{t-3} \\ \ln GJH_{t-3} \\ \ln HLH_{t-3} \end{bmatrix} + \begin{bmatrix} -0.2869 \\ 0.2401 \\ -0.7657 \end{bmatrix} \tag{5-16}$$

$$\begin{bmatrix} \ln GDP \\ \ln GJH \\ \ln HLH \end{bmatrix} = \begin{bmatrix} 1.3028 & 0.2351 & 0.0191 \\ 0.0109 & 0.7558 & -0.0022 \\ 2.4751 & 1.8675 & 0.6255 \end{bmatrix} \begin{bmatrix} \ln GDP_{t-1} \\ \ln GJH_{t-1} \\ \ln HLH_{t-1} \end{bmatrix} + \begin{bmatrix} -0.2826 & 0.5949 & 0.0016 \\ -0.0376 & -0.1338 & 0.0006 \\ -5.0636 & -7.8962 & 0.4409 \end{bmatrix}$$

$$\begin{bmatrix} \ln GDP_{t-2} \\ \ln GJH_{t-2} \\ \ln HLH_{t-2} \end{bmatrix} + \begin{bmatrix} -0.0682 & 0.2215 & 0.0021 \\ 0.0377 & 0.0892 & 0.0035 \\ 2.7049 & 3.2438 & -0.3146 \end{bmatrix} \begin{bmatrix} \ln GDP_{t-3} \\ \ln GJH_{t-3} \\ \ln HLH_{t-3} \end{bmatrix} + \begin{bmatrix} -0.3046 \\ 0.1479 \\ 0.6443 \end{bmatrix} \tag{5-17}$$

为进一步检验 VAR 模型的稳定性，我们绘制 *AR* 特征多项式的根的图形和单位圆，如图 5 -6 ~ 图 5 -8 所示，*AR* 特征多项式的根的倒数均位于单位圆内，即估计所得的 VAR 模型是稳定的。下面的 *AR* 单位根示意图也证明了这一点。

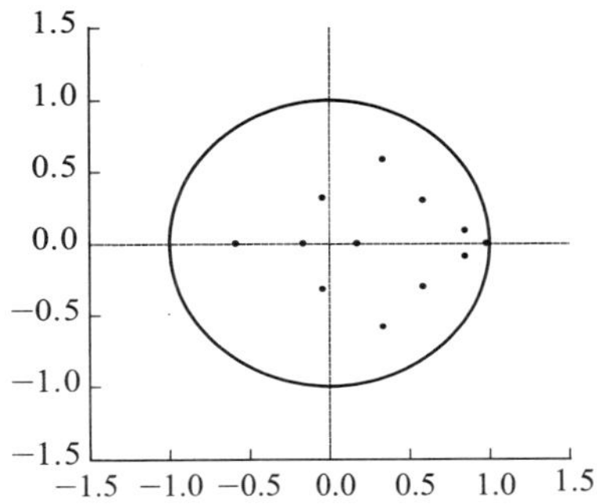

图 5 -6　辽宁省产业结构调整与经济增长 VAR 模型稳定性检验结果

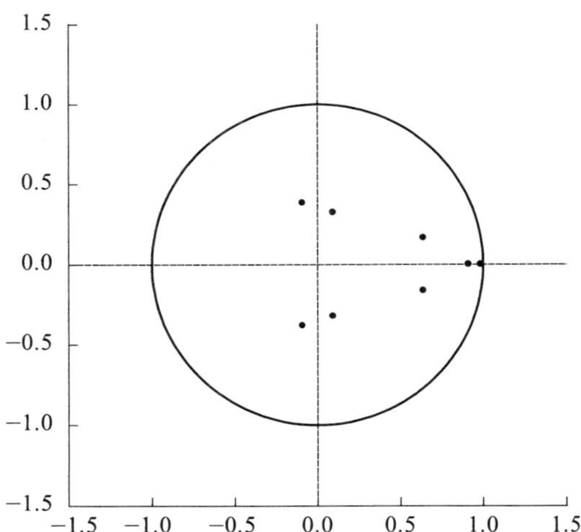

图 5 - 7　吉林省产业结构调整与经济增长 VAR 模型稳定性检验结果

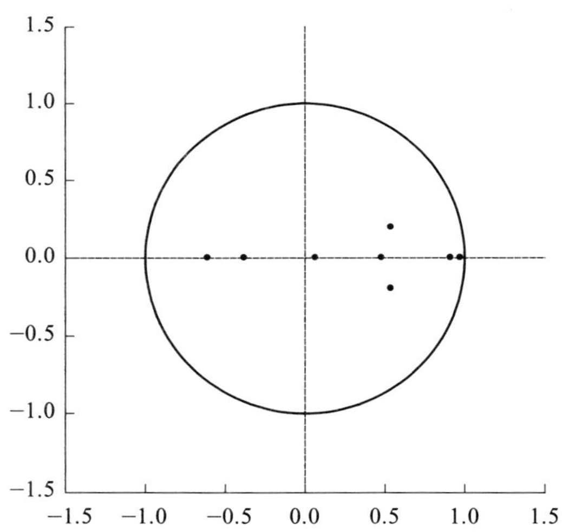

图 5 - 8　黑龙江省产业结构调整与经济增长 VAR 模型稳定性检验结果

2. 协整关系检验

时间序列平稳性检验说明，两个变量序列的一阶差分是平稳的。考虑到 VAR 模型要求各个变量本身是平稳的或是存在协整关系，因而需要对模型中各变量进行协整检验，检验结果如表 5 - 12 ~ 表 5 - 14 所示。

表 5-12　辽宁省产业结构调整与经济增长协整检验结果

零假设：协整向量数目	特征根	迹统计量	5% 显著水平的临界值	P 值	结论
无	0.497279	39.72405	29.79097	0.0026	拒绝
至多 1 个	0.478600	5.876707	12.32090	0.2215	接受

表 5-13　吉林省产业结构调整与经济增长协整检验结果

零假设：协整向量数目	特征根	迹统计量	5% 显著水平的临界值	P 值	结论
无	0.500853	38.22275	29.79707	0.0043	拒绝
至多 1 个	0.189303	9.038866	15.49471	0.3618	接受

表 5-14　黑龙江省产业结构调整与经济增长协整检验结果

零假设：协整向量数目	特征根	迹统计量	5% 显著水平的临界值	P 值	结论
无	0.601238	53.59757	28.72044	0.0006	拒绝
至多 1 个	0.226321	4.984731	14.26469	0.1072	接受

由表 5-12、表 5-13、表 5-14 可知，在 5% 的显著性水平下迹统计量和 Max 统计量都大于相应的临界值，故各变量间至少存在一个协整关系，在用广义差分的方法消除自相关和加权最小平均法消除异方差后，上述变量关系可以用方程的形式表示为：

$$\ln GDP = -0.2162\ln GJH + 0.0267\ln HLH \quad (5-18)$$

$$\ln GDP = -0.1971\ln GJH - 0.0646\ln HLH \quad (5-19)$$

$$\ln GDP = -0.3024\ln GJH - 0.01755\ln HLH \quad (5-20)$$

根据协整方程，辽宁省产业结构调整与经济增长存在负向关系，其中产业结构服务业程度每提高 1 个百分点，经济增长速度就下降 0.2162 个百分点，产业结构合理度每提高 1 个百分点，经济增长速度就上升 0.0267 个百分点。吉林省产业结构调整与经济增长速度同样存在负向关系，其中产业结构服务业程度每提高 1 个百分点，经济增长速度就下降 0.1971 个百分点，产业结构合理度每提高 1 个百分点，经济增长速度就下降 0.0646 个百分点。黑龙江省产业结构调整与经济增长速度存在复杂关系，其中产业结构服务业程度每提高 1 个百分点，经济增长速度就下降 0.3024 个百分点，而产业结构合理度每提高 1 个百分点，经济增长速度则下降 0.01755 个百分点。

3. 格兰杰因果关系检验

格兰杰因果关系检验实质上是检验一个变量的滞后变量是否可以引入其他变量方程中。一个变量如果受到其他变量的滞后影响，则称它们具有格兰杰因果关系。对上述满足协整关系的变量进行格兰杰因果关系检验，其结果如表 5-15 至表 5-17 所示。

表5－15、表5－16、表5－17的格兰杰因果关系检验表明，辽宁省产业结构服务化不是经济增长的格兰杰原因，故辽宁省的产业结构服务化没有导致经济增长，但是辽宁省产业结构合理化是经济增长的格兰杰原因，说明辽宁省产业结构合理化带来了经济增长。与此同时，辽宁省产业结构的合理化也导致辽宁省产业结构服务化，这可能是因为辽宁省早期工业比重大，合理化意味着工业比重降低而第三产业比重升高最终导致产业结构服务化程度提高。吉林省产业结构服务化与合理化都不是经济增长的格兰杰原因，这意味着吉林省的产业结构调整没有带来经济增长，但是吉林省的经济增长是产业结构服务化的原因，说明产业结构调整与经济增长之间仍然存在着联系。黑龙江省与吉林省一样，产业结构服务化与合理化都不是经济增长的格兰杰原因，这意味着黑龙江省的产业结构调整也没有导致经济增长。

表5－15　辽宁省产业结构调整与经济增长格兰杰因果关系检验结果

原假设	滞后阶数	F统计量	P值	结论
ln*GDP* 不是 ln*GJH* 的格兰杰原因	3	1.40480	0.2570	接受
ln*GJH* 不是 ln*GDP* 的格兰杰原因	3	1.51703	0.2334	接受
ln*GDP* 不是 ln*HLH* 的格兰杰原因	3	1.46372	0.2439	接受
ln*HLH* 不是 ln*GDP* 的格兰杰原因	3	4.11900	0.0238	拒绝**
ln*GJH* 不是 ln*HLH* 的格兰杰原因	3	0.71842	0.4939	接受
ln*HLH* 不是 ln*GJH* 的格兰杰原因	3	3.47765	0.0408	拒绝**

注：** 表示通过5%的显著性水平检验。

表5－16　吉林省产业结构调整与经济增长格兰杰因果关系检验结果

原假设	滞后阶数	F统计量	P值	结论
ln*GDP* 不是 ln*GJH* 的格兰杰原因	3	3.23879	0.0333	拒绝**
ln*GJH* 不是 ln*GDP* 的格兰杰原因	3	0.79543	0.5228	接受
ln*GDP* 不是 ln*HLH* 的格兰杰原因	3	1.58155	0.2107	接受
ln*HLH* 不是 ln*GDP* 的格兰杰原因	3	0.34725	0.7913	接受
ln*GJH* 不是 ln*HLH* 的格兰杰原因	3	1.35758	0.2712	接受
ln*HLH* 不是 ln*GJH* 的格兰杰原因	3	0.25275	0.8589	接受

注：同表5－15。

表5－17　黑龙江省产业结构调整与经济增长格兰杰因果关系检验结果

原假设	滞后阶数	F统计量	P值	结论
ln*GDP* 不是 ln*GJH* 的格兰杰原因	3	3.92096	0.0281	拒绝**
ln*GJH* 不是 ln*GDP* 的格兰杰原因	3	1.00146	0.3766	接受
ln*GDP* 不是 ln*HLH* 的格兰杰原因	3	0.46313	0.6327	接受
ln*HLH* 不是 ln*GDP* 的格兰杰原因	3	2.07327	0.1394	接受
ln*GJH* 不是 ln*HLH* 的格兰杰原因	3	0.27304	0.7625	接受
ln*HLH* 不是 ln*GJH* 的格兰杰原因	3	0.58064	0.5643	接受

注：同表5－15。

4. 脉冲响应模拟

脉冲响应函数描述一个内生变量对误差变化大小的反映，即用来衡量随机扰动项的一个标准差大小的冲击对内生变量当期值和未来值的影响。VAR 对模型的脉冲函数响应曲线其横轴表示滞后阶数，纵轴表示内生变量对冲击的响应程度，实线为脉冲响应函数值随时间的变化路径，两侧虚线为响应函数值加、减两倍标准差的置信区间。东北三省产业结构调整与经济增长的脉冲响应模拟结果如图 5－9～图 5－11 所示。

如图 5－9 所示，从产业结构调整与经济增长关系看，经济增长变量对产业结构服务化变量冲击的响应是负值，且这种负向回应在前三期逐渐增加并于第三期达到顶点，随后回应开始减弱，但是响应最终仍然为负值。经济增长变量对产业结构合理化变量冲击的响应为正值，且该回应呈现倒“U”形，在第四期到达峰值，随后开始下降，但是最终仍然为正值。从产业结构调整变量间的关系看，产业结构服务化变量对产业结构合理化变量冲击的响应为先负后正，产业结构合理化变量对产业结构服务化变量冲击的响应始终为正且比较平稳。

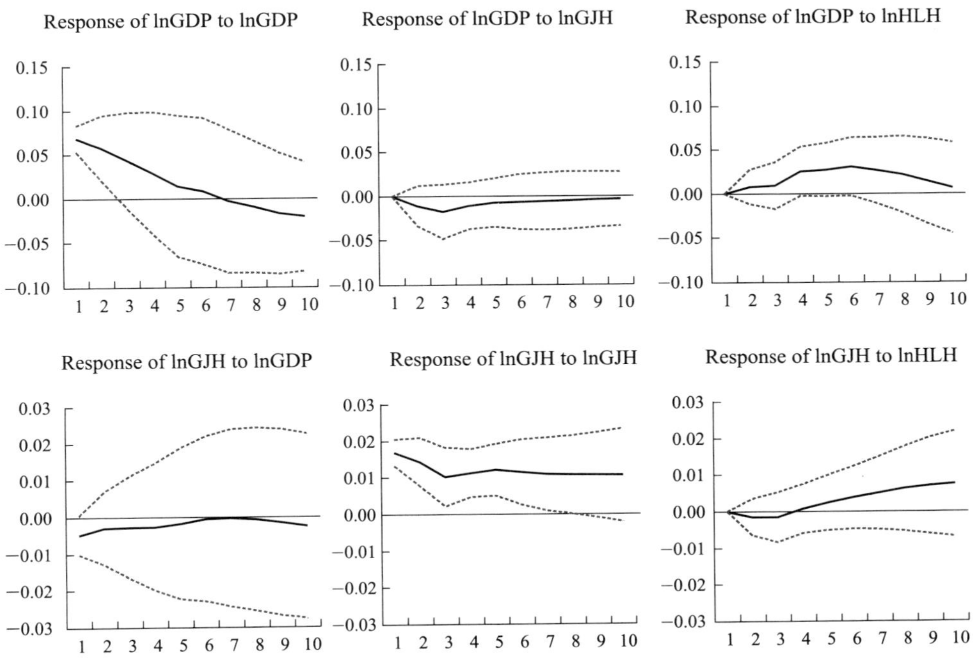

图 5－9　辽宁省产业结构调整与经济增长 VAR 模型脉冲响应模拟示意图

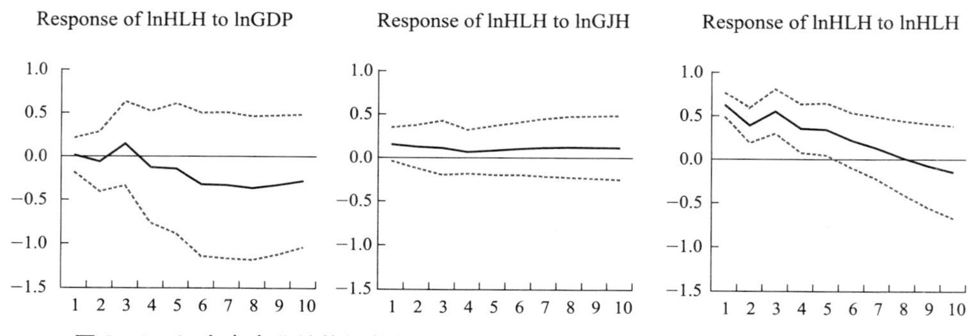

图 5-9 辽宁省产业结构调整与经济增长 VAR 模型脉冲响应模拟示意图（续）

如图 5-10 所示，从产业结构调整与经济增长关系看，经济增长变量对产业结构服务化变量冲击的响应为正值，该回应呈现倒“U”形特征，回应强度较弱，最终下降为 0。经济增长变量对产业结构合理化变量冲击的响应为负值，该回应在第四期达到谷值，随后开始上升，在第十期处接近于 0。从产业结构调整变量间的关系看，产业结构服务化变量对产业结构合理化变量冲击的响应为负，且在第二期达到谷值后保持负值不变，产业结构合理化变量对产业结构服务化变量冲击的响应先表现为负值，在第三期时转为正值。

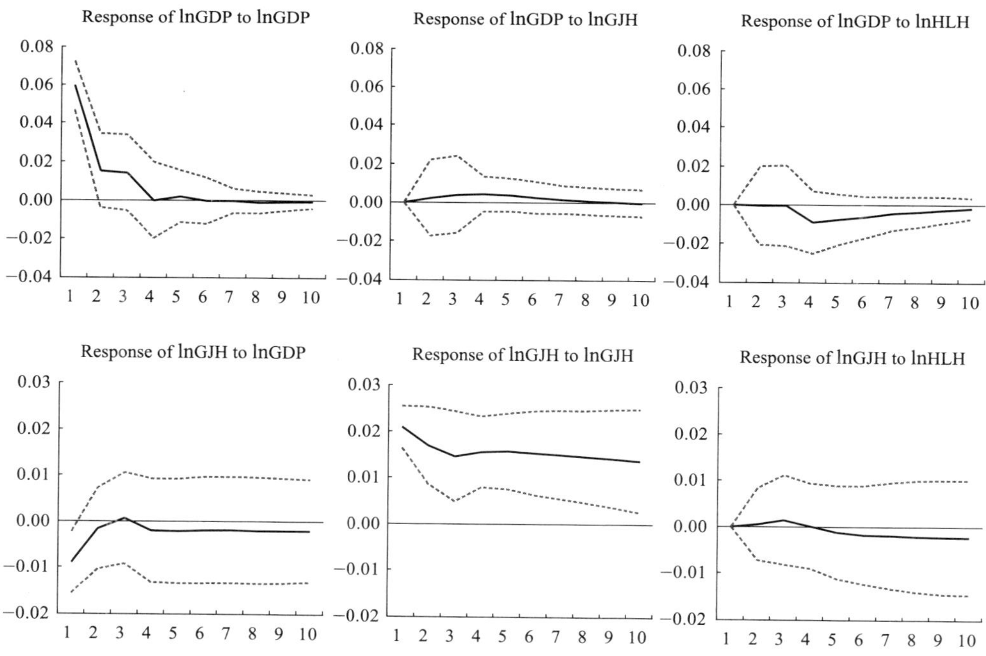

图 5-10 吉林省产业结构调整与经济增长 VAR 模型脉冲响应模拟示意图

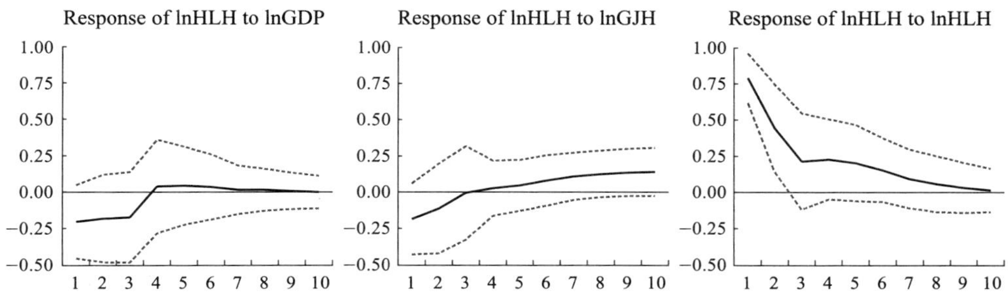

图 5 - 10　吉林省产业结构调整与经济增长 VAR 模型脉冲响应模拟示意图（续）

如图 5 - 11 所示，从产业结构调整与经济增长关系看，经济增长变量对产业结构服务化变量冲击的响应为负值，该回应呈现倒“U”形特征，回应强度在第四期处达到谷值，随后开始下降。经济增长变量对产业结构合理化变量冲击的响应为正值，该回应在第六期达到峰值，随后开始下降，在第十期处接近于 0。从产业结构调整变量间的关系看，产业结构服务化变量对产业结构合理化变量冲击的响应为先负后正，在第二期后转为正值，产业结构合理化变量对产业结构服务化变量冲击的响应先表现为强度很低的正值且始终保持这一水平。

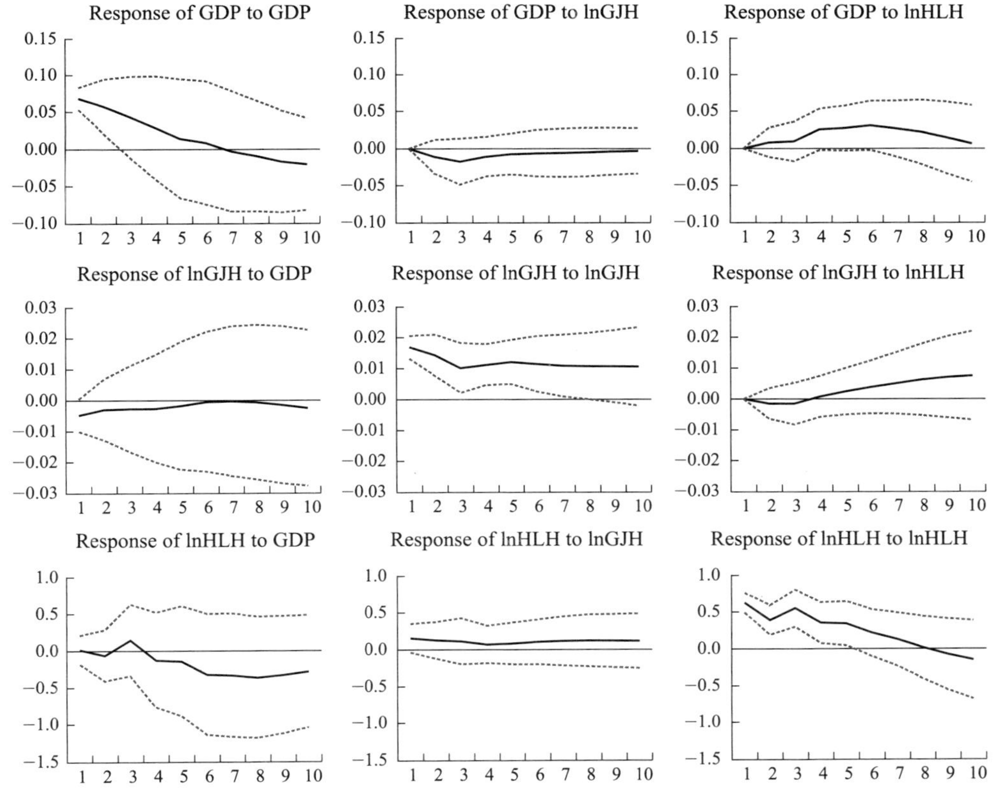

图 5 - 11　黑龙江省产业结构调整与经济增长 VAR 模型脉冲响应模拟示意图

第四节 小结

本章对东北三省产业结构变迁与经济增长的关系进行研究，并对三大产业、九大行业、二十一个细分制造业的经济增长贡献率进行测算，测算结果显示东北三省的第二产业、工业、部分制造业的经济增长贡献率大幅度下滑。作为经济活动的载体，一方面产业经济增长贡献率的下滑意味着宏观经济增速的下滑，另一方面产业结构的变迁也会影响产业增长从而影响经济发展。为了更好地说明东北地区产业结构调整与经济增长的关系，本章进一步构建产业结构服务化与合理化等用来衡量产业结构变迁的指标，并采取 VAR 模型对产业结构变迁与经济增长的关系进行研究，发现无论是协整检验结果、格兰杰因果关系检验结果还是脉冲响应结果都能够证明东北地区的产业结构变迁没有带来经济增长，因此我们可以认为东北地区的产业结构变迁很可能是一种“被动式的变迁”，即旧的优势产业逐渐衰亡而新的具有比较优势的产业没有及时形成的过程。第六章将对导致东北地区出现这种产业结构变迁的影响因素进行深入研究。

第六章　产业结构变化的影响因素分析

前文研究发现东北地区产业结构的变化对东北地区经济增长未起到积极促进作用，同时也指出工业和制造业的衰退是导致这种局面的主要原因，这种结果证明东北地区的产业结构目前处于衰退阶段，新的具有经济增长动力的产业体系与产业结构并没有形成。为了更好地分析影响东北地区产业结构变化的因素，本章将对东北地区产业结构变化的影响因素进行研究。

第一节　研究思路与影响因素

影响产业结构变化的因素众多，在展开具体研究前，有必要对研究思路和相关影响因素进行全面梳理。

一、研究思路

产业结构变化的影响因素众多，研究方法也比较多，我们认为影响东北地区产业结构变化从而最终对东北地区经济增长产生影响的因素肯定包括多种。将东北地区经济增长和产业结构衰退归咎于单一因素几乎不可能是正确的，因此，本书的研究目的并不是确定出唯一影响东北地区产业结构变化的因素，而是试图对主要因素进行研究。考虑到区域发展问题的区域关联性与区域个体性，我们将采取两种思路展开研究。

第一种思路是以东北三省的产业结构进行研究，通过确定能够反映东北地区产业结构变化的，如产业结构服务化指标、第二产业比重指标以及第二产业与第三产业增速比重指标，我们可以采取统计学、计量经济学等多种方法对影响这些指标的因素展开全面研究，并得出何种因素在导致东北地区产业结构变化过程中发挥主要作用。

第二种思路是考虑到东北三省作为我国区域经济的一部分，东北地区的产业结构变化会受到其他区域经济和产业结构变化的影响。换言之，导致一个产业全国空间布局发生变化的因素也是导致东北地区产业结构变化发生的原因。第四章以及第五章的研究得出东北地区的第二产业和制造业占全国的比重在下滑，因此我们可以通过研究全国层面制造业集聚程度变化的影响因素来为研究东北地区的产业结构变化影响因素提供参考，而这一过程可以通过构建计量经济学模型进行研究来实现。

二、影响因素

根据不同的视角，影响因素可以分为不同的类别，其中主要的几种视角如下：

（1）按照宏微观分类，可以将影响东北地区产业结构变化因素分为宏观经济因素和微观经济因素。宏观经济因素包括经济增速、固定资产投资、财政支出等指标，微观经济因素包括劳动力要素、资金要素、技术要素。

（2）按照内外部分类，可以将影响东北地区产业结构变化的因素分为内部因素和外部因素。内部因素包括东北地区自身收入、消费、人口，外部因素包括东北地区与全国其他地区在收入、工资、交通等方面。

（3）按照政府与市场分类，可以将影响东北地区产业结构变化因素分为政府因素和市场因素。政府因素包括政府规模、政府投资、国企比例等，市场因素包括市场化程度、民营企业比例等。

（4）按照一般与特殊分类，可以将影响东北地区产业结构变化因素分为一般因素和个体性因素。一般因素包括基础设施、人力资本、资金支撑等，个体性因素包括市场潜能、技术外溢、平均规模经济水平。

（5）按照相对优势分类，可以将影响东北地区产业结构变化因素分为东北地区相对于其他地区的比较优势和东北地区相对于其他地区的比较劣势因素。

（6）按照因素理论属性分类，可以将影响东北地区产业结构变化因素包括市场潜能、平均规模经济水平、集聚经济、多样化程度等指标在内的新经济地理因素以及非新经济地理因素。

因此，影响产业结构变化的因素非常多，如果按照因素的需求、供求、宏观经济背景、效率等属性进行分类，可以将上述因素分为如下四大类，如表6－1所示。

表 6－1　产业结构的影响因素

		二级因素
需求因素	需求规模	人口数量（D11）
		城乡收入差距（D12）
		价格水平（D13）
		居民收入（D14）
	需求结构	恩格尔系数（D15）
		工业消费比重（D16）
		服务消费比重（D17）
供给因素	土地要素供给	人均耕地面积（D21）
	人力要素供给	教育财政支出（D22）
		本科及以上学历劳动力比重（D23）
		科技活动人员数（D24）
		第一产业劳动力比重（D25）
		第二产业劳动力比重（D26）
		第三产业劳动力比重（D27）
	资金要素供给	固定资产投资（D28）
		金融机构存款余额与 GDP 比值（D29）
	技术要素供给	社会劳动生产率（D30）
		研发支出占 GDP 比重（D31）
		高新技术产业产值（D32）
		专利数（D33）
		高新技术产业进出口额（D34）
宏观经济因素	地区层面的经济环境	GDP 增速（D41）
		财政收入（D42）
		社会保障支出（D43）
		利率水平（D44）
		市场化程度（D45）
		第二产业税收额（D46）
		第三产业税收额（D47）
	国内关系因素	区域经济差距（D48）
		高铁车次（D49）
		工资水平差距（D50）
	国际层面的因素	外商直接投资（D51）
		国外游客数量（D52）
		进出口贸易额（D53）
效率因素	新经济地理因素	市场潜能（D54）
		平均规模经济水平（D55）
		本地市场效应（D56）
	非新经济地理因素	制度、政府能力、自然禀赋等因素（D57）

注：梳理因素过程不考虑指标的可得性以及衡量性，只考虑因素对产业结构变化的因果性。

因此，用一个模型研究所有的影响因素是不可能的，一方面这些因素相互之间也存在内涵上的联系以及重叠，没必要同时考虑所有影响因素；另一方面因素分析的目的在于找到对产业结构变化的主要影响因素，我们只需要按照因素的属性，选择代表性的因素进行分析即可。

三、方法概述

因素分析方法主要包括偏因子分析方法、偏最小二乘回归方法、结构方程模型、灰色关联度方法。本书将对几种常用的因素分析方法进行简要梳理后选择符合本书研究需求的方法。

1. 因子分析方法

因子分析方法是一种常见的统计学分析方法，其原理如下：

$$\begin{cases} x_1 = \alpha_{11}f_1 + \alpha_{12}f_2 + \alpha_{13}f_3 + \cdots + \alpha_{1k}f_k + \beta_1 \\ x_2 = \alpha_{21}f_1 + \alpha_{22}f_2 + \alpha_{23}f_3 + \cdots + \alpha_{2k}f_k + \beta_2 \\ x_3 = \alpha_{31}f_1 + \alpha_{32}f_2 + \alpha_{33}f_3 + \cdots + \alpha_{3k}f_k + \beta_3 \\ \vdots \\ x_p = \alpha_{p1}f_1 + \alpha_{p2}f_2 + \alpha_{p3}f_3 + \cdots \alpha_{pk}f_k + \beta_p \end{cases} \quad (k \leqslant p) \qquad (6-1)$$

其中，x 表示指标分析中的各个指标，f 表示公共因子即通过对原始指标进行综合分析提取的相同部分，a_{ij}表示因子载荷矩阵，β 则是特殊因子即代表各指标不能被抽取作为公共因子的部分。因子分析逻辑清晰，操作简单，是一种比较常用的指标分析方法。

2. 偏最小二乘回归方法

偏最小二乘回归方法实际上是第二代回归分析方法，一方面该方法继承了回归分析方法的优点，能够在一个关系等式中研究多个变量间的关系，同时也能够对不同变量间相同部分进行抽取、分析和比较，因此从这方面看偏最小二乘回归法是多元线性回归分析、相关分析、主成分分析方法的综合体。另一方面偏最小二乘回归方法又能够避免多元线性回归分析方法在处理变量多重共线性问题上的不足，最大程度上避免由变量多重共线性导致的估计偏差，此外，偏最小二乘方法能够采取较为精确的信息和噪声识别技术，能够充分提取变量间的相似成分和独特成分。关于偏最小二乘法的详细原理参见王慧文（1999）①。

3. 结构方程模型

结构方程模型主要运用在存在影响因素不可直接观测（潜变量）的时候，

① 王惠文．偏最小二乘回归方法及其应用［M］．北京：国防工业出版社，1999。

结构方程分析可同时考虑并处理多个因变量。在回归分析或路径分析中，计算回归系数或路径系数时统计结果的图表中展示多个因变量，仍是对每个因变量逐一计算。所以图表看似对多个因变量同时考虑，但在计算对某一个因变量的影响或关系时，都忽略其他因变量的存在及其影响。

4. 灰色关联度方法

灰色关联度方法在第五章已详细介绍，此处不再赘述。

从我们的研究对象分析，我们选择的因素变量是可以观测的，因此可以不考虑采取结构方程模型，同时由于我们希望对尽可能多的因素进行研究，多元回归方法可能很难避免多重共线性的问题，因此偏最小二乘法可能也不满足该项要求。考虑到因子分析会对影响因素进行分类，可能难以得到每个因素对产业结构变化的影响程度，有鉴于此，我们选择灰色关联度方法进行研究。

第二节　基于东北地区自身的产业结构因素分析

基于东北地区自身的因素分析指对东北三省的产业结构变化分别进行因素分析。

一、指标选择

在展开具体研究之前，我们必须确认自变量与因变量所包括的指标。换言之，必须确认衡量产业结构变化的指标，随后还须确定影响因素所包括的种类。

第一，产业结构变化的衡量指标。我们认为衡量产业结构变化指标可以分为两类，第一类指标包括对三大产业整体结构变化趋势的指标，第五章测算的产业结构服务化与产业结构合理化指标就是该种类型的指标，它能够反映整个产业结构的变化趋势。第二类指标指能够反映目前东北地区产业结构变化最显著特征的指标，根据第三章与第四章的分析结果，我们认为工业和制造业对东北地区经济增长影响最大，工业与制造业的占比下降也是东北地区最为显著的特征之一，制造业的比重也作为衡量东北地区产业结构变化的指标。因此将选择产业结构服务化与制造业比重作为被解释变量 $X0$。

第二，影响因素方面。我们选择人口数量（$X1$）、居民收入（$X2$）、人均耕地面积（$X3$）、本科以上劳动力比重（$X4$）、第二产业劳动力比重（$X5$）、固定资产投资（$X6$）、金融机构存款余额与 GDP 比值（$X7$）、研发支出占 GDP 比重（$X8$）、高新技术产业产值（$X9$）、GDP 增速（$X10$）、财政收入（$X11$）、社会保障支出（$X12$）、区域经济差距（$X13$）、省际工资差距（$X14$）、外商直接投资额（$X15$）、进出口贸易额（$X16$）、市场化程度（$X17$）、平均规模经济水平（$X18$）18 个指标进行分析。在这些指标当中，人口数量（$X1$）、居民收入（$X2$）、人均耕地面积（$X3$）、本科以上劳动力比重（$X4$）、第二产业劳动力比重（$X5$）、固定资产投资（$X6$）、金融机构存款余额与 GDP 比值（$X7$）、研发支出占 GDP 比重（$X8$）、高新技术产业产值（$X9$）、GDP 增速（$X10$）、财政收入（$X11$）、社会保障支出（$X12$）、外商直接投资额（$X15$）、进出口贸易额（$X16$）14 个指标是直接指标，其数据可以直接从国家统计局网站获得。而区域经济差距（$X13$）、省际工资差距（$X14$）、市场化程度（$X17$）和平均规模经济水平（$X18$）需要设计与测算，下面对此进行说明。

1. 区域经济差距指标

选取区域泰尔指数作为衡量指标，泰尔指数基本公式为：

$$T = \sum_{i=1}^{n} \frac{y_i}{y} \log \frac{y_i/y}{x_i/x}, y = \sum_{i=1}^{n} y_i, x = \sum_{i=1}^{n} x_i \qquad (6-2)$$

其中，T 值在 $0 \sim \log N$ 变化。若 T 值为 0，表示最大平等；若为 $\log N$，表示最大不平等。区域泰尔指数值越大，表明失衡程度越高。1996～2015 年的区域泰尔指数测算结果如表 6－2 所示。

表 6－2　1996～2015 年区域泰尔系数测算结果

年份	区域泰尔系数	年份	区域泰尔系数
1996	0.4421	2006	0.4111
1997	0.4353	2007	0.4082
1998	0.4364	2008	0.4004
1999	0.4291	2009	0.3993
2000	0.4183	2010	0.3926
2001	0.4382	2011	0.3804
2002	0.4218	2012	0.3766
2003	0.4102	2013	0.3801
2004	0.4293	2014	0.3744
2005	0.4108	2015	0.3715

2. 省际工资差距指标

工资差距选取东北三省城镇单位在岗职工平均工资与全国城镇单位在岗职工

平均工资比值作为衡量指标，测算结果如表 6－3 所示。

表 6－3　1996～2015 年东北三省与全国平均工资差距

年份	辽宁省	吉林省	黑龙江省
1996	0.9741	0.9928	0.8438
1997	0.8954	0.9071	0.7830
1998	1.0083	0.9224	0.8783
1999	0.9617	0.8720	0.8642
2000	0.9402	0.8456	0.8361
2001	0.9333	0.8069	0.8197
2002	0.9386	0.8042	0.7991
2003	0.9265	0.7892	0.7862
2004	0.9312	0.7758	0.7836
2005	0.9437	0.7846	0.7873
2006	0.9344	0.7896	0.7859
2007	0.9306	0.8228	0.7776
2008	0.9487	0.8035	0.7885
2009	0.9501	0.8013	0.8106
2010	0.9437	0.7914	0.7969
2011	0.9119	0.8055	0.7892
2012	0.8931	0.8214	0.8110
2013	0.8840	0.8365	0.8159
2014	0.8562	0.8313	0.8026
2015	0.8453	0.8369	0.8102

资料来源：国家统计局网站。

3. 市场化程度

在测算市场化程度方面，我们选择樊纲、王小鲁等（2011）测算的市场化指数结果，但是樊纲等只提供了 1997～2009 年的分省市场化指数，为了补充样本区间的数据，我们按照相同的思路测算了 2010～2015 年市场化指数结果，如表 6－4 所示。

表 6－4　1997～2015 年东北三省市场化指数测算结果

年份	辽宁省	吉林省	黑龙江省
1997	4.58	3.51	2.73
1998	4.64	3.57	3.31
1999	4.47	3.97	3.57
2000	4.76	3.96	3.70
2001	5.47	4.00	3.73
2002	6.06	4.58	4.09
2003	6.61	4.69	4.45
2004	7.36	5.49	5.05
2005	6.97	5.76	5.33
2006	7.56	6.20	5.61

续表

年份	辽宁省	吉林省	黑龙江省
2007	7.97	6.55	5.76
2008	8.31	6.99	6.07
2009	8.76	7.09	6.11
2010	9.12	7.41	6.61
2011	9.51	7.74	6.90
2012	9.89	8.07	7.19
2013	10.28	8.40	7.47
2014	10.66	8.73	7.76
2015	10.72	8.79	7.81

注：1997～2009年数据来源于樊纲，王小鲁，马光荣．中国市场化进程对经济增长的贡献［J］．经济研究，2011（9）：4－16。2010～2015年数据由笔者测算得到。

4. 平均规模经济水平指标

本书选择东北三省规模以上工业企业平均规模作为衡量平均规模经济水平的指标，具体思路是用规模以上工业企业总资产除以规模以上工业企业数量，其比值越大，说明平均规模经济水平越大。需要说明的是，规模以上企业数据在1998年和2007年分别发生过口径调整，但是检查发现导致的数据变化不大，即统计口径的变化对检验结果影响极小，故我们仍然测算1998～2015年东北三省的平均规模经济水平，其测算结果如表6－5所示。

表6－5　1998～2015年东北三省平均规模经济水平测算结果

单位：亿元/个

年份	辽宁省	吉林省	黑龙江省
1998	1.094	0.991	0.882
1999	1.278	1.046	1.169
2000	1.292	1.167	1.531
2001	1.433	1.267	1.698
2002	1.466	1.352	1.694
2003	1.342	1.609	1.753
2004	1.039	1.301	1.547
2005	1.034	1.625	1.792
2006	0.958	1.677	1.925
2007	1.029	1.512	2.074
2008	1.008	1.431	1.782
2009	1.084	1.436	2.010
2010	1.220	1.650	2.278
2011	1.857	2.307	3.529
2012	2.005	2.629	3.381
2013	2.234	2.916	3.232
2014	2.499	3.142	3.483
2015	3.135	3.167	3.702

资料来源：国家统计局网站。

二、东北三省自身产业结构变化的因素分析结果

灰色关联度分析可以采取 MATLAB、R 等多种软件，本书选自国内学者刘思峰开发的 GM 灰色关联度分析软件进行研究，在经过变量标准化后将数据导入后得到东北三省产业结构变化影响因素的分析结果，其中表 6－6 至表 6－8 是产业结构服务化的影响因素结果，表 6－9 至表 6－11 是制造业比重变化的影响因素结果。

表 6－6　辽宁省产业结构服务化影响因素灰色关联分析结果

指标/关联度	灰色绝对关联度	灰色相对关联度	灰色综合关联度	综合序排名
人口数量（*X*1）	0.7171	0.5904	0.6495	1
进出口贸易额（*X*16）	0.6982	0.5728	0.6108	2
GDP 增速（*X*10）	0.6777	0.5530	0.5976	3
财政收入（*X*11）	0.6401	0.5501	0.5784	4
高新技术产业产值（*X*9）	0.6109	0.5488	0.5632	5
外商直接投资额（*X*15）	0.5863	0.4890	0.5434	6
本科以上劳动力比例（*X*4）	0.5633	0.4724	0.5381	7
居民收入（*X*2）	0.5390	0.4487	0.5109	8
固定资产投资（*X*6）	0.5109	0.4290	0.4877	9
金融机构存款余额与 GDP 比值（*X*7）	0.5004	0.4144	0.4624	10
区域经济差距（*X*13）	0.4722	0.3788	0.4333	11
研发支出占 GDP 比例（*X*8）	0.4532	0.3522	0.4108	12
市场化程度（*X*17）	0.4209	0.3319	0.3873	13
平均规模经济水平（*X*18）	0.3890	0.3098	0.3522	14
社会保障支出（*X*12）	0.3766	0.2788	0.3219	15
人均耕地面积（*X*3）	0.3288	0.2643	0.2872	16
第二产业劳动力比重（*X*5）	0.3108	0.2420	0.2699	17
省际工资差距（*X*14）	0.2987	0.2219	0.2398	18

表 6－7　吉林省产业结构服务化影响因素灰色关联分析结果

指标/关联度	灰色绝对关联度	灰色相对关联度	灰色综合关联度	综合序排名
GDP 增速（*X*10）	0.7490	0.5975	0.6573	1
人口数量（*X*1）	0.7066	0.5674	0.6181	2
高新技术产业产值（*X*9）	0.6858	0.5596	0.6048	3
固定资产投资（*X*6）	0.6478	0.5567	0.5853	4
进出口贸易额（*X*16）	0.6082	0.5554	0.5700	5
财政收入（*X*11）	0.5933	0.4949	0.5499	6
研发支出占 GDP 比例（*X*8）	0.5701	0.4681	0.5246	7
本科以上劳动力比例（*X*4）	0.5455	0.4541	0.5170	8
外商直接投资额（*X*15）	0.5170	0.4341	0.4736	9
市场化程度（*X*17）	0.5048	0.4294	0.4488	10
第二产业劳动力比例（*X*5）	0.4779	0.3833	0.4285	11

续表

指标/关联度	灰色绝对关联度	灰色相对关联度	灰色综合关联度	综合序排名
金融机构存款余额与 GDP 比值（X7）	0.4486	0.3664	0.4157	12
省际工资差距（X14）	0.4260	0.3359	0.3719	13
平均规模经济水平（X18）	0.3937	0.3135	0.3564	14
居民收入（X2）	0.3811	0.2821	0.3358	15
人均耕地面积（X3）	0.3327	0.2675	0.2906	16
区域经济差距（X13）	0.3145	0.2449	0.2631	17
社会保障支出（X12）	0.3023	0.2146	0.2368	18

表 6-8　黑龙江省产业结构服务化影响因素灰色关联分析结果

指标/关联度	灰色绝对关联度	灰色相对关联度	灰色综合关联度	综合序排名
GDP 增速（X10）	0.7714	0.6320	0.6970	1
居民收入（X2）	0.7206	0.6127	0.6645	2
固定资产投资（X6）	0.7080	0.5909	0.6399	3
财政收入（X11）	0.6867	0.5877	0.6188	4
高新技术产业产值（X9）	0.6546	0.5625	0.5921	5
人口数量（X1）	0.6275	0.5205	0.5703	6
省际工资差距（X14）	0.6022	0.4922	0.5545	7
人均耕地面积（X3）	0.5755	0.4761	0.5246	8
进出口贸易额（X16）	0.5446	0.4545	0.5090	9
研发支出占 GDP 比例（X8）	0.5330	0.4384	0.4712	10
区域经济差距（X13）	0.5020	0.3893	0.4592	11
社会保障支出（X12）	0.4811	0.3500	0.4345	12
本科以上劳动力比例（X4）	0.4456	0.3266	0.4086	13
平均规模经济水平（X18）	0.4105	0.2934	0.3500	14
外商直接投资额（X15）	0.3968	0.2893	0.3167	15
市场化程度（X17）	0.3443	0.2433	0.2749	16
第二产业劳动力比例（X5）	0.3245	0.2188	0.2426	17
金融机构存款余额与 GDP 比值（X7）	0.2911	0.1867	0.2035	18

表 6-9　辽宁省制造业比重影响因素灰色关联分析结果

指标/关联度	灰色绝对关联度	灰色相对关联度	灰色综合关联度	综合序排名
高新技术产业产值（X9）	0.8179	0.6532	0.7301	1
进出口贸易额（X16）	0.7934	0.6303	0.6797	2
金融机构存款余额与 GDP 比值（X7）	0.7667	0.6046	0.6626	3
外商直接投资额（X15）	0.7178	0.6008	0.6376	4
固定资产投资（X6）	0.6799	0.5991	0.6179	5
本科以上劳动力比例（X4）	0.6479	0.5214	0.5921	6
财政收入（X11）	0.6180	0.4998	0.5852	7
平均规模经济水平（X18）	0.5864	0.4690	0.5499	8
研发支出占 GDP 比例（X8）	0.5499	0.4434	0.5197	9
市场化程度（X17）	0.5362	0.4244	0.4868	10
区域经济差距（X13）	0.4996	0.3781	0.4490	11
第二产业劳动力比例（X5）	0.4749	0.3436	0.4197	12
省际工资差距（X14）	0.4329	0.3172	0.3892	13

续表

指标/关联度	灰色绝对关联度	灰色相对关联度	灰色综合关联度	综合序排名
居民收入（X2）	0.3914	0.2884	0.3436	14
GDP 增速（X10）	0.3753	0.2481	0.3042	15
人口数量（X1）	0.3131	0.2293	0.2591	16
社会保障支出（X12）	0.2897	0.1903	0.2266	17
人均耕地面积（X3）	0.2740	0.1742	0.1974	18

表 6－10　吉林省制造业比重影响因素灰色关联分析结果

指标/关联度	灰色绝对关联度	灰色相对关联度	灰色综合关联度	综合序排名
固定资产投资（X6）	0.8494	0.6809	0.7595	1
GDP 增速（X10）	0.8143	0.6575	0.7081	2
研发支出占 GDP 比例（X8）	0.7704	0.6312	0.6905	3
高新技术产业产值（X9）	0.7270	0.6273	0.6650	4
外商直接投资额（X15）	0.7082	0.6256	0.6448	5
市场化程度（X17）	0.6855	0.5461	0.6184	6
进出口贸易额（X16）	0.6449	0.5240	0.5914	7
平均规模经济水平（X18）	0.6026	0.4925	0.5752	8
金融机构存款余额与 GDP 比值（X7）	0.5852	0.4663	0.5341	9
本科以上劳动力比例（X4）	0.5612	0.4469	0.5107	10
区域经济差距（X13）	0.5137	0.3995	0.4620	11
财政收入（X11）	0.4985	0.3841	0.4321	12
省际工资差距（X14）	0.4497	0.3671	0.4108	13
人口数量（X1）	0.4131	0.3077	0.3641	14
社会保障支出（X12）	0.3766	0.2665	0.3238	15
居民收入（X2）	0.3230	0.2272	0.2676	16
第二产业劳动力比例（X5）	0.2906	0.2176	0.2467	17
人均耕地面积（X3）	0.2711	0.1827	0.2146	18

表 6－11　黑龙江省制造业比重影响因素灰色关联分析结果

指标/关联度	灰色绝对关联度	灰色相对关联度	灰色综合关联度	综合序排名
第二产业劳动力比例（X5）	0.8638	0.6927	0.7725	1
本科以上劳动力比例（X4）	0.8383	0.6690	0.7203	2
人口数量（X1）	0.8106	0.6423	0.7025	3
GDP 增速（X10）	0.7598	0.6383	0.6765	4
高新技术产业产值（X9）	0.7143	0.6311	0.6504	5
市场化程度（X17）	0.6813	0.5510	0.6239	6
社会保障支出（X12）	0.6505	0.5287	0.6168	7
居民收入（X2）	0.6072	0.4880	0.5701	8
固定资产投资（X6）	0.5701	0.4620	0.5395	9
进出口贸易额（X16）	0.5562	0.4427	0.5061	10
区域经济差距（X13）	0.5190	0.3957	0.4677	11
研发支出占 GDP 比例（X8）	0.4849	0.3536	0.4297	12
金融机构存款余额与 GDP 比值（X7）	0.4529	0.3272	0.3992	13
平均规模经济水平（X18）	0.4140	0.2984	0.3536	14
财政收入（X11）	0.3740	0.2498	0.3045	15

续表

指标/关联度	灰色绝对关联度	灰色相对关联度	灰色综合关联度	综合序排名
人均耕地面积（X3）	0.3133	0.2314	0.2604	16
外商直接投资额（X15）	0.2904	0.2030	0.2285	17
省际工资差距（X14）	0.2505	0.1675	0.1925	18

三、结果分析与讨论

可以从产业结构整体演变层面与制造业比重变化层面分析影响东北地区产业结构变化的影响因素。

（1）产业结构变化整体层次的影响因素。影响辽宁省产业结构服务化的前十位因素为人口数量（*X*1）、进出口贸易额（*X*16）、GDP增速（*X*10）、财政收入（*X*11）、高新技术产业产值（*X*9）、外商直接投资额（*X*15）、本科以上劳动力比重（*X*4）、居民收入（*X*2）、固定资产投资（*X*6）、金融机构存款余额与GDP比值（*X*7）。影响吉林省产业结构服务化的前十位因素为GDP增速（*X*10）、人口数量（*X*1）、高新技术产业产值（*X*9）、固定资产投资（*X*6）、进出口贸易额（*X*16）、财政收入（*X*11）、研发支出占GDP比重（*X*8）、本科以上劳动力比重（*X*4）、外商直接投资额（*X*15）、市场化程度（*X*17）。影响黑龙江省产业结构服务化的前十位因素为GDP增速（*X*10）、居民收入（*X*2）、固定资产投资（*X*6）、财政收入（*X*11）、高新技术产业产值（*X*9）、人口数量（*X*1）、省际工资差距（*X*14）、人均耕地面积（*X*3）、进出口贸易额（*X*16）、研发支出占GDP比重（*X*8）。东北三省产业结构服务化前十位影响因素对比如表6－12所示。

表6－12　东北三省产业结构服务化前十位影响因素对照

因素排名	辽宁省	吉林省	黑龙江省
1	人口数量（*X*1）	GDP增速（*X*10）	GDP增速（*X*10）
2	进出口贸易额（*X*16）	人口数量（*X*1）	居民收入（*X*2）
3	GDP增速（*X*10）	高新技术产业产值（*X*9）	固定资产投资（*X*6）
4	财政收入（*X*11）	固定资产投资（*X*6）	财政收入（*X*11）
5	高新技术产业产值（*X*9）	进出口贸易额（*X*16）	高新技术产业产值（*X*9）
6	外商直接投资额（*X*15）	财政收入（*X*11）	人口数量（*X*1）
7	本科以上劳动力比重（*X*4）	研发支出占GDP比重（*X*8）	省际工资差距（*X*14）
8	居民收入（*X*2）	本科以上劳动力比重（*X*4）	人均耕地面积（*X*3）
9	固定资产投资（*X*6）	外商直接投资额（*X*15）	进出口贸易额（*X*16）
10	金融机构存款余额与GDP比值（*X*7）	市场化程度（*X*17）	研发支出占GDP比重（*X*8）

资料来源：根据上述测算结果整理而得。

（2）制造业比重变化层次的影响因素。影响辽宁省制造业比重变化的前十位因素为高新技术产业产值（$X9$）、进出口贸易额（$X16$）、金融机构存款余额与GDP比值（$X7$）、外商直接投资额（$X15$）、固定资产投资（$X6$）、本科以上劳动力比例（$X4$）、财政收入（$X11$）、平均规模经济水平（$X18$）、研发支出占GDP比例（$X8$）、市场化程度（$X17$）。影响吉林省制造业比例变化的前十位因素为固定资产投资（$X6$）、GDP增速（$X10$）、研发支出占GDP比例（$X8$）、高新技术产业产值（$X9$）、外商直接投资额（$X15$）、市场化程度（$X17$）、进出口贸易额（$X16$）、平均规模经济水平（$X18$）、金融机构存款余额与GDP比值（$X7$）、本科以上劳动力比例（$X4$）。影响黑龙江省制造业比重变化的前十位因素为第二产业劳动力比例（$X5$）、本科以上劳动力比例（$X4$）、人口数量（$X1$）、GDP增速（$X10$）、高新技术产业产值（$X9$）、市场化程度（$X17$）、社会保障支出（$X12$）、居民收入（$X2$）、固定资产投资（$X6$）、进出口贸易额（$X16$）。东北三省制造业比重前十位影响因素对照如表6－13所示。

表6－13　东北三省制造业比例前十位影响因素对照表

因素排名	辽宁省	吉林省	黑龙江省
1	高新技术产业产值（$X9$）	固定资产投资（$X6$）	第二产业劳动力比重（$X5$）
2	进出口贸易额（$X16$）	GDP增速（$X10$）	本科以上劳动力比重（$X4$）
3	金融机构存款余额与GDP比值（$X7$）	研发支出占GDP比重（$X8$）	人口数量（$X1$）
4	外商直接投资额（$X15$）	高新技术产业产值（$X9$）	GDP增速（$X10$）
5	固定资产投资（$X6$）	外商直接投资额（$X15$）	高新技术产业产值（$X9$）
6	本科以上劳动力比例（$X4$）	市场化程度（$X17$）	市场化程度（$X17$）
7	财政收入（$X11$）	进出口贸易额（$X16$）	社会保障支出（$X12$）
8	平均规模经济水平（$X18$）	平均规模经济水平（$X18$）	居民收入（$X2$）
9	研发支出占GDP比例（$X8$）	金融机构存款余额与GDP比值（$X7$）	固定资产投资（$X6$）
10	市场化程度（$X17$）	本科以上劳动力比重（$X4$）	进出口贸易额（$X16$）

资料来源：根据上述测算结果整理而得。

通过分析东北地区产业结构服务化与制造业比重变化的因素分析结果，我们得到如下结论：

第一，东北地区产业结构服务化的影响因素具有一定的相似性，在东北三省产业结构服务化前十位影响因素中，辽宁省与吉林省重复的因素有八个，分别是人口数量（$X1$）、进出口贸易额（$X16$）、GDP增速（$X10$）、财政收入（$X11$）、高新技术产业产值（$X9$）、外商直接投资额（$X15$）、本科以上劳动力比重（$X4$）、固定资产投资（$X6$）。辽宁省和黑龙江省重复的因素有七个，分别是人口数量（$X1$）、进出口贸易额（$X16$）、居民收入（$X2$）、GDP增速（$X10$）、财政收入（$X11$）、高新技术产业产值（$X9$）、固定资产投资（$X6$）。吉林省和黑龙江省重复的因素有六个，分别是 GDP 增速（X10）、人口数量（X1）、高新技术产业产值（X9）、固定资产投资（X6）、进出口贸易额（X16）、财政收入（X11）。同样地，在制造业比重前十位影响因素中，辽宁省和吉林省重复的因素有九个，分别是高新技术产业产值（X9）、进出口贸易额（X16）、金融机构存款余额与 GDP 比值（X7）、外商直接投资额（X15）、固定资产投资（X6）、本科以上劳动力比重（X4）、平均规模经济水平（X18）、研发支出占 GDP 比重（X8）、市场化程度（X17）。辽宁省和黑龙江省重复的因素有六个，分别是高新技术产业产值（X9）、进出口贸易额（X16）、金融机构存款余额与 GDP 比值（X7）、固定资产投资（X6）、本科以上劳动力比重（X4）、市场化程度（X17）。吉林省和黑龙江省重复的因素有六个，分别是固定资产投资（X6）、GDP 增速（X10）、高新技术产业产值（X9）、市场化程度（X17）、进出口贸易额（X16）、本科以上劳动力比重（X4）。因此，无论是产业结构服务化还是制造业比重变化，东北三省产业结构变化的影响因素存在一定的相似性，也证明了东北地区目前所面临的问题可能具备整体上的规律性。

第二，东北三省的产业结构服务化与制造业比重影响因素虽然具备一定的相似性但是仍然具备以下三个不同。第一个不同是东北三省产业结构服务化影响因素程度分布不同，比如辽宁省的进出口贸易额以及财政收入因素对产业结构服务化的影响程度要大于吉林省和黑龙江省，而吉林省的人口与进出口因素的影响则要大于黑龙江省。第二个不同是东北三省制造业比重影响因素不同，比如辽宁省的金融机构存款余额与 GDP 比值对制造业比重的影响高于吉林省和黑龙江省，而吉林省的固定资产投资对制造业比重的影响则高于辽宁省与黑龙江省，黑龙江省的第二产业劳动力比重和本科以上学历劳动力比重对制造业比重的影响则大于辽宁省与吉林省。第三个不同是影响东北产业结构服务化与制造业比重的影响因素不同。从产业结构服务化与制造业比重影响因素分析结果看，影响东北地区产业结构服务化与制造业比重变化的因素分布结果完全不同，以辽宁省为例，影响辽宁省产业结构服务化与制造业比重变化的前十个因素中，包括人口数量（X1）、GDP 增速（X10）、财政收入（X11）、居民收入（X2）、市场化程度（X17）等多个因素表现不同作用，其他几个相同因素排名存在较大差异。

第三，进一步对指标排名进行分析发现，在影响辽宁省产业结构服务化的因素中，进出口贸易额、金融机构存款占 GDP 比重、财政收入等指标的影响较大。在影响吉林省产业结构服务化的因素中，高新技术产业产值、固定资产投资以及研发支出占 GDP 比重影响较大。在影响黑龙江省产业结构服务化的因素中，固定资产投资、居民收入、人均耕地面积影响较大。从这些结果中可以发现，影响东北三省产业结构从第一产业到第二产业、第三产业变化的因素是不一样的，辽宁省目前可能更多的是依靠金融、出口等渠道提升产业结构层次，而吉林省可能更多通过加大研发投资等手段促使产业结构的内在升级，黑龙江省可能“受限于”农业发展的得天独厚，在产业结构升级上速度较慢。在影响辽宁省制造业比重变化的因素中，高新技术产业产值、进出口贸易额、金融机构存款余额与 GDP 比值、外商直接投资额、固定资产投资影响较大，平均规模经济水平与市场化因素影响一般，而 GDP 增速、研发支出占 GDP 比重、高新技术产业产值、外商直接投资额对吉林省制造业比重影响较大，市场化因素的影响程度也高于辽宁省。影响黑龙江省制造业比重变化的因素主要是劳动力因素与人口因素。因此，我们可以认为东北三省制造业比重变化的影响因素既存在共同点，也存在不同点，比如金融因素、外向型经济因素对辽宁省的制造业影响更大，而高新技术产业、研发费用、市场化对吉林省制造业的影响更大，劳动力与人口因素对黑龙江省的制造业影响更大。

第三节　基于全国整体层面的因素分析

在对东北地区的产业结构变化进行因素分析后，还可以从全国层面对影响东北地区产业结构变化的因素进行实证检验，考虑到前文已经通过研究得到东北地区工业和制造业经济增长贡献率大幅度下滑的结论，本书将以制造业为研究对象，对制造业在全国空间格局上的分布变化情况进行深入研究。

一、模型、变量与数据

先需要确定被解释变量，研究对象是制造业集聚程度变化，我们采取地区制造业从业人员与全国制造业从业人员的比重作为衡量该项制造业的集聚程度，其原理如下：

$$Y_{it} = (M_{it}/M_t)/(P_{it}/P_t) \tag{6-3}$$

其中，M_{it}为地区 i 在 t 时刻的制造业人口，P_{it}为地区 i 在 t 时刻的就业人口，M_t和 P_t分别为全国的制造业人口和就业人口。当 Y_{it}为 1 时，表示制造业完全均匀分布，某地区的 Y_{it}值越大，说明该地区的制造业集聚程度越高，考虑到 1997

年重庆从四川省划分为直辖市，本书选取时间为 1997～2015 年，2012 年后行业分类标准发生变化，但采取的是相对值，因此 2012～2015 年数据仍然采用。

在确定被解释变量后，我们还需确定解释变量，研究制造业集聚程度影响因素的文献较多，通过梳理相关文献，我们认为影响制造业集聚程度的因素主要包括如下四类：

（1）比较优势变量。比较优势理论认为区域之间产业结构的差异主要取决于自然禀赋等先天性因素，比如矿产资源丰富的区域，其采掘、黑色加工业集聚程度自然就比其他区域高，反之亦然。因此，在研究制造业集聚影响因素过程中，本书选取农业资源、自然资源、资本资源和人力资源禀赋四个变量作为衡量比较优势变量的代表。

（2）新经济地理因素。新经济地理学理论认为产业的集聚并不完全取决于自然资源禀赋因素，本地市场效应、平均规模经济水平、产业关联、运输成本等因素都会对产业形成与集聚产生巨大的影响，根据相关文献，我们选择市场潜能、对外开放程度、平均规模经济水平作为新经济地理因素对制造业产业集聚的影响进行研究。

（3）知识外溢与外部性因素。知识溢出是产业集聚最重要的外部性之一，知识溢出加速了产业集聚，而产业集聚反过来也会加速知识溢出。本书采用专利批准量作为知识外溢指标。除此之外，交通基础设施和金融业发展水平对制造业的集聚程度也有重要影响，交通基础设施越发达、金融发展水平越高，制造业的集聚程度可能就越高。因此也对交通基础设施变量与金融发展水平变量进行研究。

（4）其他因素。除上述三类因素外，对制造业集聚水平影响因素还包括工资水平，一般认为工资水平越高，越容易吸引人才，从而对制造业集聚产生正面影响。但是工资变量对制造业集聚的影响可能不是当期的，存在滞后效应，因此工资变量作为动态变量引入模型。

本书共选择 12 个变量，其符号以及含义如表 6－14 所示。

表 6－14　模型解释变量符号、内涵以及测算方法

解释变量	符号	含义
农业资源禀赋	Agrgift（AG）	各省份农业增加值与地区生产总值比值
自然资源禀赋	Natgift（NG）	各省份采掘业增加值与地区生产总值比值
资本资源禀赋	Capgift（CG）	各省份固定资产投资与地区生产总值比值

续表

解释变量	符号	含义
人力资源禀赋	Humgift（HG）	各省份专科及以上高等院校在校生数量占总人口数比值
市场潜能	Market Potential（MP）	见下文
交通条件	Road Density（RD）	每平方千米公路里程与全国平均水平比值
金融业水平	Finance Level（FL）	金融机构存款余额与地区生产总值比值
平均规模经济水平	Average Scale Economy（ASE）	规模以上企业平均规模
工资水平	Wage Level（WL）	各省份平均工资与全国平均工资比值
对外开放度	Open Degree（OD）	出口贸易额与全国进出口贸易额比值
专利批准量	Patent Number（PN）	各省份专利批准量占全国专利批准量比值
市场化程度	Market Degree（MD）	各省份市场化指数

在上述十二个解释变量中，绝大部分指标的数据都来源《中国统计年鉴》以及国家统计局数据查询网站。除此之外，平均规模经济水平与市场化程度指标在前文已经测算出来，市场潜能的测算思路来源于 Garretsen（2007）①，其测算思路如下：

$$Market\ Potential_i = \sum_j (((GDP_j/\sum GDP_i)/D_{ij}) + GDP_i/\sum GDP_i) \tag{6-4}$$

其中，D_{ij}是 i 省与 j 省的省会距离，GDP_i 和 GDP_j 分别是 i 省与 j 省的地区生产总值。MP 的数值越大表明该地区的市场潜力越大。1997～2015 年各省份市场潜能测算结果如附表 1 所示。各变量的描述性统计如表 6－15 所示。

表 6－15　变量的描述性统计结果

变量	样本数	均值	标准差	最大值	最小值	VIF
$\ln Y_{it}$	570	0.7892	0.4877	1.4612	0.5093	—
$\ln AG_{it}$	570	0.3304	0.1877	0.7915	0.1146	4.09
$\ln NG_{it}$	570	0.4909	0.3254	1.0823	0.3387	7.11
$\ln CG_{it}$	570	0.0296	0.1945	0.1082	0.0101	4.36
$\ln HG_{it}$	570	6.2934	0.7802	9.5562	4.6095	2.09
$\ln MP_{it}$	570	0.0331	0.0249	0.1335	0.0086	3.15
$\ln RD_{it}$	570	0.2444	0.1794	0.5266	0.1267	3.97
$\ln FL_{it}$	570	6.4982	0.8895	7.9214	5.8095	4.10
$\ln SE_{it}$	570	0.7782	0.5487	1.0825	0.5484	2.88
$\ln WL_{it-1}$	540	9.6524	1.9445	10.5005	8.9885	1.17
$\ln OD_{it}$	570	0.0765	0.0674	0.1244	0.0542	2.08
$\ln PN_{it}$	570	0.1825	0.1364	0.3677	0.1142	2.14
$\ln MD_{it}$	570	1.7785	0.7687	2.5650	1.0892	2.88

① Garretsen H. and J. Peeters. Capital Mobility, Agglomeration and Corporate Tax Rates: Is the Race to the Bottom for Real [J]. CESifo Economic Studies, 2007, 53 (2): 263－294.

在确定被解释变量与解释变量后，我们得到最终的实证模型，模型经过对数处理化后如式（6-5）所示：

$$\ln Y_{it} = \beta_0 + \beta_1 \ln Y_{it-1} + \beta_2 \ln AG_{it} + \beta_3 \ln NG_{it} + \beta_4 \ln CG_{it} + \beta_5 \ln HG_{it} + \beta_6 \ln MP_{it} + \beta_7 \ln RD_{it} + \beta_8 \ln FL_{it} + \beta_9 \ln SE_{it} + \beta_{10} \ln WL_{it-1} + \beta_{11} \ln OD_{it} + \beta_{12} \ln PN_{it} + \beta_{13} \ln MD_{it} + \varepsilon \quad (6-5)$$

二、整体与分地区估计结果

由于存在滞后变量，我们建立的模型实际上是一个动态面板模型，广义矩估计方法（GMM）是动态面板模型的主要估计方法，按照估计方法的差异，GMM方法可以分为差分GMM、水平GMM和系统GMM，本书采取系统GMM方法进行估计，系统GMM估计要求选择部分解释变量作为内生变量，其高阶滞后变量作为工具变量，在估计后，我们还将对扰动项是否存在自相关进行检验和过度识别检验，以判断系统GMM估计方法是否有效。另外，为了对估计结果进行比较和保证未知形式的异方差和自相关稳健，我们也选取普通最小二乘法（OLS）对模型的多重共线性问题进行检验，OLS回归结果显示：12个变量中有3个变量不显著，存在比较严重的多重共线性问题，所以采取逐步回归方法剔除部分变量，最终模型变为：

$$\ln Y_{it} = \beta_0 + \beta_1 \ln Y_{it-1} + \beta_2 \ln NG_{it} + \beta_3 \ln HG_{it} + \beta_4 \ln MP_{it} + \beta_5 \ln RD_{it} + \beta_6 \ln FL_{it} + \beta_7 \ln SE_{it} + \beta_8 \ln WL_{it-1} + \beta_9 \ln OD_{it} + \beta_{10} \ln MD_{it} + \varepsilon \quad (6-6)$$

最终估计结果如表6-16所示。

表6-16 回归结果分析

系数	OLS	FE	RE	GMM
$\ln Y_{it-1}$	0.001244*** (3.3032)	-0.000965** (1.8894)	-0.000936*** (3.1134)	0.001064*** (2.7763)
$\ln NG_{it}$	-0.000485* (-1.8925)	0.000429 (1.4201)	0.002221** (1.8702)	-0.001918** (-1.9425)
$\ln HG_{it}$	0.002094*** (4.2724)	0.000543*** (2.8902)	0.004757*** (2.9175)	0.001334** (2.1472)
$\ln MP_{it}$	0.017254*** (6.5513)	0.001254*** (2.9445)	0.008051*** (3.2231)	0.001871*** (4.2891)
$\ln RD_{it}$	-0.007353*** (-2.8722)	-0.001029* (1.7988)	-0.015822** (-1.9722)	-0.001362** (-1.8722)

续表

系数	OLS	FE	RE	GMM
$\ln FL_{it}$	0.024312 ** (1.9553)	0.000219 *** (2.9336)	0.000312 *** (3.4193)	0.001515 *** (4.0409)
$\ln SE_{it}$	0.000432 ** (1.8534)	0.000163 *** (2.6667)	0.000139 *** (3.2904)	0.008821 *** (2.1621)
$\ln WL_{it-1}$	0.000528 *** (2.4343)	0.000135 *** (3.5492)	0.000116 ** (2.6341)	0.001358 ** (1.9504)
$\ln OD_{it}$	0.006231 *** (2.0711)	0.000952 *** (3.3209)	0.001024 *** (3.9861)	0.007216 *** (5.4445)
$\ln MD_{it}$	0.000754 *** (4.4254)	0.002551 *** (2.1141)	0.001234 ** (2.1723)	0.001393 ** (1.9457)
检验	F（10，559）=1244.5 Prob > F = 0.0000 R-squared = 0.7892	Prob > chi2 =0.0000 < 0.01	Prob > chi2 =0.0000 < 0.01	Arellano-Bond test: Prob > z = 0.395 Sargan test: Prob > z = 0.0501

注：（1）***、**、* 分别表示在 1%、5%、10% 的水平下统计显著。
（2）Arellano-Bond test 表示扰动项不存在自相关。
（3）Sargan test 表示工具变量的使用整体是有效的，不存在过度识别问题。

通过对估计结果的相关指标分析，在剔除部分存在多重共线性的变量后，系统 GMM 回归结果是比较理想的，所有自变量的估计都通过了 5% 以上的显著性，同时 A－B 检验与 Sargan 检验也证明模型不存在扰动项自相关和过度识别问题，这说明模型的估计结果是可信的。

进一步分析回归结果可以发现如下几点结论：

第一，对制造业集聚存在正面作用的变量包括滞后一期的制造业集聚程度变量、人力资本变量、市场潜能变量、金融发展水平变量、工资水平变量、对外开放程度变量、市场化程度变量、平均规模经济水平。对制造业集聚存在负面作用的变量则包括自然资源禀赋变量和交通条件差异变量。

第二，从变量系数的具体值分析，在对制造业集聚具有正向作用的变量中，市场潜能、金融发展水平、市场化程度对制造业集聚程度的提高具有较大的作用，其系数位于前三，在对制造业集聚具有负面作用的变量中，交通条件差异、自然资源对制造业集聚的负面作用较大。

第三，从单个变量的作用机理分析：

（1）上期制造业集聚程度变量对制造业集聚程度存在正面作用，说明制造业的集聚可能是一个路径依赖或者循环累积过程，一旦制造业集聚程度突破某一个临界点，制造业集聚的程度与规模就会不断提高。

（2）市场潜能作为对制造业集聚程度作用最大的一个变量，在一定程度上证明在市场经济条件下，某地区的市场潜能越大，其制造业集聚的可能性越大，这是因为制造产品的销售是需要较大的市场作为支撑的，地区的市场潜能越大，说明该地区制造业产品所面临的市场规模就越大，其发展效率和效益就高，最终导致其集聚程度提高。而在本书测算的市场潜能结果中，可以很明显地发现东北三省的市场潜能在近二十年里处于下降趋势，这可能给东北地区制造业集聚带来负面影响。

（3）金融业发展水平对制造业的集聚也存在较大的正面作用，这一点说明制造业的发展需要一定发展水平的金融业作为支撑，这是因为制造业企业往往都是固定资产投资占比较高的企业，对资金的需求量比较高，金融业发展水平的高低将直接影响这些制造业企业能否获得足够的资金，从而间接影响到整体制造业的集聚。

（4）工资水平变量与对外开放程度变量对制造业集聚程度也存在正面作用。较高的工资能够吸引素质较高的劳动力从而提高制造业企业的发展质量，而对外开放程度也有利于外资的进入，我国过去三十余年的实践已经证明对外开放对地区产业集聚的显著作用。然而，这两个变量恰恰是东北三省最近二十年逐渐下滑的领域，以工资水平变量为例，1998 年辽宁省工资水平略高于全国平均水平，但在 2015 年，辽宁省工资水平只相当于全国水平的 0. 84，吉林省和黑龙江省工资水平变化趋势也与之类似，逐渐拉大的工资差距和相对降低的对外开放程度削弱了东北地区制造业的吸引力，导致制造业集聚程度出现下降。

（5）市场化程度与平均规模经济水平变量对制造业集聚也存在正面作用。市场化意味着政府不合理干预市场的程度在降低，而市场资源配置要素的程度在提高，这无疑会促进制造业的发展。从市场化指数变化情况分析，虽然辽宁省的市场化指数并不低，其 2015 年市场化指数已经超过 10. 7，高于全国平均市场化指数水平。一方面，从市场化指数的绝对值分析，辽宁省的市场化水平低于北京、上海、天津、广东、江苏、浙江、福建、山东等省份，吉林省和黑龙江省 2015 年市场化指数水平则略低于全国平均水平。另一方面，1997 ~ 2015 年东北三省市场化程度的提升情况也低于全国其他地区市场化提升的平均水平，其中东北三省市场化指数 19 年里提升了 2. 57 倍，而全国同期市场化指数提高了 2. 78 倍，东北三省的市场化提高程度不仅低于东部沿海的发达省份，也低于包括河北、湖北、湖南、四川、重庆、安徽等欠发达省份。因此，从市场化指标看，一方面东北三省的市场化绝对水平低于东部沿海的发达省份，这些省份原本就是制造业集聚的主要区域，其对制造业的吸引力原本就不低于东北地区；另一方面东北三省市场化相对增速低于包括川渝、两湖、河北、安徽等中西部省份，而这些省份恰恰是近十年制造业发展最为迅猛的省份。此消彼长之下，东北地区的制造业集聚程度逐渐下降也是不可避免的。

（6）自然资源禀赋与交通条件差异对制造业集聚存在负面作用。前者说明自然资源丰富的地区可能很容易陷入资源陷阱，资源加工类产业可能会对其他制造业的发展带来一定的压制作用。交通条件的改善对于制造业的发展极为关键，因为不同于服务业，制造业产品对运输的资金与时间成本较为敏感，便捷的交通基础设施能显著提升制造业发展速度，反之则会对制造业的发展带来影响。

为了更好地比较东北地区与其他地区制造业集聚因素的异同，我们将 30 个省份分为四大区域重新进行检验，其中东北地区包括东北三省，东部沿海地区包括京津冀、长三角、珠三角、福建和山东等 11 个省份，中部地区包括中部六省，西部地区包括四川、重庆、贵州、云南、陕西、广西、宁夏、甘肃、新疆、青海 10 个省份，估计结果如表 6－17 所示。

表 6－17 分地区回归结果

系数	东部	中部	西部	东北
$\ln Y_{it-1}$	0.001289 *** (3.3033)	0.000965 ** (1.8895)	—	0.001065 ** (3.7763)
$\ln AG_{it}$	0.001393 ** (1.9557)	—	－0.003122 * (－1.7935)	－0.018692 *** (－2.8843)
$\ln NG_{it}$	—	－0.000539 *** (－2.5301)	－0.003331 *** (－2.8703)	－0.021854 *** (－3.1535)
$\ln CG_{it}$	0.000538 *** (3.5364)	0.018872 *** (3.1109)	0.012911 *** (2.7450)	—
$\ln HG_{it}$	—	—	0.003712 *** (2.9172)	0.001448 ** (3.1473)
$\ln MP_{it}$	0.017324 *** (6.4513)	0.001372 *** (3.9153)	—	0.001871 *** (5.3891)
$\ln RD_{it}$	－0.007353 *** (－3.8734)	0.000319 *** (3.9336)	0.0128342 ** (－1.9734)	－0.001367 ** (－1.8732)
$\ln FL_{it}$	0.035313 ** (1.9553)	—	0.000313 *** (3.5193)	0.001515 *** (5.0109)
$\ln SE_{it}$	0.015882 *** (5.6647)	0.006536 *** (3.5093)	－0.014225 *** (－2.8921)	－0.015653 *** (－3.9837)
$\ln WL_{it-1}$	－0.006304 ** (－1.9246)	0.004345 *** (2.9435)	0.001466 *** (2.0308)	—
$\ln OD_{it}$	0.015612 *** (4.2745)	0.010123 *** (3.0294)	—	0.007315 *** (3.1224)
$\ln PN_{it}$	－0.014634 *** (－2.2463)	0.002501 * (1.8542)	—	—

续表

系数	东部	中部	西部	东北
$\ln MD_{it}$	0.030531*** (3.9882)	0.015782*** (6.6145)	0.005463* (1.8721)	—
检验	Arellano-Bond test: Prob > z = 0.409 Sargan test: Prob > z = 0.0223	Arellano-Bond test: Prob > z = 0.288 Sargan test: Prob > z = 0.0552	Arellano-Bond test: Prob > z = 0.315 Sargan test: Prob > z = 0.0612	Arellano-Bond test: Prob > z = 0.201 Sargan test: Prob > z = 0.0635

注：(1) ***、**、*分别表示在1%、5%、10%的水平下统计显著。
(2) Arellano-Bond test 表示扰动项不存在自相关。
(3) Sargan test 表示工具变量的使用整体是有效的，不存在过度识别问题。

根据分地区回归结果，可以得到如下几点结论：

第一，四个地区的回归结果并不一致，东部地区的自然资源与人力资源变量不显著。中部地区的农业资源、人力资源、金融业发展水平变量不显著。西部地区的制造业集聚程度滞后变量、市场潜能变量、对外开放程度以及专利申请变量不显著。东北地区的资本资源变量、工资差距变量、专利申请量变量以及市场化变量不显著。这种结果说明我国四大区域间的制造业集聚类型以及发展水平可能并不一致。

第二，从变量系数的符号异同分析，四大区域回归结果中，系数符号都相同的变量包括上期制造业集聚水平、自然资源禀赋、资本资源禀赋、人力资源禀赋、市场潜能、金融业发展水平、对外开放程度以及市场化水平。系数符号存在差异的变量包括农业资源禀赋、交通条件差异、平均规模经济水平、工资水平、专利申请量等因素。

第三，以东北地区的模型作为基准进行比较，可以发现如下结论：

(1) 东北地区的农业资源禀赋对制造业集聚水平的影响为负，而东部地区的农业资源禀赋则对制造业的集聚产生了一定的积极效应，这可能是因为对于东北地区来讲，农业和制造业的发展之间存在一定的替补关系，当制造业发展形势较好时，劳动力就从农业流入到制造业，从而制造业扩张，农业收缩；而当制造业发展形势萎靡，下岗工人增多时，这些劳动力就又从制造业领域流回农业生产领域，从而制造业收缩，农业扩张。从第三章图3-37~图3-39东北三省三次产业就业人口及比例能直观看出，尤其是黑龙江省，农业人口与制造业人口的反向关系非常明显。与此同时，东北地区的自然资源限制了制造业集聚水平的提升，这和中西部地区以及全国层面的估计结果一致，证明东北地区可能存在资源陷阱。

（2）东北地区交通条件的改善不仅没有导致制造业集聚程度的提升，相反导致制造业集聚程度的下降，这与中西部地区是截然相反的，这可能是因为交通条件的改善降低了制造业企业往外迁移的成本导致东北地区大量的企业流失。

（3）东北地区的平均规模经济水平变量对制造业集聚的影响是负的，这与东部和中部的情况也是截然相反的，与西部地区则一样，从单个企业规模上分析，东北三省的企业规模比江苏、浙江、广东、山东、福建工业大省的个体规模还大，2015 年东北三省规模以上企业平均规模分别为辽宁省 3. 135 亿元/家、吉林省 3. 167 亿元/家、黑龙江省 3. 702 亿元/家，而上述这几个工业大省的规模以上企业平均规模分别是 2. 208 亿元/家、1. 618 亿元/家、2. 266 亿元/家、2. 443 亿元/家、1. 720 亿元/家，因此很容易发现东北地区的制造业企业应该不存在平均规模经济水平不足的问题。实际上，本书认为平均规模经济水平变量之所以没有促进东北与西部地区的制造业集聚，其根本原因可能在于这两个地区的企业结构以国有企业为主，2015 年辽宁省国有控股工业企业总资产为 18658 亿元，规模以上企业总资产为 38537 亿元，国有控股企业资产占总资产比例为 48. 4%，而同年江苏省国有控股工业企业总资产为 18753 万亿元，规模以上企业总资产为 107061 亿元，国有控股企业资产占总资产比例仅为 17. 5%，换言之，江苏省的国企比重只有辽宁省的 1/3 左右，我们还测算了其他几个省份的比重，经过对比，按照比重大小顺序为黑龙江省（61. 4%）、吉林省（50. 1%）、辽宁省（48. 4%）、山东省（28. 0%）、福建省（24. 9%）、广东省（22. 2%）、江苏省（17. 5）、浙江省（15. 9%）。换言之，大量的国企提高了规模以上企业的平均规模，而过多的国企可能又压制了民营经济的发展空间从而最终导致制造业集聚与发展水平不高。

（4）对外开放变量对东中部地区与东北三地制造业集聚水平的影响都是相同的，说明对外开放对制造业的发展与集聚确实存在比较显著的正面作用。值得注意的是，该变量的系数呈现东部大于中部大于东北的现象，这也表明东北地区可能还需要加大外向型经济发展模式的培育力度。

（5）专利申请、工资水平差异、市场化因素对东北地区制造业集聚水平的作用并不显著。实际上，这三者在某种意义上都反映了市场因素的作用，专利申请反映企业在市场上的技术竞争强度，而工资与市场化指数无疑更是市场经济的直接反映。从其他地区的回归结果分析，这三个指标对地区制造业集聚水平都有明显的正向作用，因此，东北地区在未来的发展过程中应该考虑如何更好地发挥出市场机制的作用。

三、分区间的地理加权回归（GWR）估计结果

通过对全国层面以及分地区层面制造业集聚影响因素进行回归分析，我们初步得到有关东北地区制造业结构变化的主要影响因素及其特征。然而在前文的研究中存在一个不足，即没有考虑到不同区间的时间背景影响。换言之，由于 1997 ~ 2015 年我国经历多次重大事件，比如加入世贸组织、受到全球金融危机等变量的冲击，这些冲击可能会使得我们的研究对象在空间分布与时间序列上都呈现不稳定的特征，因此为了全面比较研究制造业集聚因素的变化，我们以 2001 年加入世贸组织、2008 年发生全球金融危机为时间节点，将样本区间分为 1997 ~ 2001 年、2002 ~ 2008 年、2009 ~ 2015 年三个区间进行回归分析。考虑到数据的空间不稳定性，本书将采取局部分析技术来进行估计。地理加权回归空间变系数回归模型（GWR）是解决此类问题的一种有效途径，GWR 模型是从全域回归模型扩展而来，在全域回归模型中，我们通常假定有 $i=1, 2, \cdots, m$ 和 $j=1, 2, \cdots, n$ 的系列解释变量观测值 $\{x_{ij}\}$ 及系列被解释变量 $\{y_j\}$，经典的全域线性回归模型如式（6 -7）所示：

$$y_i = \beta_0 + \sum_{j=1}^{n} x_{ij}\beta_j + \varepsilon_i \qquad i = 1, 2, \cdots, m \tag{6-7}$$

其中，ε 是整个回归模型的随机误差项，满足球形扰动假设，回归系数 β 被假定是一个常数。模型参数 β_j 的估计一般采用普通最小二乘法（OLS），GWR 的回归需要确定空间权重函数，在实际测算过程中，主要包括以下三种权重函数：

（1）高斯距离权重（Gauss Distance）。

$$W_{ij} = \phi(d_{ij}/\sigma\theta) \tag{6-8}$$

（2）指数距离权重（Exponential Disatance）。

$$W_{ij} = \sqrt{\exp(-d_{ij}/q)} \tag{6-9}$$

（3）三次方距离权重（Tricube Distance）。

$$W_{ij} = [1-(\theta/d_{ij})^3]^3 \tag{6-10}$$

在式（6 -8）至式（6 - 10）中，d_{ij} 为两个区域之间的地理距离，ϕ 为标准正态分布密度函数，q 为观测值 i 到第 q 个最近邻居间的距离，σ 为距离向量 d_{ij} 的标准差，θ 为窗宽（Bandwidth）。

在展开 GWR 回归前，我们根据普通 OLS 回归结果与逐步回归方法剔除部分

不显著变量，在此基础上分别对 1997 ~ 2001 年、2002 ~ 2008 年、2009 ~ 2015 年的模型进行回归，估计结果如表 6 - 18 至表 6 - 20 所示。

根据表 6 - 18 发现：第一，农业资本与工资差距变量在所有省份都不显著，资本要素变量在山西、内蒙古、东北三省、甘肃、青海、宁夏等 13 个省（区）不显著。除此之外，其他 5 个变量都是至少通过了 10% 的显著性水平检验。第二，从变量的符号分析，资本资源变量、自然资源变量、市场潜能变量、交通条件变量对制造业集聚水平是正向影响，而市场化变量对制造业集聚水平的影响则是负向的。第三，从变量系数的大小分析，资本要素与市场潜能变量对制造业集聚的影响最大，交通变量与自然资源变量的作用相对较小。第四，从东北地区变量系数分析，市场潜能变量作用程度较大，自然资源和市场化程度变量作用程度其次（后者为负），交通变量作用程度相对较小，其他变量影响不显著。

表 6 - 18　1997 ~ 2001 年 GWR 估计结果

地区	$\ln AG_{it}$	$\ln NG_{it}$	$\ln CG_{it}$	$\ln MP_{it}$	$\ln RD_{it}$	$\ln WL_{it-1}$	$\ln MD_{it}$
北京	0.00531 (0.8862)	0.02562 (3.9883)	1.15314 (7.7255)	0.30530 (2.9882)	0.01592 (2.3187)	0.00892 (1.2368)	-0.03452 (-4.3842)
天津	0.00283 (0.8196)	0.01998 (3.4209)	1.29625 (7.3119)	0.30998 (2.4009)	0.01261 (2.0895)	0.00672 (1.0591)	-0.02697 (-4.6126)
河北	0.01274 (0.8384)	0.01337 (3.3694)	1.20724 (7.6204)	0.30222 (2.2394)	0.00873 (2.0595)	0.01139 (1.0431)	-0.01805 (-4.5486)
山西	0.01109 (0.7322)	0.01209 (3.2676)	1.21049 (1.1373)	0.20009 (2.0323)	0.08029 (1.9967)	0.00343 (1.0142)	-0.01632 (-4.4112)
内蒙古	0.01472 (0.8212)	0.01544 (3.0013)	1.20544 (1.1117)	0.20544 (2.0102)	0.00577 (2.1442)	0.00478 (0.9294)	-0.02084 (-4.0517)
辽宁	0.06605 (0.8131)	0.04980 (3.9011)	1.21982 (1.2388)	0.27980 (2.9203)	0.00953 (2.2681)	0.01541 (1.2071)	-0.06723 (-5.2664)
吉林	0.02152 (0.8514)	0.04177 (3.0902)	1.17225 (1.1456)	0.24122 (2.0920)	0.00428 (1.9928)	0.01293 (0.9568)	-0.05639 (-4.1717)
黑龙江	0.03952 (0.8446)	0.04553 (3.1154)	1.17527 (1.0344)	0.20152 (2.1055)	0.026471 (1.9179)	0.01416 (0.9245)	-0.06147 (-4.2057)
上海	0.00912 (0.8045)	0.00923 (3.9984)	1.22227 (7.1856)	0.31932 (2.8234)	0.00566 (2.4651)	0.00286 (1.2375)	-0.01246 (-5.3978)
江苏	0.00126 (0.8357)	0.00208 (3.5658)	1.20097 (7.5347)	0.42042 (2.1374)	0.00121 (2.0731)	0.00644 (1.1033)	-0.00281 (-4.8138)
浙江	0.01789 (0.8515)	0.01887 (3.0929)	1.72743 (7.1515)	0.36155 (2.0505)	0.01091 (1.9898)	0.00522 (0.9575)	-0.02547 (-4.1754)
安徽	0.01151 (0.7451)	0.01092 (3.7761)	1.20523 (7.4631)	0.25114 (2.2230)	0.00634 (2.1957)	0.00381 (1.1691)	-0.01474 (-5.0977)

续表

地区	$\ln AG_{it}$	$\ln NG_{it}$	$\ln CG_{it}$	$\ln MP_{it}$	$\ln RD_{it}$	$\ln WL_{it-1}$	$\ln MD_{it}$
福建	0.01077 (0.7661)	0.02387 (3.8872)	1.20277 (7.2251)	0.41734 (2.3520)	0.01078 (2.1622)	0.00739 (1.2067)	-0.03222 (-5.2477)
江西	0.01524 (0.8874)	0.01554 (3.7784)	1.17445 (7.3390)	0.31212 (2.4546)	0.01131 (2.1964)	0.00592 (1.1697)	-0.02395 (-5.1008)
山东	0.00440 (0.8751)	0.03443 (3.0091)	1.33045 (7.3354)	0.30540 (2.2050)	0.01707 (1.9594)	0.01059 (1.0316)	-0.04648 (-4.0622)
河南	0.01057 (0.7805)	0.02098 (3.7763)	1.12574 (7.7731)	0.28052 (2.3440)	0.01198 (2.1923)	0.00692 (1.1293)	-0.02832 (-5.0980)
湖北	0.01107 (0.8014)	0.03007 (3.1001)	1.17225 (7.4482)	0.23007 (2.2321)	0.01748 (1.9024)	0.00931 (1.0583)	-0.04059 (-4.1851)
湖南	0.00723 (0.7253)	0.00787 (3.4456)	1.10223 (7.3563)	0.22562 (2.4209)	0.00457 (2.0036)	0.00243 (1.0669)	-0.01062 (-4.6515)
广东	0.03110 (0.8050)	0.01123 (3.3093)	1.20983 (7.1527)	0.22335 (2.3934)	0.00659 (1.9242)	0.00347 (1.0241)	-0.01516 (-4.4675)
广西	0.00717 (0.7734)	0.00827 (3.7764)	1.07245 (1.2234)	0.21227 (2.1752)	0.00408 (2.1581)	0.00256 (1.1691)	-0.01116 (-5.0981)
海南	0.00522 (0.8547)	0.00910 (3.2988)	1.12633 (1.1026)	0.19105 (2.1585)	0.005291 1.917907	0.00282 (1.0213)	-0.01229 (-4.4533)
重庆	0.00057 (0.8247)	0.02098 (3.3345)	1.11544 (7.2145)	0.20281 (2.2316)	0.012198 1.938663	0.00649 (1.0323)	-0.02832 (-4.5015)
四川	0.01446 (0.8226)	0.02114 (3.4547)	1.34554 (7.4551)	0.21916 (2.4547)	0.012191 (2.0047)	0.006545 (1.0696)	-0.02854 (-4.6638)
贵州	0.04092 (0.7988)	0.07011 (3.8872)	1.42331 (1.1225)	0.17125 (2.1854)	0.04062 (2.2622)	0.02171 (1.1037)	-0.09465 (-5.2477)
云南	0.01170 (0.8424)	0.02188 (3.0822)	1.10232 (1.5218)	0.21102 (2.2144)	0.01221 (1.9798)	0.00675 (0.9541)	-0.02954 (-4.1609)
陕西	0.01324 (0.8335)	0.01764 (3.5664)	1.17423 (7.1334)	0.19096 (2.5425)	0.01025 (2.0738)	0.00546 (1.1041)	-0.02381 (-4.8146)
甘肃	0.00533 (0.7044)	0.01556 (3.1173)	1.04022 (1.0035)	0.19561 (2.0082)	0.00907 (2.0124)	0.00482 (0.9658)	-0.02101 (-4.2083)
青海	0.01127 (0.8050)	0.01018 (3.3090)	1.03364 (1.1205)	0.16223 (2.0944)	0.00519 (1.9237)	0.00315 (1.0244)	-0.01374 (-4.4671)
宁夏	0.02171 (0.8275)	0.00782 (3.1782)	1.08928 (1.2124)	0.15724 (2.1246)	0.00457 (1.9221)	0.00242 (0.9833)	-0.01056 (-4.2905)
新疆	0.01309 (0.8379)	0.01663 (3.4664)	1.03345 (1.2352)	0.16445 (2.6142)	0.00967 (2.0159)	0.00513 (1.0739)	-0.02245 (-4.6796)

根据表 6－19 可以发现：第一，交通条件变量与市场化变量在所有省份都不显著，金融业发展水平变量在北京、辽宁、长三角以及广东等通过显著性水平检验，平均规模经济水平变量在天津、东北三省以及重庆通过了显著性水平检验，其他变量都至少在 10% 的显著性水平上通过了检验。第二，从变量系数的符号

来说，资本资源变量、人力资本变量、市场潜能变量与开放程度变量对制造业集聚都呈现正向影响。第三，从变量系数大小分析，开放程度变量对制造业集聚的作用最大，资本要素变量和市场潜能变量的作用程度次之，人力资本变量的作用程度最小。第四，从东北地区变量分析，资本要素变量以及市场潜能变量、开放程度变量作用程度较大，人力资本变量和平均规模经济变量作用程度次之，金融业发展水平变量只在辽宁省有较小的作用程度，其他两省不显著。

表 6-19 2002~2008 年 GWR 估计结果

地区	$\ln CG_{it}$	$\ln HG_{it}$	$\ln MP_{it}$	$\ln RD_{it}$	$\ln FL_{it}$	$\ln SE_{it}$	$\ln OD_{it}$	$\ln MD_{it}$
北京	0.62959 (4.8979)	0.03997 (5.2218)	0.51495 (3.4484)	0.11786 (1.1535)	0.01894 (2.7592)	0.05542 (0.6926)	1.18324 (8.0411)	-0.01044 (-1.4406)
天津	0.34874 (4.4682)	0.03119 (5.3364)	0.57283 (3.2641)	0.11983 (0.9268)	0.015006 (0.4865)	0.04178 (3.5872)	1.34545 (7.5039)	-0.00786 (-1.2315)
河北	1.53533 (4.5928)	0.02087 (5.2564)	0.51846 (3.4064)	0.11667 (0.8643)	0.01038 (0.4508)	0.07086 (0.4882)	1.29356 (7.8557)	-0.01333 (-1.2243)
山西	1.33791 (3.9049)	0.01886 (5.0976)	0.54097 (3.1895)	0.07725 (0.7842)	0.09554 (0.3760)	0.02135 (0.3084)	1.25722 (7.3204)	-0.00401 (-2.1861)
内蒙古	1.77024 (4.4554)	0.024086 (5.6828)	0.50843 (3.1766)	0.07932 (0.7769)	0.00686 (0.5518)	0.02972 (0.7808)	1.24491 (7.3689)	-0.00559 (-1.0274)
辽宁	1.95723 (4.4395)	0.07768 (5.0856)	0.54563 (3.2607)	0.10801 (1.1279)	0.011341 (2.6939)	0.09565 (3.5082)	1.26385 (7.4329)	-0.01803 (-1.4131)
吉林	2.52084 (4.6013)	0.06161 (5.8202)	0.56244 (3.1292)	0.09315 (0.8072)	0.00593 (1.4732)	0.08045 (3.9516)	1.21116 (7.0608)	-0.01513 (-2.3146)
黑龙江	2.76084 (4.6037)	0.07027 (5.6024)	0.57341 (3.1407)	0.07297 (0.8124)	0.0315 (1.2231)	0.08805 (3.7509)	1.21744 (7.2829)	-0.01657 (-1.0867)
上海	1.09814 (4.3845)	0.01399 (5.2504)	0.54563 (3.2078)	0.12329 (1.0906)	0.00675 (2.9339)	0.01779 (0.6995)	1.26523 (7.4429)	-0.00335 (-1.4488)
江苏	0.15177 (4.5545)	0.00245 (5.5648)	0.50147 (3.3637)	0.16234 (0.8251)	0.00144 (2.2669)	0.04007 (0.8626)	1.24362 (7.8096)	-0.00753 (-1.2986)
浙江	2.15481 (4.6405)	0.02937 (5.2924)	0.77174 (3.1934)	0.13955 (0.7919)	0.01293 (2.7672)	0.03248 (0.9555)	1.78924 (7.4011)	-0.00611 (-1.1228)
安徽	1.38618 (4.0605)	0.01735 (5.0716)	0.58049 (3.3341)	0.09695 (0.8581)	0.00755 (0.6123)	0.02368 (0.2712)	1.24874 (7.7239)	-0.00446 (-1.3685)
福建	1.29727 (4.1755)	0.03237 (5.2032)	0.53951 (3.2491)	0.16115 (0.9088)	0.012878 (1.1738)	0.04596 (0.5054)	1.24526 (7.4839)	-0.00865 (-1.4184)
江西	1.83568 (4.8363)	0.02442 (5.8904)	0.52308 (3.2339)	0.12001 (0.9472)	0.01349 (1.6136)	0.03682 (0.2754)	1.21695 (7.6007)	-0.00693 (-1.3655)
山东	0.52998 (4.7695)	0.05311 (4.6996)	0.59951 (3.2732)	0.11795 (0.8511)	0.02033 (1.3316)	0.06587 (0.4162)	1.37766 (7.5979)	-0.01239 (-1.2097)
河南	1.27317 (4.2535)	0.03229 (5.8928)	0.50563 (3.4134)	0.10839 (0.9059)	0.01426 (1.2087)	0.04302 (0.2406)	1.16545 (8.0511)	-0.0081 (-1.3228)

续表

地区	$\ln CG_{it}$	$\ln HG_{it}$	$\ln MP_{it}$	$\ln RD_{it}$	$\ln FL_{it}$	$\ln SE_{it}$	$\ln OD_{it}$	$\ln MD_{it}$
湖北	1.33312 (4.3673)	0.04609 (4.8356)	0.523326 (3.3089)	0.08883 (0.8615)	0.02081 (1.2636)	0.05798 (0.5826)	1.21416 (7.7107)	-0.01089 (-1.2321)
湖南	0.87084 (3.9525)	0.01277 (5.3736)	0.49207 (3.2063)	0.08712 (0.9341)	0.00548 (1.3844)	0.01515 (0.6368)	1.14195 (7.6125)	-0.00284 (-1.2427)
广东	3.74595 (4.3875)	0.01729 (5.1608)	0.54013 (3.1937)	0.08626 (0.9243)	0.00782 (2.2898)	0.02153 (0.3692)	1.25338 (7.4054)	-0.00406 (-1.1882)
广西	0.86367 (4.2153)	0.01291 (5.8914)	0.47872 (3.2242)	0.08198 (0.8396)	0.00485 (1.5689)	0.01593 (0.2712)	1.11052 (7.4879)	-0.003 (-1.3685)
海南	0.62879 (4.6585)	0.01416 (5.1468)	0.50286 (3.1708)	0.07374 (0.8338)	0.00626 (1.2829)	0.01794 (0.3526)	1.16656 (7.3564)	-0.0033 (-1.1992)
重庆	0.06867 (4.4945)	0.03279 (5.2012)	0.49794 (3.2209)	0.07835 (0.8612)	0.01456 (1.3079)	0.04038 (3.4206)	1.15577 (7.4761)	-0.00759 (-1.2079)
四川	1.74127 (4.4837)	0.03298 (5.3892)	0.60068 (3.3281)	0.08468 (0.9471)	0.01457 (1.3853)	0.04071 (0.6522)	1.39395 (7.7254)	-0.00766 (-1.2543)
贵州	4.92814 (4.3536)	0.10922 (5.1642)	0.53139 (3.1688)	0.06682 (0.8434)	0.04838 (1.6928)	0.13506 (0.8654)	7.68828 (7.3775)	-0.0254 (-1.2933)
云南	1.40925 (4.5918)	0.03413 (5.8082)	0.49107 (3.3946)	0.08145 (0.8548)	0.01453 (1.3552)	0.04195 (0.9342)	1.14989 (7.7936)	-0.0079 (-1.1163)
陕西	1.59478 (4.5425)	0.02518 (5.5584)	0.52421 (3.1554)	0.07373 (0.9816)	0.01218 (1.4672)	0.03391 (0.8602)	1.21667 (7.3864)	-0.00639 (-1.2018)
甘肃	0.64192 (3.8388)	0.02274 (4.8988)	0.46384 (3.1563)	0.07552 (0.7753)	0.01073 (1.3946)	0.02998 (0.0076)	1.07771 (7.2525)	-0.00564 (-1.1299)
青海	1.35747 (4.3872)	0.01881 (5.1204)	0.46446 (3.1795)	0.06263 (0.8086)	0.00616 (1.2893)	0.01993 (0.3768)	1.07056 (7.3744)	-0.00369 (-1.1955)
宁夏	2.61497 (4.5098)	0.01199 (4.9992)	0.42286 (3.2821)	0.06071 (0.8203)	0.00548 (1.2879)	0.01552 (0.1126)	1.12813 (7.4696)	-0.00283 (-1.1546)
新疆	1.57669 (4.5665)	0.02543 (5.4084)	0.41362 (3.3423)	0.06349 (1.0093)	0.01157 (1.3981)	0.03909 (0.6758)	1.07039 (7.4936)	-0.006 (-1.2546)

根据表6-20可以发现：第一，从变量的显著性结果分析，资本要素变量除在山西省、黑龙江省、甘肃省以及宁夏回族自治区没有通过显著性检验外，在其他省份都通过了显著性水平检验，金融业发展水平除在北京市、辽宁省、上海市、浙江省和福建省通过显著性水平检验外，在其他省份都没有通过显著性水平检验，平均规模经济水平变量在天津、江苏、山东、湖北、河南、重庆、贵州、新疆通过显著性水平检验。专利批准量在北京、天津、辽宁、吉林、长三角、福建、广东以及重庆等通过显著性水平检验，市场化变量在天津、河北、吉林、江苏、安徽、河南、湖北、湖南、重庆、四川、贵州、陕西通过显著性水平检验。除此之外，开放程度变量与市场潜能变量在所有省份都通过显著性水平检验。第

二，从变量系数的符号来说，除部分省份的金融业发展水平变量对制造业集聚产生负面作用外，其他变量对制造业集聚水平具备正向作用。第三，从变量系数大小分析，开放程度变量、市场潜能变量以及资本要素变量对制造业集聚的作用程度是比较大的，而平均规模经济水平、市场化程度和专利化批准量的作用程度相对较小。第四，从东北地区变量系数分析，对外开放变量、资本变量、市场潜能变量作用程度较大，而市场化程度变量、专利批准量作用较小且并不显著，三省的规模经济变量都不显著。

表 6－20　2009～2015 年 GWR 估计结果

地区	$\ln CG_{it}$	$\ln MP_{it}$	$\ln OD_{it}$	$\ln FL_{it}$	$\ln SE_{it}$	$\ln PD_{it}$	$\ln MD_{it}$
北京	0.01347 (2.2734)	0.03221 (5.0258)	1.07701 (7.2093)	－0.13572 (－3.4192)	0.02133 (1.1058)	0.02139 (2.9552)	0.00752 (1.5528)
天津	0.00773 (2.1072)	0.02515 (4.3104)	1.21449 (6.8551)	－0.3668 (－0.8105)	0.01697 (1.9993)	0.01601 (2.5319)	0.00563 (3.8657)
河北	0.03242 (2.1588)	0.01686 (4.2454)	1.12262 (7.1869)	－0.3536 (－0.6201)	0.01198 (1.1573)	0.02722 (1.4939)	0.00926 (3.2449)
山西	0.02801 (1.0854)	0.01523 (4.1176)	1.13199 (6.6774)	－0.23411 (－0.3779)	0.10789 (1.6778)	0.00818 (1.4238)	0.00289 (0.8253)
内蒙古	0.0383 (2.1184)	0.01944 (3.7818)	1.12679 (6.6449)	－0.24036 (－0.3593)	0.00732 (1.3728)	0.01144 (1.2216)	0.00386 (0.7561)
辽宁	0.16949 (2.0867)	0.06278 (4.9156)	1.10019 (6.7234)	－0.32737 (－2.4175)	0.00177 (1.0354)	0.03693 (2.4849)	0.01228 (0.9882)
吉林	0.05506 (2.1898)	0.05273 (3.8932)	1.09561 (6.6131)	－0.28223 (－0.4464)	0.00535 (1.2352)	0.03093 (2.2862)	0.01012 (3.7786)
黑龙江	0.10166 (1.1722)	0.05738 (3.9254)	1.09383 (6.5206)	－0.23578 (－0.4634)	0.00471 (1.0986)	0.03382 (1.2095)	0.01112 (0.7526)
上海	0.02338 (2.0665)	0.01123 (5.0374)	1.14308 (6.7514)	－0.3736 (－2.3038)	0.00584 (1.3234)	0.00685 (2.9575)	0.00225 (1.0098)
江苏	0.00338 (2.1449)	0.00261 (4.4928)	1.12402 (7.0776)	－0.49189 (－0.5076)	0.00162 (2.7954)	0.01532 (2.6367)	0.00536 (2.8992)
浙江	0.04577 (2.1855)	0.02376 (3.8974)	1.61421 (6.6645)	－0.42301 (－2.3909)	0.01619 (0.6332)	0.01246 (2.2805)	0.00444 (0.7755)
安徽	0.02981 (1.9107)	0.01379 (4.7576)	1.12383 (6.9486)	－0.29383 (－0.6091)	0.00849 (0.9238)	0.00916 (2.7949)	0.00398 (2.9588)
福建	0.02779 (1.9677)	0.03006 (4.8972)	1.12084 (6.0243)	－0.48829 (－2.7184)	0.01445 (0.8348)	0.01762 (1.9843)	0.00608 (0.9857)
江西	0.03967 (2.2818)	0.01928 (4.7604)	1.09617 (6.8879)	－0.36518 (－0.8718)	0.01154 (0.9176)	0.01419 (1.1953)	0.00413 (0.9576)
山东	0.01108 (2.2407)	0.04332 (3.7916)	1.24411 (6.8514)	－0.35732 (－0.5795)	0.02274 (2.6596)	0.02581 (1.4654)	0.00761 (0.8399)

续表

地区	$\ln CG_{it}$	$\ln MP_{it}$	$\ln OD_{it}$	$\ln FL_{it}$	$\ln SE_{it}$	$\ln PD_{it}$	$\ln MD_{it}$
河南	0.02765 (2.0085)	0.02645 (4.7588)	1.05093 (7.2579)	-0.32821 (-0.7428)	0.01653 (2.9382)	0.01659 (1.6997)	0.00526 (2.9013)
湖北	0.02245 (2.0598)	0.03788 (3.9066)	1.09561 (6.9935)	-0.26918 (-0.6156)	0.02323 (2.5416)	0.02221 (1.5297)	0.00769 (2.8607)
湖南	0.01881 (1.8621)	0.00996 (4.3416)	1.09121 (6.8047)	-0.26398 (-0.8245)	0.00624 (1.6824)	0.00588 (1.5491)	0.00176 (2.8698)
广东	0.07927 (2.0285)	0.01435 (4.1698)	1.13682 (6.6766)	-0.26132 (-0.0028)	0.00831 (0.5728)	0.00823 (2.4479)	0.00221 (0.8302)
广西	0.01827 (1.9838)	0.01062 (4.7584)	1.09229 (6.7841)	-0.24836 (-0.5498)	0.00567 (0.8954)	0.00618 (1.1949)	0.00281 (0.9588)
海南	0.01315 (2.1979)	0.01146 (4.1568)	1.05645 (6.6944)	-0.22353 (-0.5245)	0.00709 (0.5695)	0.00674 (1.4407)	0.00293 (0.8325)
重庆	0.00165 (2.1179)	0.02645 (4.2017)	1.04467 (6.7523)	-0.23729 (0.6197)	0.01645 (2.5908)	0.01551 (2.4605)	0.00576 (2.8368)
四川	0.03762 (2.1182)	0.02666 (4.3522)	1.25514 (6.9383)	-0.25642 (-0.8172)	0.01636 (1.6898)	0.01564 (1.5563)	0.00521 (2.8693)
贵州	0.10564 (2.0516)	0.08839 (4.8972)	0.93673 (6.6542)	-0.20036 (-0.5692)	0.05431 (2.0348)	0.05188 (1.2378)	0.010965 (2.8917)
云南	0.03069 (2.1648)	0.02759 (3.8832)	1.03206 (7.0972)	-0.24689 (-0.5085)	0.01661 (1.6532)	0.01613 (1.2802)	0.00588 (0.7791)
陕西	0.03407 (2.1425)	0.02226 (4.4934)	1.08726 (6.6729)	-0.22342 (-0.9473)	0.01335 (1.7792)	0.01304 (1.6387)	0.00439 (2.8942)
甘肃	0.01368 (1.0908)	0.01966 (3.9278)	1.10832 (6.5453)	-0.22886 (-0.3959)	0.01254 (1.6916)	0.01150 (1.3082)	0.00319 (0.7803)
青海	0.02894 (2.0685)	0.01287 (4.1694)	0.96019 (6.6673)	-0.18981 (-0.4045)	0.00655 (1.5758)	0.00752 (1.4483)	0.00261 (0.8346)
宁夏	0.05595 (1.1275)	0.00983 (4.0042)	1.01019 (6.7561)	-0.18397 (-0.4578)	0.00624 (1.5714)	0.00578 (1.3500)	0.00167 (0.7931)
新疆	0.03341 (2.1503)	0.02094 (4.3674)	0.96841 (6.7669)	-0.19241 (-0.0861)	0.01258 (2.7006)	0.01226 (1.5667)	0.00471 (0.8789)

第四节　小结

本章对东北地区产业结构变化的因素进行两个层次和四个维度的分析，根据研究结论，我们能够得到如下几点结论：

第一，影响东北地区产业结构变化的因素构成是复杂的，这种复杂性主要体现在三个方面，一是因素的种类较多，无论是针对东北地区自身的灰色关联因素分析，还是从全国视角研究东北地区产业结构变化，最终的研究结论都表明导致东北地区产业结构变化的因素数目较多。二是因素的影响程度在不同地区呈现不同类别，一方面东北三省产业结构变化的影响因素不相同，比如在针对东北地区的因素分析中，人口数量、GDP 增速、财政收入、居民收入、市场化程度对东北三省的产业结构变化影响程度不相同。另一方面在全国层面的分地区回归中，东北地区产业结构变化的影响因素与东部、中部、西部地区的影响因素也不完全相同，比如平均规模经济水平、自然资源、市场化程度等变量。三是因素的影响程度在不同时间区间内也呈现不同的变化，在全国视角下，我们按照不同时间区间对影响产业结构变化的因素进行研究，发现不同时间区间影响制造业结构变化的因素也不相同。这种复杂的因素影响结果充分证明东北地区产业结构和经济结构变化的复杂性，也启示我们振兴东北战略必须有系统的全局思维，单一强调某一因素可能难以实现东北振兴的效果。

第二，从因素的属性来看，我们认为影响东北地区产业结构变化的因素不仅包括直接影响东北地区经济产业结构变化的内部因素，比如市场化程度、自然资源禀赋、资本要素禀赋、平均规模经济水平等变量，也包括通过相对变化能够影响东北地区经济产业发展的外部因素，比如交通条件因素、工资差距因素、市场潜能因素、居民相对收入因素等。因此，东北地区发展所面临的困境不仅仅是因为自身内部的因素，同样受到外部因素的强烈影响。

第三，从影响因素的分布分析，影响东北地区产业结构比较显著的因素主要包括以下几类：

（1）内部的要素结构因素，整体层面与分地区层面的估计结果都能够证明东北地区的农业资源、自然资源、人力要素、资本要素等要素结构对东北地区的制造业结构产生重要影响。

（2）与外部的联系因素，估计结果证明交通条件、相对工资水平对东北地区的制造业集聚产生负面影响，这可能是因为交通条件的改善和自身工资的相对降低极大地削弱了东北地区制造业的吸引力和外迁的难度。

（3）对全国和其他地区发挥作用的变量，对外开放变量、市场潜能、专利申请、市场化因素对东部、中部、西部与东北地区产业结构影响具备相似的地方，比如对外开放对四大区域的制造业集聚确实存在比较显著的正面作用，但是东北地区制造业集聚受到对外开放因素的溢出效应相对更低，专利申请与市场化程度对其他三大区域的影响也存在相似之处，都能够在一定程度上提高制造业集聚程度，而东北地区则在这两个变量上表现并不显著。

（4）影响东北地区的特殊变量，平均规模经济水平对东北地区制造业集聚的影响整体来说是负的，与东部与中部地区截然不同，过高的国企比重可能导致了这一结果。

第七章　产业体系重构模式研究

根据前文的研究，我们发现东北地区的经济和产业体系衰退趋势明显，产业体系竞争力严重下降，产业结构问题突出，而这与东北地区自身和全国两方面因素有关，因此要想振兴东北地区经济，就要重新打造具有竞争力的产业体系，就必须以全局性思维在全国甚至全球的发展视角下进行产业体系重构。本章将通过国内外案例研究的方式探索如何进行产业体系重构，试图由此得到东北地区产业体系重构的启发。

第一节　产业体系重构的必要性

产业体系是城市和区域经济发展的主要内容，同时通过直接作用、间接作用和传导机制对区域的发展具有全方位的影响和塑造能力，产业体系问题决定区域的兴衰，是解决区域经济发展问题的核心和关键。经济衰退的地区必然都是产业体系衰退的地区，这类地区只有培育出具有竞争力的产业和发展合理的产业结构才能使区域经济重焕活力并再次振兴，而这需要进行产业体系重构。

产业体系重构是一个地区重新培育具有竞争力产业的一种方式，凡是能够提高地区产业竞争力的思路都可以归为重构。重构必须具有全局性思维，必须从竞争优势的战略性思维角度对一个区域的产业发展从全国甚至全球发展的角度进行审视、重新定位和发展才可能确立自己最具潜力和优势的产业体系发展路径。相比较而言，平时经常提及的产业升级或转型升级一般是指沿着原有产业发展路径发生的改良和演进，因此在本书的研究语境下，重构包括转型升级，同时又不局限于转型升级，而是范围更广。对于存在产业体系衰退的地区来讲，只是沿着既有产业发展路径进行技术升级等不能真正提升其产业体系竞争力，不能改变其发展的相对衰退趋势，只有通过思路更广的重构才能重塑产业体系竞争力，走向经济振兴。

对于产业体系存在严重衰退趋势的东北地区来说，要想振兴，就必须对其已经衰退的产业体系进行重构，从而培育出具有竞争力的产业，打造新的产业聚集高地，更新并优化东北地区产业结构，实现对经济增长的积极促进作用，降低城市破产风险。东北地区通过产业体系重构来重塑其产业体系竞争力是实现产业和经济振兴，摆脱长期以来的相对衰退发展趋势的思路和重要手段。换句话说，产业体系重构是实现东北振兴的核心、关键和必要条件，没有产业的振兴就不能实现东北振兴。

由于产业体系重构对于东北振兴具有关键性作用，因此必须对产业体系重构具有正确、深刻、现实而灵活的认识，才能找到适合东北地区实际的产业体系重构的有效思路。基于此，有必要对如何进行产业体系重构进行深入的理论和实际案例两个层面的研究，以下将对产业体系重构的具体思路展开研究。

第二节 产业体系重构的具体思路

对于东北地区这种产业体系竞争力严重下降的地区来说，重新培育具有竞争力的产业是产业体系重构的关键所在，而这涉及产业的选择、产业的引进或培育以及产业的发展方式等，即产业体系重构的模式问题。什么样的产业具有竞争力？是否传统产业一定不具有竞争力？如何培育具有竞争力的产业？这些都需要通过对产业重构的模式进行研究来加以分析识别。本书将通过对重构模式进行分类并配以案例研究的方式对此进行分析。通过研究产业重构模式，一是能让我们对产业的选择和发展方式等匹配适用条件有更深入的认识，尤其本书通过分类的方式进行界定将产业重构的框架思路更清晰化；二是通过案例分析的方式使理论研究更好地与现实相对应，同时案例本身的丰富性也使研究更具有开放性的启示意义，从而为东北地区的产业体系重构思路带来更多现实性的启发。

产业体系重构的模式并不是单一的，存在多种形式，本书主要依据被重构产业在产业体系中发生变化的形式和特征界定了三种重构模式——从无到有式、从左到右式和从下到上式。以下对这三种重构模式进行简要介绍：

从无到有式重构指一个地区原来没有某种产业或者该产业对整个产业体系的发展起不到关键作用，之后该地区通过发展路径的改变着重发展该种“新”产业，使其成为对地区发展发挥关键作用的主导或支柱性产业来增强区域产业竞争力，从而实现产业体系的重构。在这里需要注意的是，这种从无到有式的重构既可以通过外来引进某种产业的方式进行，也可以通过根据地区自身实际条件在当地从无到有式、从小到大式地培育。

从左到右式重构是指一个地区原来具备某种产业发展基础，同时选择对与该种产业邻近的相关产业着重发展以增强整个产业竞争力，从而实现产业体系重构，也可以理解为产业链的横向扩张。

从下到上式重构即一个地区选择继续坚持发展原来的某些产业，同时在发展过程中不断根据市场的变化及时更新升级技术、完善提高自身的产业链和价值链环节等，从而使原有产业实现转型升级，进一步增强产业竞争力，从而实现产业体系的重构，也可以理解为产业链的纵向升级。

从三种重构模式对产业体系的影响来看，从无到有式重构对产业结构的改变最大，对产业体系造成的影响最具有彻底性和颠覆性。从左到右式重构模式对产业结构也能产生较大影响，产业体系也发生较大改变。从下到上式重构模式对产业结构造成的影响最弱，对产业体系的影响主要是通过产业自身转型升级达到产业体系竞争力的提升。需要说明的是，现实中成功的区域产业体系重构经常存在这三种重构模式的综合运用，属于“多元复合式”，比如德国鲁尔地区通过原有产业的产业链拓展延伸和其他新兴产业的培育相结合实现产业结构的高级化和多元化，最终走出衰退，重新焕发活力。虽然实践中可能需要且存在不同的混合和组合，但是由于以上三种重构模式是基础，因此本书主要对这三种重构模式进行分析（见表7－1）。

表7－1　产业体系重构模式的三种类型

名称	分类	定义
产业体系重构模式	从无到有式	一个地区原来没有某种产业或者该产业对整个产业体系的发展不起关键作用，之后该地区通过发展路径的改变着重发展该种“新”产业，使其成为对地区发展发挥关键作用的主导或支柱性产业来增强区域产业竞争力，从而实现产业体系的重构
	从左到右式	一个地区原来具备某种产业发展基础，同时选择与该种产业邻近的相关产业着重发展以增强整个产业竞争力，从而实现产业体系重构，即产业链横向扩张
	从下到上式	一个地区选择继续坚持发展原来的某种产业，同时在发展过程中不断根据市场的变化及时更新升级技术、完善提高自身的产业链和价值链环节等，从而使原有产业实现转型升级，进一步增强产业竞争力，从而实现产业体系的重构及产业链的纵向升级

第三节　模式一：从无到有式

从无到有式重构模式的典型代表有：美国属地波多黎各发展石油化工产业的案例、德国盖尔森基兴发展为“千日之城”的案例以及日本九州发展为“硅岛”的案例，以下分别对这些案例进行研究。

一、波多黎各案例

1. 背景介绍

波多黎各岛是拉丁美洲西印度群岛中的美国属地，面积 8897 平方千米，人口 340.4 万（1984 年），全岛划分为 7 个州，首府圣胡安。16 世纪初西班牙在此建立殖民统治，这里长期为西班牙的军事基地，1898 年美西战争后归属美国，1952 年成为美国的一个“自由联邦”。“二战”之前，波多黎各的经济以农业为主，工业仅有制糖、酿酒等。“二战”以后，美国资本大量投入，建立大批中小型工厂，利用岛上廉价的劳动力和进口的原材料，发展原料加工出口工业，如纺织、服装、化妆品、电子零件装配、机械设备、金属制品等，但此时的波多黎各仍十分贫穷，与美国的高度发达形成鲜明的对比。

2. 重构过程

为摆脱贫穷，美国区域经济学家艾萨德依据外部环境变迁为波多黎各设计了石油化工的发展方向。从当时的内部条件来看，波多黎各不具备任何发展石油化工的禀赋与条件——原料方面并无石油，市场方面由于当地较为贫困不需要石化产品，因此也没有石化产品市场，石化产业方面的技术与人才更是缺乏。之所以设计发展石化产业，依据的主要是外部环境变迁而不是内部的短板（张可云，2017）。该设想得到政府的认可和大力实施，20 世纪 60 年代以来，借助于便利的海上交通，波多黎各从委内瑞拉输入石油，发展起石油化学工业，同时化学纤维、服装工业、电力、水泥等工业也得到了很大发展。凭借这一规划的实施，波多黎各彻底摆脱贫困落后面貌，工业成为波多黎各的支柱性产业，20 世纪 80 年代初，其制造业产值约占国内生产总值的 36.5%，成为西印度群岛中工业较发达的地区。

3. 案例启示

波多黎各案例得出，培育一个地区的新产业时不能局限传统的内部性思维，要从外部环境变迁的视角研判自身产业发展定位，有时即便一个地区不具有先天的资源或条件，只要能在大范围的发展环境变迁和区域发展战略中合理定位，也能通过人为条件的创造发展起某种产业并壮大，实现产业体系重构。

二、盖尔森基兴案例

1. 背景介绍

盖尔森基兴是德国北莱茵—威斯特法伦的一个城市，是鲁尔地区的一部分，位于鲁尔区的北部。鲁尔是德国最大的城市聚集区和煤炭、钢铁与电力生产中心，是世界知名的老工业基地。1840 年，在盖尔森基兴边界发现煤炭资源，19 世纪 50 年代，煤炭资源开始大规模开采，随后在 19 世纪 70 年代钢铁工业开始发展。在工业化快速发展时期，人口迅速增长，到 20 世纪 20 年代，盖尔森基兴的人口达到 34 万，成为当时欧洲主要的煤炭与钢铁城市，并有“千火之城”的美名。而鲁尔地区至 1925 年人口也超过 400 万，由一个农业为主的地区发展成为重工业化城市地区。

随着“二战”后石油产业的兴起和新的海外竞争者的出现，盖尔森基兴的煤炭、钢铁产业于 20 世纪五六十年代遇到巨大的压力。这些部门的生产量和就业量开始不断下降，失业率升高，并进一步导致人口大量流失，老龄化趋势高于全国平均水平。至 20 世纪 90 年代，高度依赖传统工业部门的盖尔森基兴已经陷入严重的危机之中，且其经济问题不仅包括煤炭和钢铁工业老化萎缩，电力与汽车工业等现代部门的就业也在下降。面对日趋衰退的形势，政府制定新的发展思路——“千日之城”（或称“千阳之城”，即发展太阳能），通过发展现代化产业创造新的企业、促进就业，并配合吸引投资与技术人才、改善区域形象等，成功实现产业体系重构和经济振兴。

2. 重构过程

首先是产业体系重构的思路确定，政府在该地区困难的发展趋势下重新制定新的有吸引力与有市场影响的发展思路，将城市发展重新定位为“太阳能城”（之前是煤电产业主导的“千火之城”，今后的主导产业是太阳能，即“千日之城”），该思路既继承了盖尔森基兴作为能源城市的发展历史，又体现出未来新能源的发展方向，同时为了该思路能够广为公众接受，该地区对此进行公开讨论并最终确定，这对推动变革达成共识具有十分重要的作用，而最后的发展被证明是成功的。

在重构措施方面，一个重要举措是创立盖尔森基兴科技园区。实践证明此园区极大地推动了该地区太阳能产业的发展。该园区于 1995 年建立在市中心一个已经倒闭的钢铁厂的原址上，园区的中心区占地面积 45 公顷，修建了 9000 平方米的技术中心用于办公与实验室空间。1996 年，在技术中心上面建立一个 210 千伏的光电厂，当时是全球最大的。作为新的城市地标建筑吸引了研究机构与企业租赁技术中心，科技园区活动的核心内容之一是太阳能技术研究、开发与市场营销。2003 年，园区内有 25 个公司与组织，其中 6 个从事太阳能技术开发。科技园区成立管理机构，为公司提供一系列专业配套服务，比如撰写与递交补贴或贷款申请等，园区同时与地方和州政府、大学、金融机构及私人部门建立密切的工作关系，有效发挥园区内企业与组织间合作关系的发动者、服务者与催化剂功能，成为开发太阳能产业集群的一个主要驱动力。自该园区建立以来，从事太阳能技术的规划安装、维护与市场营销的企业数量在盖尔森基兴地区不断增加，并出现太阳能服务部门。此外，园区也发挥着该地区太阳能事业发展的组织者和建议者的角色——为提高公众对太阳能技术发展潜力的认识，同时为专家之间的交流讨论提供平台，园区经常举办讲座、学术研讨会与专题研究会。定期向政府提供建议，在如何评价、修改与进一步制定建立具有国际意义的太阳能企业集群战略方面提出自己的观点。

此外，盖尔森基兴发展太阳能产业得到大量的政府资金支持。盖尔森基兴在太阳能产业发展中得到州政府的承诺和来自联邦与欧盟的支持。北莱茵—威斯特法伦州坚定保持并扩展自身作为主要能源区域的地位，在 2000 年前后政府资助 600 多所大学参与研究项目。对太阳能电站与热能利用、太阳能住房与建筑、新材料研究、可持续管理原材料与能源方面等大量支出研究资金。通过“能源效率与可再生能源资源规划”框架中的拨款与低息贷款，支持众多技术开发、示范与应用项目，加上大量相关项目投资，所有资金引发的总投资量达 40 亿马克（约 18 亿美元）。

太阳能城市战略成功还在于良好的合作环境。由于缺乏实施这一战略明确的制度安排，其发展进步主要取决于非正式行为人网络，这些行为人热情很高，愿意合作。而科技园区是一个公认的合作核心，在网络组织方面发挥重要作用。经过一段时期的发展，一些欧洲乃至全球著名的企业布局于盖尔森基兴市，大量创新项目与大规模项目提高了盖尔森基兴作为太阳能与其他可再生能源技术中心的地位，“千日之城”的重构目标早已实现。

三、日本九州案例

1. 案例背景

九州地区地处日本列岛的西南部，面积4.2万平方千米，20世纪20年代前后，九州地区已发展为以煤炭、钢铁、造船、化工为中心的重化工业基地，是日本四大工业区之一。20世纪50年代，日本产业政策随着国内经济由“恢复”转向“振兴”而发生改变，九州的钢铁工业不再是政策支持对象，煤炭工业也被认定为衰退产业。20世纪70年代以后，九州的造船、化肥、平炉炼钢、炼铝等支柱产业又被政府指定为“结构性萧条产业”，九州工业开始衰退。

日本政府在煤炭、钢铁等产业衰退之初即开始注重发展新兴替代产业，并对九州老工业基地进行改造，最终成功实现区域产业体系重构。九州地区产业体系的重构主要是通过培育以集成电路（IC，俗称“半导体芯片”）和汽车产业为主打的新兴产业，实现产业结构的多元化和高度化，是从无到有式重构的成功典型，以下以九州地区集成电路产业的发展为例进行研究。

2. 重构过程

首先，日本政府在九州地区煤炭和钢铁产业衰退的初期就开始培育扶植成长型替代产业，避免区域陷入彻底衰退再发展带来更大困难。其次，政府在产业选择方面有前瞻性——九州地区将集成电路产业作为重点培育的替代产业，一方面是因为在20世纪60年代它属于新兴技术和朝阳产业，具有重要发展潜力。当时的日本政府最早最充分地认识到这一产业发展的战略意义，对民用集成电路产业发展的重视程度远超世界其他发达国家（美国虽然是集成电路的诞生地，但其主要将集成电路用于军事领域）。另一方面九州地区具备发展集成电路产业的独特优势，集成电路产业的发展要求相对苛刻，需要大量富余的廉价劳动力、量丰质好的水资源、充足稳定的电力供应和发达的航空运输设施等，而九州地区当时的情况则能很好地满足这些条件。最后，九州地方政府出台许多有利于企业发展的优惠政策，如土地、贷款、税收、产业园区建设等，政府的政策支持也是该地区的集成电路产业得以迅速发展起来的重要原因。

从重构的具体过程来看，1965年，三菱电机公司在九州建造第一座半导体工厂，此后东芝、松下、索尼、日本电气（NEC）、富士通等日本大公司相继在此设厂，美国仙童公司和得克萨斯仪器公司也在此建立集成电路工厂。从半导体制造装置、硅晶片到引线框、精密化学品等集成电路零部件、原材料等半导体外围技术、关联技术企业，乃至集成电路设备制造企业等纷纷在九州岛扎根，形成了完整的生产配套体系，提升了九州岛作为半导体相关企业的产业集聚地的地位。1979 年，九州的集成电路产量已占全国的 38.9%，且该产业作为“产业的粮食”发展势头迅猛。1989 年，九州集成电路产量达到 1979 年的 8.4 倍。2000 年，九州地区集成电路产值已占到日本全国的 30%，世界的 10%。与此相对的是九州地区生产半导体的企业数不断增加，从 1990 年的 200 个发展到 2005 年的 650 个，其中 70% 是中小企业。各种从事半导体开发、设计、生产和销售的企事业单位在此集聚，九州成为日本的“硅岛”（杨振凯，2006）。半导体产业的繁荣发展还带动了国外相关 IT 产业的研究机构、开发基地不断进驻九州，加之日本国内的众多大企业也在此成立研究所，九州由此成为日本名副其实的高科技产业基地。

四、小结

通过以上三个案例的研究，我们可以发现从无到有式重构是颠覆性极强的一种产业重构模式，一个地区经过该种重构模式后产业体系会发生彻底的改变。同时，我们还能从从无到有式重构得到以下几点启示：

第一，地区产业重构不必局限于现有产业体系。日本九州的从无到有式产业重构模式说明一个地区的产业重构不一定非要局限于该地区的已有产业体系，而是可以充分利用不同产业发展对地区禀赋需求条件不同这一点来实现重构。这是因为，不同产业尤其是某些技术含量高、附加值高的产业对地区禀赋的要求与其他产业的要求可能并不一样，当前产业体系落后的地区并不意味着不能发展先进产业，因此一个地区完全可以通过准确选择符合自身禀赋的产业实现新兴主导产业的转换发展，成功实现产业体系重构。同时，波多黎各案例还说明即便一个地区本身不具备某些产业发展所要求的禀赋条件，只要能从外部得到合适的供给，区域自身也有发展新产业的可能。因此，当前产业发展缺乏竞争力的地区要敢于跳出原有产业发展思维定式和惯性，积极主动关注各种可能适合当地发展并具有竞争力的产业，一旦发现本地具有产业发展潜能和良好前景，就要尽早采取行动，创造条件，抓住机遇。

第二，重构需要充分挖掘区域自身优势。一个地区之所以产业体系竞争力衰退，一个重要原因可能就是没有能够充分利用好区域自身具备的某些产业发展的优势条件而使该产业发展壮大。在地方经济发展过程中，受限于地方政府发展思维和发展能力以及外部环境变化的约束，一个地区并不可能在一个时期内将自身所拥有的发展优势全部挖掘，而往往是依靠一种优势进行发展，而这种单一优势发展最终会形成对该地区产业结构的锁定效应而陷入资源诅咒陷阱，阻碍产业的转型升级，比如我国很多资源型地区都面临这样的问题。在这种情况下，地区应该充分认识到自身实际情况，对区域内部所拥有的禀赋特征及其所能支撑的产业情况有清醒的认识，积极关注产业技术革命发展趋势，尽早培育新兴主导产业，在遇到困境早期甚至尚未遇到困境时就应该及时采取措施去培育新的产业。日本九州的案例告诉我们，任何地区都应该要准确认识到自身发展禀赋的特征，要能够准确认识外部市场环境的变化和产业技术发展的规律，要能够不遗余力地推动新产业的发展。

第三，从无到有式重构需要政府引导和支持。从无到有式重构需要政府积极参与，政府需要在以下三个方面发挥重要作用。一是定位要“准”，从无到有式重构是重新培育新的产业，这就要求政府对自身禀赋、对外部发展环境、对产业发展规律具备深刻的认识，这对政府领导人的认识能力和决策机制提出巨大挑战。二是思路要“稳”，从无到有式重构是要重新发展一个产业，从产业的确定、产业和企业的引进、相关配套要素的引进、发展空间的重新规划等诸多工作都需要政府参与，这就要求政府在实施从无到有式重构过程中充分认识到这一工作的复杂性与逻辑性，制定出科学的重构产业发展规划。三是措施要“狠”，新产业的培育意味着对旧产业体系的冲击、发展利益和部门利益的重新分配、生产要素在地区内部的重新组合，而这一过程无疑会产生极大的阻力，在实施从无到有式重构过程中就要求政府具备应对这些挑战的决心，不能优柔寡断。

第四节　模式二：从左到右式

重庆是中国六大老工业基地之一，该市电子信息产业的发展案例是从左到右式重构的典型，以下对此进行研究。

一、背景介绍

重庆作为中华人民共和国早期的工业重镇，具备雄厚的工业研发与生产实力，也涌现出一大批包括中国嘉陵工业、重庆建设工业有限责任公司、长安工业集团等工业名企。在进入21世纪后，重庆的工业发展遇到瓶颈，包括嘉陵工业在内的诸多工业企业都面临极大的发展压力，2006年，嘉陵集团净利润甚至跌到 -2.58亿元，重庆面临极大的产业衰退压力。在这种背景下，重庆从2009年开始有意识地发展电子信息制造业，通过不断在电子信息产业领域进行全产业链式培育、集群化发展的方式，重庆目前已成为电脑、手机等中国智能终端产品制造领域最重要的出货地，也是全球最大的电子信息产业集群。继“九五”计划时期汽摩产业“一家独大”的工业体系之后，通过产业发展引导与培育，电子信息产业迅速成为重庆的重点支柱产业，并极大地带动其他金融、研发等现代生产性服务业的发展，成为全市最为强劲的经济发展引擎之一，重庆市GDP增速也因此连续多年位列全国第一，保持在10%以上（见图7-1）。

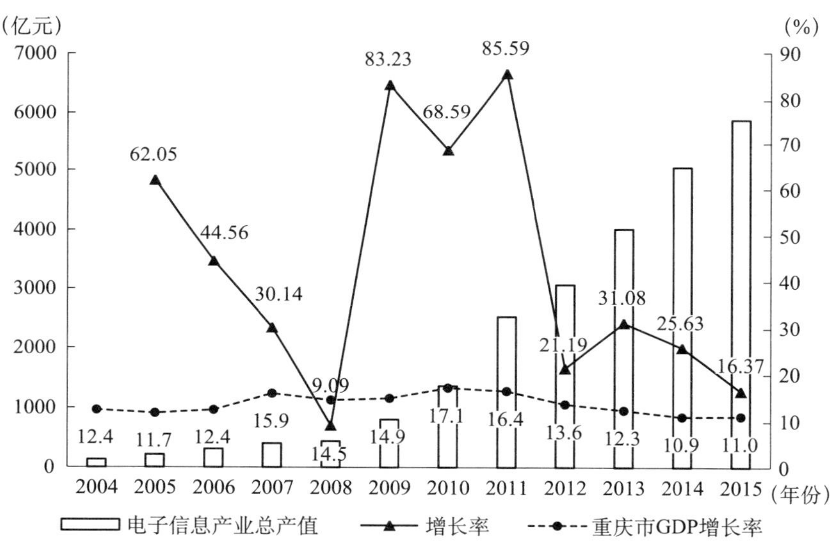

图7-1　2004~2015年重庆市电子信息产业总产值、增速及与GDP增速比较

二、重构过程

重庆市于“十五”计划时期将电子信息产业确立为先导产业，“十一五”规划时期又将该产业归为支柱型产业以推进发展。2005年成立的西永微电子产业园区，是西部首个通过国家发改委审核的微电子产业园区（王夏晶，2016）。之后，重庆一直牢牢抓住电子信息产业发展的机会，创造良好的投资环境，电子信息产业的规模不断提升。

虽然重庆市电子信息产业的发展已经具备一定的规模和基础，但是由于电子信息产业涵盖的行业门类非常广，因此也只是部分产业门类的发展，整体实力相对一般，像笔记本电脑产业方面的发展就几乎为零，而这主要受限于区位因素，与沿海地区相比，重庆发展两头在外的加工贸易交通成本太高。由于密切关注产业发展动态，摸索产业发展规律，重庆在市领导的创新性思路下开启全新的笔记本电脑产业发展征程。2009 年 8 月，重庆市政府提出“笔记本电脑（笔电）整机一体化发展”思路，经过艰苦的谈判和不懈的努力，重庆成功引进惠普、广达、英业达、仁宝、纬创、和硕六家世界最重要的电脑制造商，同时也进一步引进 260 多个电脑零部件的制造商、供应商，最终形成一个年产量过 5000 万台笔记本的产业集群。

通过这种方式，重庆成功打造了产业链上中下游一体化整合的“5（笔电品牌商）+6（整机代工企业）+800（配套企业）”的笔电产业群。通过这种垂直整合方式成功实现“重庆造”的笔电，每台笔电 80% 数量的零部件能够在重庆当地生产，且在当地的价值能高达 60%，而以前沿海地区两头在外的水平分工式加工贸易模式则只能实现价值环节的 15%。重庆不拘泥于沿海地区既有的产业发展模式，克服自身区位劣势，创新发展模式，最终实现更高的产业整体价值。图 7－2 为 2011～2016 年重庆市主要电子信息产品的产量。

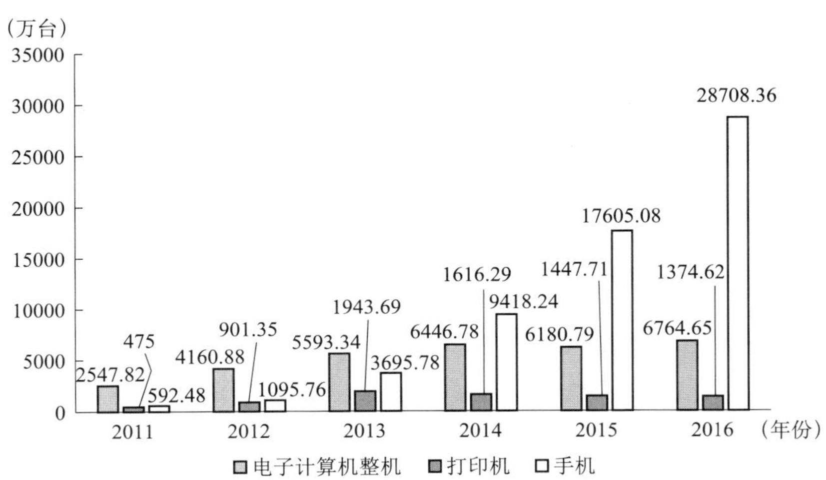

图 7－2　2011～2016 年重庆市主要电子信息产品产量

与此同时，重庆在笔电制造基地的基础上，加快“产学研”创新平台建设，通过“研发 + 制造 + 结算”的发展模式，实现重庆市电子信息产业内生增长，助推产业向价值链高端延伸，提升产业附加值。比如引入宏碁以及华硕、佳杰、贝宝结算中心和惠普研发中心，组建重庆市行业技术联盟等产学研联合创新平台等（李勤，2014）。

重庆的从左到右式重构不仅体现在原有工业基础上发展笔电整机组装，还体现在从笔记本电脑向液晶显示、集成电路等核心零部件、多种终端产品、服务外包和数据处理等领域的全方位开拓延伸，这也体现了重庆市政府 2010 年推出的“云端计划”发展思路——“云”即数据中心等数据处理服务，“端”即指网络终端产品，如笔记本电脑、平板电脑、打印机、手机等。“云计划”方面，重庆已经在建大规模数据中心，今后提供各式数据处理服务。“端计划”方面，电子产品向智能显示、智能手机、可穿戴设备等多终端体系拓展。其中重庆的手机产业集群产值已经超过 2000 亿元，出货量目前突破 2 亿台。重庆还正致力于打造中国内地的集成电路制造基地。截至 2016 年，重庆已具有近 6000 万台笔记本电脑生产能力，占全球总产量的比重将近 1/3，为重庆市最主要的出口产品，此外还有 2.9 万台手机（其中 1.2 万台智能手机）、3.3 万块集成电路的产量，以及其他大量打印机、显示器、平板电脑、服务器、路由器、交换机等通信终端设备（见图 7 – 3），重庆电子信息产业实现了从左到右式、从弱到强式的爆发式发展，并在继续发展壮大。

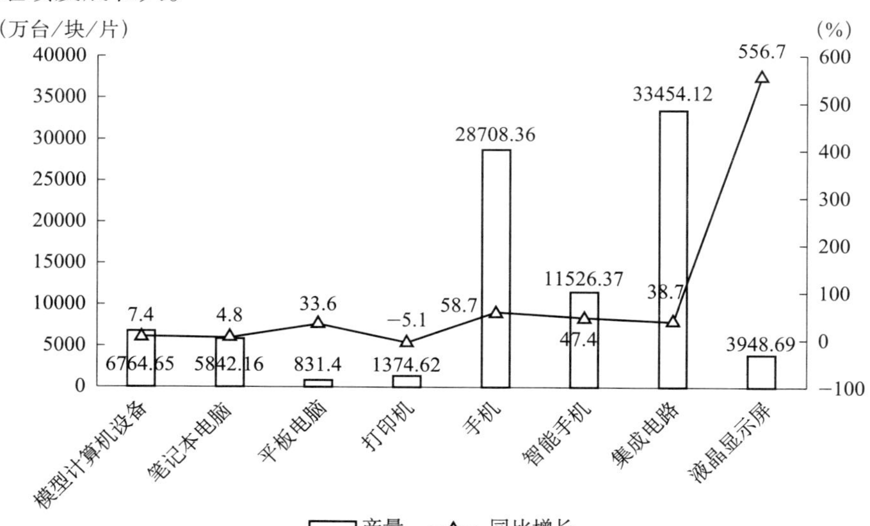

图 7 – 3　2016 年重庆市电子信息产业规模以上工业主要产品产量

三、案例启示

通过重庆案例的研究，我们可以从从左到右式重构得到以下几点启示：

第一，地区进行产业重构时，如果能充分利用现有产业基础则容易取得事半功倍之效。从左到右式重构的目的是培育与当前产业体系具有一定联系的产业，这样在引进和发展新产业的过程中，为原有产业提供服务的劳动力要素、基础设施要素，甚至是空间和交通规划都能够继续发挥作用，这种模式相比于从无到有式的重构难度相对较低，因此如果地区在重构自身产业体系时，选择的目标产业与当前产业具有一定联系，可能会事半功倍，当然这里面同样需要地区结合自身的禀赋优势和外部发展环境进行产业选择。

第二，从左到右式重构需要坚持引进外部企业和自主创新的结合。从左到右式重构与从无到有式重构最显著的一个区别在于前者对技术升级的需求更为迫切，而后者则由于处于产业起步阶段，对技术升级的需求相对较小。这就要求一个地区在采取从左到右式重构模式时，需要充分考虑如何引进先进的生产技术，从重庆的案例中可以发现，通过吸引外部具有较强研发生产实力的大企业进入是比较合理和可行的方法，一方面这些企业规模巨大，能够直接提高地区经济规模，另一方面这些企业具有先进的技术和管理能力，能为本地产业发展带来溢出效应，促进当地产业发展。同时，重庆的重构模式也启示我们，一个地区想要提高新产业的竞争力，还要在招商引资发展的基础上谋求本地产业的技术研发能力和价值链位置提升。因此，要把引进外资的时效性和自主创新的长期性结合起来，为地区发展所用。

第三，从左到右式重构需要政府不断升级配套基础设施。由于从左到右式重构在起步之初往往需要依靠外部企业进入，这就需要政府在土地、交通、公共产品和产业园区等方面提供相应的配套措施，提高对企业的吸引力。同时伴随新产业的发展，政府也需要随之提升相关的经营环境，比如在重庆案例中，内陆区位条件使以出口为主的笔电运输成本居高不下，长此以往必将影响产业竞争优势，为了降低运输成本，重庆市政府主动探索，通过和国家铁路等部门的多轮协商，于 2011 年开通“渝新欧”铁路，同时为简化物流运输程序，还通过中国国家口岸办批准连接“渝新欧”的重庆铁路口岸为一类口岸，并配备保税物流园区，极大地降低了产业发展成本。

第四，从左到右式重构同样对政府尤其是领导人的能力提出要求。从左到右式重构也需要进行新产业的选择，这种选取不仅需要基于地区的要素禀赋，更需要考虑产业之间的关联度，这是对地区政府的认识能力和决策机制做出的考验之一。除此之外，从左到右式重构还需要引进外部的大企业，而引进外部大企业在当前我国产业转移大量发生阶段是极为困难的事情，因为各地都在积极引进大企业，因此能否顺利引进这些大企业，对政府部门尤其是领导人的能力提出了巨大的考验。

第五节 模式三：从下到上式

泉州以传统工业的发展作为经济支柱的地区，其传统工业的转型升级是从下到上式重构模式的代表，本节将对泉州市进行案例研究。

一、背景介绍

泉州是福建省经济规模排名第一的城市，经济总量连续 18 年领跑全省。2016 年，泉州 GDP 为 6647 亿元，较福建省会福州 GDP（6198 亿元）高出 7%，较福建省排名第三的城市厦门市 GDP（3784 亿元）高出 76%。泉州的经济以民营经济为主，结构以工业为主，2016 年第一产业、第二产业和第三产业增加值比例为 3∶58. 5∶38. 5，其中工业增加值 3480. 31 亿元，连续 26 年居福建省首位。泉州的主导产业一直为传统的纺织鞋服、石油化工、机械装备和建材家居，2016 年四大主导产业的增加值占规模以上工业增加值的 79%，这些主导产业形成五大产业集群，共同构筑泉州经济航母，造就了泉州这座制造业大市。在全球经济危机以来，全国很多地区的传统产业相继遭遇发展“瓶颈”，市场低迷，泉州也同样遭遇冲击，但凭借不断转型升级走高端化发展路线，目前依然靠这些传统主导产业实现着整体经济的良好发展。以下将以泉州经济规模最大的纺织鞋服产业中鞋业的品牌化发展来说明渐进升级式的产业重构模式。

二、重构过程

从下到上式重构指一个产业内部的产业升级，产业从产业链低端上升至中高端，由价值链的底部转为价值链峰部。改革开放以来，经历艰苦创业，泉州鞋业的转型升级就是这样一个过程，从无到有、由小到大、从家庭作坊式经营转向现代化管理、从贴牌代工到独立品牌化发展，泉州鞋业产业规模、质量、效益和品牌迅速提升，成为泉州市最具竞争力的传统优势产业之一。2008 年国际金融危机之后，泉州鞋业虽然受到冲击，但经过调整和不断的转型升级等举措，泉州鞋业通过坚持走高端化发展路线，整体处于良好平稳发展，在这一传统产业发展中实现从量到质的转变之路，并在不断升级中一步步实现新的产业重构。

从泉州鞋业的发展历程来看，1980 年开始起步，当时生产技术和设备简单，企业生产以家庭作坊式为主，生产经营粗放，但长期计划经济条件下的市场短缺为其提供了广阔的全国市场空间。1985 年之后进入快速发展阶段，企业数量急剧增加、规模逐步扩大，同时由于先进技术和设备的引进，产品品种增加、质量提升，并逐步形成完整的产业链。随着国内鞋类市场的激烈竞争，鞋企开始开拓国际市场，在 20 世纪 90 年代末，40% 的泉州鞋产品进入国际市场，泉州的制鞋企业和关联企业发展到 3000 多家，其中晋江占 2000 多家。

在 1998 年亚洲金融危机冲击和影响下，许多贴牌外销生产企业面临越来越残酷的生存危机，纷纷转向做内销，同时鞋企在贴牌生产过程中也领悟到自创品牌的重要性，也为打造品牌积累丰厚的资金，除广告方式，泉州鞋企从 2003 年开始注重终端渠道建设、通过终端网络树立品牌和维护品牌形象；注重全产业链的鞋业配套生产企业建设，打造“中国鞋业城”。

在自主品牌化思路的指引下，泉州鞋业取得了令人瞩目的成就，先后涌现出了 12 个中国名牌，18 枚中国驰名商标，此外还有 33 项国家免检产品以及 2 个出口免检企业，至此泉州鞋业基本达到规模化、集团化、科技化、规范化的发展水平，知名品牌多，产业规模、产业配套和集聚优势突出，特色凸显。到 2008 年，泉州鞋业企业达到 3000 多家，鞋产量十几亿双，其中运动鞋和旅游鞋的产量占全国近一半、世界近 20%，产值 350 多亿元，从业人员 50 多万，产品远销世界 80 多个国家和地区，泉州成为世界运动鞋、旅游鞋的制造基地。其中，泉州晋江还被国家有关部委联合命名为“中国鞋都”。作为中国的体育用品制造基地，晋江拥有体育上市公司 3 家，拥有国家级体育产业品牌 37 个。

然而，2008 年的全球金融危机使得外需萎靡，泉州鞋业又开始新一轮的产业升级，在这一轮的鞋业升级过程中，鞋业制造环节不断向信息化、自动化、智能化转变，其中贵人鸟、特步两家企业被列为“国家级两化融合管理体系贯标试点企业”，富贵鸟还被评为“省级两化融合示范企业”，这些措施主要目的是应对劳动力成本快速上涨。在品牌经营环节，泉州鞋业开始尝试推动自主品牌向高端化、差异化、个性化、定制化、功能化等方向发展，行业内部的龙头企业如安踏、特步、361°、匹克等，开始通过开展品牌并购重组、产品设计提升、细分产品市场等，提高品牌市场接受度。在销售环节上，泉州政府不断推动和鼓励发展电子商务以及其他商业模式创新等来助推鞋业发展，如建成园区总面积近 40 万平方米的泉州名品电子商务基地，搭建晋江中国鞋都电子商务中心、环球鞋网、淘鞋网、拍鞋网、中国鞋网等行业电子商务运营平台，设立各项企业创新奖励专项资金等。当然受限于整体的宏观经济环境和劳动力成本上升，泉州鞋业的产业升级也遇到较大的困难，但在这些有利措施的作用下，泉州鞋业没有迅速出现向外大规模的流失和转移情况，而是仍然在稳步进行自身的产业转型升级。

三、案例启示

通过泉州案例的研究，我们可以从从下到上式重构模式中得到以下几点启示：

第一，从下到上式重构模式是地区产业重构过程中最为常见的一种方式，也是最为困难的一种方式。从下到上式重构或者说产业的转型升级之所以是最困难的事情，是因为一个地区在一个时间点上所拥有的产业都不是发展水平最高的产业，因为发展水平最高的产业只能同时存在一个或者几个地区，这就意味着很多地区的现有产业实际上都是相对欠发达的产业，产业转型升级就意味着该地区必须从该产业的低端升级到高端，追上甚至超过其他地区，是极为困难的。“二战”以来，成功实现产业升级或者产业追赶成功的也只有日本、韩国、中国台湾等，因此现有产业内部的转型升级极为困难，其困难主要体现在产业关键技术的突破，而这个过程可能不是一个地区能够完成的，也不是短期内能够完成的事情。因此，各地政府对从下到上式重构模式的难度需要有高度准备。以泉州为例，泉州鞋业的品牌化道路已经有 20 年，但是目前与世界鞋业最顶尖的耐克、阿迪达斯相比仍然存在巨大差距，这就要求各个地方政府在选择这种重构模式时需要保持耐心。

第二，从下到上式重构模型需要中央政府和地方政府有战略定力，能够控制生产成本的增加速度。从下到上式重构模型是一个漫长的过程，需要企业持续不断投入大量研发资源，如果在这个时期，生产成本快速上涨，将会完全打断产业升级的过程，从泉州鞋业的产业升级以及我国过去十余年的产业结构变化分析，我国包括土地成本、生活成本、劳动力成本在内的生产成本增速过快。以工资成本为例，2001 年城镇单位就业人员平均工资仅为 1.08 万元，2016 年城镇单位就业人员平均工资已经超过 6.2 万元，15 年提高了 6 倍，包括房价在内的生活成本增速更是远远超过这一增速，这种快速增长的成本打乱了产业升级的正常轨道，而控制生产成本的增速是从下到上式重构模式成功的前提条件，政府必须在这个过程中发挥决定性的作用。

第三，从下到上式重构模式需要充分发挥市场和企业家在配置资源和发展产业过程中的决定性作用。在从下到上式重构模式过程中，政府会发挥重要作用，但是其取代不了市场和企业家的作用，任何一家具有知名品牌、站在产业顶端的企业都是企业家经过长期的市场竞争，经过优胜劣汰才培育出来的，这一环节是政府所取代不了的，所以从下到上式重构模式需要高度重视企业家精神，高度重视市场在配置资源过程中的作用，让充分的市场竞争来引导企业的发展方向，让市场竞争来促进产业的转型升级。

第六节　小结

本章在研究产业体系重构的具体思路时，通过确立产业体系重构模式的关键和研究重点，将产业体系重构模式进行划分性的研究，并结合实际的区域产业发展案例加以说明，使重构问题的研究更加具体清晰和容易理解。

通过以上研究，我们在此将产业体系重构的重点归纳为以下几个方面：

第一，目标产业的选择是重构的关键所在。产业的选择指地区在培育有竞争力的产业时对不同产业进行甄别并最终选择发展某种产业的行为。产业选择合适与否对地区产业重构具备重要甚至决定性的作用。比如波多黎各选择发展石油化工产业就彻底重构自身产业体系，加速工业化和现代化发展进程；盖尔森基兴基于城市发展历史和产业发展潜力选择太阳能产业发展，成功将自身重构为“千日之城”和新能源中心；日本九州选择自身具备良好发展条件的新兴集成电路产业进行发展，实现主导产业的更新和产业体系的重构；重庆选择自身具备发展优势的笔记本电脑产业最终极大地增强了全市电子信息产业的竞争力，并由此显著提高了整个地区的经济发展水平和产业竞争力。因此，为地区选择适合自身发展、能具有竞争力的产业是地区产业体系重构的首要因素。

第二，外部企业和产业引进是重构的重要手段。企业和产业的引进指地区通过外部资源的引入来发展地区产业的行为，一般主要是招商引资的形式。通过产业的引进，地区可以快速、直接地建立起某种产业发展基础，提升地区的技术和管理水平，完善提升地区的产业链，从而有利于加速产业体系的重构。波多黎各借助外部资源建立起当地的石油化工产业属于一种产业的引进带来的重构；重庆笔记本电脑全产业链式的配套引进也是一种产业引进。产业引进在从无到有式、从左到右式的产业体系重构中都发挥了积极的重要作用，是各地区增强产业发展竞争力的重要途径和手段。

第三，产业的培育是重构的主要内容。产业的培育即地区培养和发展具有竞争力的产业，产业培育的方式方法是否合适关系到最终的产业重构成败。从无到有、从左到右、从下到上的三种产业重构方式分别有各自的特点，地区要根据自身产业发展情况和所处环境特点，全局、动态地看待问题，选择合适的方式培育产业。比如重庆在引进笔记本产业后，又迅速引进笔记本零件制造业，在这些产业取得一定基础后，重庆又开始培育包括液晶屏幕、芯片等相关产业，这种一环扣一环的产业培育模式值得学习，而泉州在培育自身产业过程中始终坚持走自主化、品牌化、高端化的道路。在确定新的适合地区发展的产业后，在培育产业发展过程中应该确保政府扶持政策的科学性和持续性，保障产业的发展处于一个健康路径当中。

第四，产业的升级是重构的永恒主题。由于一个地区不可能所有产业都是新兴产业，不少产业都处于发展或成熟阶段，因此对于这些产业而言，转型升级是其增强或保持自身竞争力的必要路径。泉州的案例说明只要能够坚持在多变的市场环境中及时转型升级，即便是传统的产业也能不断焕发新活力，成为地区产业发展的重要支柱和区域竞争力的重要基础。在市场环境不停变化、科技创新不断产生、需求结构不断升级的产业发展环境下，多数产业仍然要将转型升级进行到底才能保有竞争力，因此从这个意义上说，一些产业的转型升级将贯穿地区产业体系重构的全过程。

第五，政府的作用是重构的重中之重。政府在社会经济活动中具有参与者、规划引导者、服务者的多重角色，对于一个地区的经济发展方向往往具有决定性的作用。政府领导人的能力水平有时能对地区发展起到重要作用，地区发展战略和规划的科学性与前瞻性能影响地区的发展路径，地区发展环境的塑造需要政府在基础设施的完善、地区优惠政策的争取、创新创业的支持、办事部门的效率作风等诸多方面加以支持和提升，等等。因此，必须重视政府在地区经济发展中的重要作用，使政府和企业在产业发展中形成合力，共同为地区产业竞争力的加速提升发挥各自作用。

第六，要充分尊重市场和企业家的作用。地区经济的发展归根结底是产业的发展，而产业的发展某种程度上就是企业的发展，而企业的发展水平又与企业家的能力和水平密不可分。因此，在地区产业体系重构过程中，应该高度重视企业家和市场的作用，构建能让企业家自由和全面发挥自己创造性和积极性的经营环境，最大限度地提高地区市场经济活力。

第八章　东北地区产业体系重构的思路

在前面的章节中，本书通过多种角度和方法研究东北地区的经济和产业发展状况，发现东北地区的产业体系存在多种衰退表现，并通过实证分析的方式从自身和全国两个层面分析导致东北地区产业体系衰退的多种可能因素和原因。之后提出东北振兴要通过产业体系重构重塑产业体系竞争力，并通过案例研究的方式对地区产业体系重构问题进行研究。本章将在前文研究的基础上，对东北振兴中的产业体系重构进行思路性研究。

第一节　思路简介

根据对国内外相关地区产业体系重构案例的研究和分析，我们发现产业体系重构的成功一方面和重构的目标产业及模式选择的及时性和恰当性有关，另一方面也和其他诸多方面因素的引导支持与同步配合密切相关，如政府的发展战略、政策支持与服务、基础设施的配套改善、市场和企业家作用的激发等，即产业发展的环境保障与政策支撑。

本章对东北地区的产业体系重构思路进行研究，一方面需要借鉴前面案例中的经验，另一方面也要根据东北地区自身问题和情况的特殊性，更要有针对性地提出与东北自身产业体系重构密切相关的建议。根据前文对东北地区产业体系衰退和产业体系重构问题的研究，本书认为东北地区的产业体系重构思路应为立足原有工业基础和优势来进行竞争力提升，并立足当前新产业革命和消费升级的阶段性特点充分挖掘自身禀赋条件和识别外部条件，发展出更多具有竞争力的产业。同时要以产业重构为带动与根本，以城市定位与区域合作为空间引领，以企业运行环境改善为保障，以政策支撑为依托，从产业、空间、环境和政策支撑四个层面着手，通过多方配合，形成合力，促进东北地区的产业体系重新焕发活力，助力东北振兴早日实现，下面将从这四个层面分别展开论述。

第二节　产业带动

产业的选择与发展培育是产业重构的关键一步，同时产业的发展方式也很重要，本节将尝试对东北地区产业体系重构的潜力发展方向进行初步判断和研究，同时提出要增强产业分工协作的集群化发展。

一、产业重构发展方向

针对目前东北地区产业体系处于相对衰退阶段、竞争力不断下降的情况，未来东北地区提高自身产业体系的竞争力可以通过不同的产业体系重构模式或者组合选择从一些产业方向进行优先发展和重点突破：

第一，某些具备发展优势的产业可采取或侧重从下到上式重构模式思路，不断坚持产业升级发展，注重从全球视野打造高端品牌，加强经济增长带动能力。这类产业包括农业、农副产品加工业、矿石冶炼业、装备制造、医药制造和旅游业等。

如在农业方面，东北农业需加强品牌化发展，定位可以更加高端化和国际化。东北地区的黑土区面积约 102 万平方千米，是全世界仅有的三大块黑土区之一。土质肥沃，培育出的各种农产品具有天然优势。以大米为例，五常大米虽然是国内很多消费者心目中的优质大米，但目前还没有一个强大的品牌代表五常大米走向世界，市场上五常大米的价格有高有低，质量参差不齐，在一定程度上淡化了人们对东北优质大米的认知。建议打造一个国际化的大品牌，统领五常大米品类，对全世界的消费者输出一致性的价值和印象，由此五常大米作为一个高端大米品类，就能有定价权和市场话语权，避免当下小散乱格局造成的不利认知。同时除五常大米，还有冷泥大米等小产区特色大米，通过恰当的规划引导，也可以作为东北大米中的代表性品牌。这些各具优势、彼此差异的大米品牌，一旦发展成熟，就会构成一个强势大米产业，东北就成为类似于“乳都”的“米都”，而不是一个宽泛的“粮仓”（李广宇，2018）。“米都”如果成立，还能开创出以大米为原材料的各类副食品品牌，或者发展出以“大米”为根基的“米文化”，并可能进一步转化为旅游价值点。可以借鉴法国葡萄酒产业的做法，根据本国葡萄酒多产业区的特点，通过各个代表不同品类品牌的发展，整体打造“葡萄酒王国”的地区品牌定位，通过集参观、旅游、学习、娱乐、体验等为一体的各种活动并提升整个葡萄酒相关产业。东北地区除有大米等优质粮食作物，还有大豆、木耳、蓝莓等众多独特优势品类。比如通过用比葡萄更有营养和珍贵的蓝莓为原材料做成高端品牌的有机蓝莓饮料和蓝莓酒等，并进行产业延伸，也具有巨大发展潜力。各种品类深入挖掘发展集合到一起，再加上目前我国国民消费升级需求旺盛，有可能支撑东北地区发展成为现代农业的世界级高地，成为新的强势经济增长点。

在农副产品加工业方面，根据农业部《全国农产品加工业与农村一二三产业融合发展规划（2016~2020年）》可知，我国农产品加工率只有55%，低于发达国家的80%；果品加工率只有10%，低于世界30%的水平；肉类加工率只有17%，低于发达国家的60%。农产品加工业与农业总产值比为2.2∶1，明显低于发达国家的3.4∶1，技术装备水平不高，比发达国家落后15~20年，因此农副产品加工方面具备较大的升级发展空间。建议东北地区充分利用当前消费升级的契机，充分利用其独特的自然气候条件带来特色的高品质农产品的特点，通过提高农副产品精深加工和综合利用，以及产品和服务的商业打造能力，进一步提高该产业技术含量和附加值，做大做强农业全产业链。

在装备制造业等工业领域，保持已有产业优势，继续关注市场、不断创新和升级也是巩固东北地区产业体系竞争力的重要方面。总之，东北地区的传统优势产业转型升级具备极大的潜力，关键在于要从全球和全国区域发展的战略高度进行创新性开拓和提升，如通过主动去寻找升级的机会、主动去推动产业升级、保障产业升级工作的效率。

再以旅游业为例，东北三省具备极大的开发潜力。2016年辽、吉、黑三省的旅游收入分别为4225亿元、2897亿元和1603亿元，分别居全国第16、第22和第25位，三个省旅游收入之和为8725亿元，远远低于广东省11560亿元和江苏省10263亿元的旅游收入，略高于面积仅为10万平方千米的浙江省8093亿元的旅游收入。而实际上，东北地区的旅游资源其实相当丰富，如长白山及其天池、瀑布、雪雕、林海等曾经入选吉尼斯世界纪录，其中更有中华十大名山、中国的五大湖泊、中国的十大森林等，自然景观数不胜数。此外，远高于全国平均水平的森林覆盖率、冰雪的特色文化使东北在滑雪产业中具备天然的优势，随着张家口冬奥会申办成功以及居民消费升级增加对旅游的需求，东北的滑雪产业更将受益。2016年，我国滑雪场共646家，滑雪人次1510万人次，分别同比增长13.7%和20.8%，其中，黑龙江省滑雪场数量为122家，居全国之首。但是东北地区的旅游业发展战略、服务和管理等方面仍然存在很大缺陷和差距，重视程度不够，因此需要面向世界，站高位点，将东北视为一个整体的旅游地区品牌，采用有潜力的战略定位，面向世界传播，同时努力提升旅游业服务水平和管理能力，从而发展出又一个独一无二的强势经济增长点（李广宇，2018）。

第二，对于某些具备一定基础或优势的产业来讲，还可以通过从左到右式重构模式拓宽和丰富产业链，增强产业整体竞争力。以汽车产业为例，汽车产业作为制造业的重要组成部分，同时制造业与服务业融合较为紧密，与人们日常生活高度相关的产业，产业链延伸广泛，对经济增长带动作用明显。东北地区作为中华人民共和国汽车工业的发源地，是我国重要的汽车生产基地，具有良好的产业基础和配套体系。东北三省汽车产量占全国的比重曾经高达 26%，加入 WTO 后的 2009 年逐渐降至约 15%，2009 年以来产销量占全国的比重基本稳定在 13% 左右（王晓明，2017）。随着新一轮科技革命和产业变革带来的影响，以及中国汽车产业自身发展越来越接近市场饱和点，产能过剩的问题开始显现，同时汽车合资政策、产业政策也出现新的变化趋势，近两年全国汽车产业又开始进入到一个新的发展阶段，中国汽车产业格局正在酝酿巨大的变化，东北地区必须紧跟变化趋势，不断创新发展才能在新形势下巩固和提升自身汽车产业的竞争力。

根据从左到右式重构模式思路，东北地区可以考虑对汽车产业和关联产业从以下几个方面加强发展和创新突破：一是加强汽车零部件产业发展水平。目前我国汽车零部件产值与整车产值比为 1∶2.3，而美、日、德等发达国家汽车零部件产值与整车产值比已达到 1.7∶1，这些汽车产业发达国家主要依靠销售技术和零部件推动汽车产业发展。而我国汽车零部件技术创新近年虽有所突破，但技术升级能力仍相对薄弱，零部件产业研发投入占营业收入不足 2%，远低于 7% ~ 10% 的世界先进水平（张炳辉等，2017）。东北地区加强汽车零部件产业发展水平和自主创新能力是提升汽车产业集群竞争力的重要方面。二是在新能源汽车、智能网联汽车等多产业领域开拓发展。在汽车产能过剩、竞争加剧的大背景下，发展新能源汽车产业，对于东北三省来说，是培育新动能、发展新产业、优化传统产业、实现经济转型升级的重要举措。同时，汽车作为新一轮科技革命的先导性产业，当前在产品、制造和服务三个方面正在发生新的革命性变化——汽车产品正向智能化、网联化和数字化方向发展，汽车制造正向智能制造发展，汽车的使用和售后服务方面正在涌现出很多新的业态和商业模式，像汽车电视、汽车出行运营平台等（王晓明，2017）。目前国外发达国家汽车企业都在由传统的整车制造商的定位向出行服务商的定位进行调整和转型，东北地区汽车产业也需要在新形势下紧跟科技、政策和消费新潮流，在车联网、智能汽车等方面积极发展和创新，做大做强汽车产业及关联产业，提高自身竞争力。

第三，东北地区可以采取从无到有式的重构模式，着重发展目前尚处于研发期或者刚刚进入市场的产业，比如生物医药产业、互联网制造产业、文化创意产业等。同时需要注意的是，某些产业虽然不属于当前的新兴产业，但对于某些地区来讲，只要该地区以往并未规模化发展过该种产业，而今后该产业在该地区的发展具有较大前景和潜力，或者该种产业对该地区的未来发展具有调结构、促增长的积极作用，那么同样也可以进行从无到有式的重构模式。而一个地区具体需要发展何种产业实现从无到有式重构模式则要具体问题具体分析，即要根据东北三省及各地级市等的具体情况做出符合市场形势和当地条件的产业发展选择。

总之，通过多种重构模式的灵活综合运用，坚持已有产业转型升级与潜在产业引进培育相结合是东北地区产业重构的正确方向。同时要注意避免遍地开花，而是要有选择地重点突破，以此形成具有比较优势直至绝对优势的强势产业，发挥其辐射和带动作用，促进整个区域经济的快速发展。这对中央政府的政策制定、东北地方政府的认识和执行能力提出较高的要求。

二、产业分工协作方式

在确立产业体系重构方向的同时，东北三省还需站在区域经济一体化的高度，通过促进专业化分工协作的产业链整合，促进产业集群式发展，形成产业的东北整体优势，对抗其他区域的整体竞争。

从历史发展来看，东北地区有很多在国内处于领先地位的大型国企，但缺少一批与其形成分工协作关系的中小企业围绕在周边，产业内的分工协作相对薄弱，产业链整合程度较低，这导致尽管东北地区拥有一批优势企业，但产业和就业带动作用却有限，中小企业或者说民营企业很不发达。因此，未来的发展中，东北地区的产业要加强集群式发展，大企业一方面要回归核心产业，做大做强主业，力争拥有自主技术和自主品牌，保持和巩固自己的行业龙头地位，另一方面要分解产业链以及延长产业链，从而为中小企业和民营企业的发展打开空间和创造宽松的条件（黄泰岩等，2006），通过产业集群式发展增强区域产业竞争力和提升就业带动能力。

2014 年以来，东北三省相继成立大连金普新区、哈尔滨新区、中德装备园、长春新区和辽宁自贸区等，设立这些国家级新区将为未来东北三省产业集群化发展优势产业、培育新兴优势产业创造良好的条件，东北地区应充分利用这一政策提供的新机遇和条件，前瞻性地做好相关产业发展的战略性规划和政策引导，尽早将这些新区打造成为东北地区经济发展的增长极。

第三节　空间引领

区域产业体系重构的实施最终要落实到空间层面，即以何种主体为推进，比如是省还是地级市，抑或区、县、乡等。同时不同的主体在产业体系重构实施中的侧重点必然也有区别，对整体区域来说，不同的主体在其中发挥的作用也不相同，因此这就涉及产业体系重构的空间选择与发展重点等问题。

一、重构模式的空间选择

东北三省作为一个区域整体，在推进产业体系重构过程中要注意其内部区域空间的层次性和差异性。从空间的层次性来看，东北地区的省、市、县区等行政主体都可能作为推进产业体系重构的主体，从空间的差异性来看，东北三省内部同级别的行政主体之间存在很大差异，这种层次性和差异性决定产业体系重构模式的空间选择要有区分性和侧重性。

从省的层面对三省各自的产业体系重构有方向性的判断，辽宁省、吉林省、黑龙江省分别作为一个整体在各自的产业规模、结构和优势方面存在差异，三省应当立足自身实际条件和基础，对本省的产业重构方向和模式进行整体判断和选择。此外，城市（主要是地级市）应该作为产业体系重构的主要推动层级。由于省级区域空间范围过大，其内部的空间差异也很大，而城市作为各省内部经济发展和政府管理的细分行政层级，具有相对独立的经济发展和管理职权，同时空间范围也相对适当，因此适合作为产业体系重构的主要实施主体。各城市可以根据本市实际条件和发展形势选择自身的产业体系重构战略。

同时，不同城市的产业体系重构模式需要有不同的侧重点。对于产业结构单一的资源型城市来说，应多利用从左到右式和从无到有式重构模式来实现产业结构的多元化，尤其要特别重视颠覆性最强的从无到有式重构模式，即通过发展新的优势产业从而实现主导产业的转化，如以油气产业为主的大庆和以煤电产业为主的阜新等。对于综合型城市来说，则可以灵活综合三种重构模式实行多元复合式重构，实现相关产业的产业链拓展延伸以及培育新的具有竞争力的产业等，从而进一步增强产业体系竞争力，如沈阳、大连、长春、哈尔滨、齐齐哈尔、佳木斯、牡丹江等。各城市要充分挖掘自身禀赋特色，认识自身产业结构优劣势，有针对性地发展，以实现增强产业体系竞争力。

二、核心城市带动与合作

东北地区的产业体系重构作为解决衰退、实现东北振兴的必要手段和途径，在空间层面推进时还要讲究一定的策略，即抓重点、促合作。抓重点是在个体城市层面，首先确保东北中心城市如沈阳、哈尔滨、长春、大连等产业体系竞争力最快上升，通过对这些核心城市实施产业体系重构发展战略，加大投入力度，提高其城市发展规划水平等，提高这些城市的吸引力，确保这些城市在全国城市体系竞争中不掉队，使这些城市能够吸引东北产业及各种要素，而不是让东北地区的大量要素直接流出东北地区，当这些城市发展到一定阶段后，就可以利用这些城市带动周边城市的发展。东北地区要以几个省会核心城市的国家级新区和自贸区等的成立发展为契机，推动大城市集聚优质人才和生产要素的吸引力。促合作一方面指东北地区内部不同城市和地区之间加强产业发展分工与合作，另一方面指东北地区要加强同外部区域的合作，通过区域合作带动区域发展也是实现区域发展的一种常见思路。东北地区应该积极参与并推动“一带一路”倡议、京津冀协同发展战略、辽东半岛与山东半岛的合作、东北亚区域合作等，从中获得产业体系重构的新机遇，获得更多发展推动力。

第四节　政策支撑

东北地区的产业体系重构必须要有政策资源的战略规划等作为支撑。

一、中央政策倾斜与地方自主结合

由于东北地区在全国经济地理格局中已经丧失比较优势，面临马太效应的风险。在这种情况下，让东北地区重新进入发展轨道，一方面必须让东北地区形成相对其他地区的比较优势，但只依靠东北地方政府是无法完成的，必须依靠中央政府的差异化扶持。需要强调的是在目前这个阶段，中央必须给予东北地区特殊性的、实质性的区域政策，比如降低东北地区企业的企业所得税率，常见的、普适性的区域政策已经难以发挥效果。另一方面东北地区也必须发挥自身的积极性，要充分认识到地方政府在产业体系重构中的重要作用，比如重构产业的选择、产业发展思路的确定、外部企业与人才等资源的引进、市场经营环境的改善、东北各项政策的优惠水平等都与政府的作用密不可分。因此，东北地区产业体系重构必须先提高政府的认识能力、应对能力和执行能力，只有坚持中央政策实质性支持与地方完全积极性相结合，东北地区的发展才能得到最大程度的保障。

二、发挥地方政府官员的统率作用

一方面在中国目前的地方经济竞争发展模式下，地方领导人的能力和视野将对该地区的发展产生重要甚至是决定性的影响，重庆的发展实际上就是地方领导人的能力与视野影响地方的经济发展轨迹与路径。作为目前遇到极大困难的东北区域，更是需要“能人型”尤其是在发展经济方面具有真才实学的官员。另一方面除需要擅长发展经济的高级别官员外，东北地区的各层级部门机关干部在引领当地政府部门的职能转变和组织效率提高等政府作为方面也具有重要作用。目前社会各界对东北地区政府的一个共性认识是其行政效率不高、作风有待完善，因此在实施东北振兴战略过程中，东北地区还需要各层级机关领导干部带头工作，改善当地办事效率和提高服务能力，实现整个政府部门的组织效率与未来发展战略的密切结合。2017 年国务院发布的《东北地区与东部地区部分省市对口合作工作方案》中确立了东北三省与东部省市的对口合作关系，提出开展互派干部挂职交流和定向培训，形成常态化的干部交流和人才培训机制，这可能是未来东北地区在这两个方面取得突破的重要基点。

三、增强金融对产业经济服务功能

制造业以及很多新兴业态的发展需要资金方面的金融支持，前文实证研究中也已经发现金融业的发展对于制造业集聚存在较大正面作用。东北地区以规模大、资金和制造技术密集、回收期长、风险较高为特征的重化工业的发展需要金融支持，同时当下很多新兴业态的发展也亟须金融的多种融资服务功能，中小企业的创业创新都需要完备的金融体系支撑。但是长期以来东北地区的金融业发展相对落后，金融业对经济增长的贡献率也一直都很低，虽然自 2012 年以来有较大提升，但是未来仍需加强金融行业发展，建议东北地区加强金融市场建设，推动金融业的规范和创新发展，若能在全国都难以解决中小企业融资问题的背景下，探索出一条能够为中小民营企业的融资提供独到服务的路径，则能大大提高东北地区对民营企业的吸引力。其中，辽宁省作为东北三省中金融相对发达的省份，可以考虑未来比如在沈阳建立起符合新型工业化和市场化发展要求，具有全新的金融生态体制和机制，与国家中心城市相匹配的区域金融中心，来促进东北地区的产融结合发展和创新创业活力。

第五节　环境保障

东北地区的产业体系重构离不开整体发展环境的保障，包括政府提供更好的服务、营造良好市场竞争环境，加强基础设施配套建设，强化金融对中小企业发展的支撑作用，提升城镇化的质量等。

一、市场竞争作用与政府服务作用相结合

在东北地区的产业重构中，一方面要高度重视市场和企业家的决定性作用，在东北重新培育自身具有竞争力的产业体系过程中，要充分尊重市场规律和经济规律，尊重企业家精神和保护企业家权益，在营造良好和自由的市场竞争环境的前提下，政府应该给予市场和企业家一个平等自由的发挥平台，让市场和企业家来改变东北地区的产业结构。另一方面东北地区亟须加快转变政府职能，要建设服务型政府，改善政府的作为，提高政府的办事效率。目前社会各界对东北地区政府的一个共性认识是其行政效率不高、作风有待完善，因此建议东北地区采取新的政府部门考核机制，对政府部门的服务态度、服务能力进行全面、公开与一票否决式的考核与监督，对扰乱市场秩序、损害企业家合法利益、服务企业与市场能力不足的官员与部门予以严厉惩罚，尽可能快地营造一切为了企业、一切为了发展的经营环境。因此，政府与市场在整个东北地区的重构过程中都需要发挥重要作用，其中市场与企业家将对东北地区的产业发展发挥直接作用，政府发挥

的是服务作用，为市场发挥作用奠定基础。

二、国有企业优化与民营企业壮大相结合

前文实证部分发现平均规模经济水平对东北地区制造业集聚的影响为负，这很可能在于东北地区的国有大中型企业大而不强，运营效益差，亏损问题突出，同时过大的国企比重压缩了民营企业生存空间导致民营经济不够发达。因此，针对东北地区企业层面的问题，一方面需要深化国企改革。要分类细化推进国企改革，在限定领域内对国企进行重组整合，压缩非国防民生安全领域的国企比重，提高国企的竞争实力，做大做强做优国企，比如辽宁省和吉林省，可以充分利用军民融合发展战略，积极推动军工产业的快速发展，培育一批具有竞争力的军工企业。另一方面针对民营企业，需要放宽民间资本进入相关行业和领域上取得突破性与实质性进展，保障民营经济公开、公平、公正地参与市场竞争。

第六节　小结

本章在全书研究基础上对东北地区的产业体系重构思路进行框架性研究。研究提出，东北地区的产业体系重构要学会抓重点和关键点，应立足已有工业基础和优势来进行竞争力提升，并立足当前产业技术革命和消费升级的发展形势特点充分挖掘自身禀赋条件和识别外部条件，培育出更多具有竞争力的产业。要以产业重构为带动与根本，以核心城市带动与区域合作为空间引领，以企业运行环境改善为保障，以中央和地方政策支撑为依托，从产业、空间、环境和政策支撑四个层面着手，通过多方配合，形成合力，促进东北地区的产业体系重新焕发活力，助力东北振兴早日实现。

第九章　结论、不足与未来研究方向

本章将对全书的研究进行总结，并提出本书研究的不足与未来研究方向。

第一节　结论

对于东北地区起伏变化的经济发展问题，本书从产业体系的视角对其进行深入研究，得到一些重要结论，同时本书对产业体系重构进行理论探索和案例研究，并对东北地区的重构提出相应的思路和建议，本书的研究结论主要包括以下几点。

一、东北地区经济地位边缘化趋势明显，存在马太效应风险

本书对东北地区在中华人民共和国成立以来的经济、产业、财政、人口、城市发展等多方面指标进行研究，发现东北地区在全国经济地理格局中的地位逐渐边缘化，发展劣势逐渐体现，甚至存在马太效应的风险。在计划经济时期，东北地区曾达到发展的鼎盛辉煌时期，从改革开放后则开始进入了相对衰退时期，东北振兴战略实施期间，衰退势头得到一定遏制，但 2012 年以来又开始加速恶化。目前，东北地区在我国区域经济格局中的相对劣势地位越来越明显，因此我们需要承认东北地区已经遇到较大且比较困难的区域发展问题，过去十年的东北振兴战略尚没有取得预期的效果，这是党中央继续加大对东北地区扶持力度的现实基础。

二、东北地区经济衰退的原因包括内外双重因素

从东北地区的发展历史来看，改革开放对东北地区的发展是一个重要的时间节点。改革开放之前，东北地区在计划经济时期是其经济最辉煌的时期，而改革

开放之后经济地位则走下坡路，这种大的趋势性变化与老工业基地经济衰退的内外部因素有关：内因即东北地区自身存在体制机制束缚和僵化，对市场经济不适应，其原有产业体系排斥新产业的进入与成长。外因即改革开放后东南沿海地区凭借区位优势、政策优势和后发的产业竞争优势迅速崛起、不断壮大，而东北地区区位优势却逆转直下、政策优势不复存在且旧体制包袱沉重，因此在区域发展和竞争格局中相对衰退，这是导致东北地区步入衰退的致命冲击。在内外因素双重作用下，东北地区不断相对衰退，在全国的区域发展格局中和东南沿海地区的差距逐渐拉大，且随着市场经济环境下要素流动的成本不断降低，区域发展呈现马太效应，东北地区的产业优势不断下滑，在全国的经济地位逐渐边缘化。

而2012年以来的经济加速衰退则与东北地区的产业结构、产业体系问题直接相关。东北地区以重工业为主的经济结构在2003～2011年进一步强化，并同国家政策支持和顺经济周期的因素相耦合，因此呈现出一段时间经济快速增长，但是当行业经济周期下行形势来临，相对单一的产业结构抗风险能力不足，因此经济衰退走势也十分严重。

三、东北地区产业体系的时空特征分析表征其产业体系处于衰退境地

本书从产业体系的竞争力、产业体系的运行环境和集聚程度三个方面对东北三省的产业体系发展情况进行全面研究，结果发现：

（1）无论是三大产业视角还是细分产业视角，1978～1993年东北三省的产业竞争力是在逐渐下降的，尤其是第二产业和第三产业。而1993～2015年，除吉林省的第二产业竞争力略有提升外，辽宁省和黑龙江省第二产业竞争力下滑的趋势没有得到扭转甚至在加剧，且辽宁省、黑龙江省第二产业竞争力下滑的幅度大于吉林省第二产业竞争力上升的幅度。

（2）从产业的运行环境分析，东北城市运行情况令人担忧，一半左右城市的发展环境质量在全国平均水平之下，由于城市运行环境与产业体系发展之间存在密切联系，这种测算结果表明东北产业体系已经遭遇巨大的困难与挑战，甚至已经开始陷入严重衰退的境地。

（3）从全国视野的产业集聚程度视角分析，除第一产业的经济重心在1990～2014年向东北区域偏移了一些，第二产业和第三产业的经济重心都在偏离

东北区域，其中第二产业的偏离幅度更大，另外细分制造业的集聚程度变化也表明东北三省的制造业地位逐渐弱化。因此结合这三个方面的研究，我们可以认为当前东北三省的产业体系已经面临极大的衰退风险。

四、东北地区的产业体系存在“旧的已去、新的未来”衰退特征

东北地区的产业体系存在明显的“旧的已去、新的未来”特征，这主要表现在：

（1）作为老工业基地，东北三省的第二产业对经济增长的贡献率呈现下滑趋势，尤其是辽宁省和黑龙江省，其下滑幅度惊人。

（2）从细分制造业角度对东北地区主导制造业的经济增长贡献率进行分析，可以发现东北三省经济增长贡献率下降的产业数量多于经济增长贡献率上升的制造业数量，且下降的制造业多属于技术含量相对较高的产业。

（3）东北地区目前经济增长贡献率最高的产业仍然是资源加工型产业，比如辽宁省经济增长贡献率位于前 2 位的产业分别是黑色金属冶炼及压延加工业和石油加工、炼焦及核燃料加工业，其经济增长贡献率分别为 13.7% 和 11.4%。吉林省经济增长贡献率位于前 2 位的产业则包括农副食品加工业、化学原料及化学制品制造业，其经济增长贡献率分别为 12.1% 和 7.0%。黑龙江省经济增长贡献率位于前 2 位的产业则是农副食品加工业和石油加工、炼焦及核燃料加工业，其经济增长贡献率分别为 22.8% 和 21.6%。因此，东北地区的产业体系目前处于比较明显的“旧的已去、新的未来”发展阶段。

五、东北地区的产业结构变迁对经济增长未起到积极促进作用

除从单一产业视角对东北地区产业结构展开分析外，本书还从动态视角对产业结构变化与东北地区经济增长之间的关系展开深入研究，通过采取 VAR 模型进行研究，并经过协整检验、格兰杰因果检验和脉冲响应分析，结果发现过去二十年里，无论是从产业结构的合理化还是服务化视角分析，东北地区的产业结构变迁对东北地区的经济增长都没有非常明显的正向作用，这就意味着东北地区过去二十年的产业结构变化可能并不符合东北地区的发展利益。换言之，第二产业相对降低和第三产业相对提高对过去二十年东北地区的经济发展是不利的。这也再一次证明了东北地区的产业结构变迁很可能是一种旧的优势产业逐渐衰亡而新

的具有比较优势的产业没有及时形成的过程。

六、东北地区产业结构变化的影响机理较为复杂，因素较多

本书对东北地区产业结构变化的因素进行两个层次、四个维度的分析，发现影响东北地区产业结构变化的因素构成复杂。一是因素的种类较多。二是不同因素在东北三省呈现不同的影响程度，同时东北地区产业结构变化的影响因素与东部、中部、西部地区的影响因素也不完全相同，比如平均规模经济水平、自然资源、市场化程度等变量。三是因素的影响程度在不同时间区间内也呈现不同的变化。复杂的因素影响结果证明东北地区产业结构和经济结构变化的复杂性。

影响东北地区产业结构比较显著的因素主要包括：

（1）与内部要素结构因素方面，农业资源、自然资源、人力要素、资本要素等要素结构对东北地区的制造业结构产生重要影响，其中农业和自然资源禀赋对制造业集聚水平的负面影响揭示了东北地区农业发展与制造业发展之间可能存在替补关系以及自然资源陷阱，证实资源诅咒问题在东北地区的现实存在。

（2）与外部联系因素方面，交通条件、相对工资水平对东北地区的制造业集聚产生负面影响，这可能是因为交通条件的改善和自身工资的相对降低极大地削弱了东北地区制造业的吸引力和外迁的难度。

（3）对全国和其他地区发挥作用的变量方面，对外开放变量、市场潜能、专利申请、市场化因素对东部、中部、西部与东北地区产业结构影响具备相似的地方，比如对外开放对四大区域的制造业集聚确实存在比较显著的正面作用，但是东北地区制造业集聚受到对外开放因素的溢出效应更低，专利申请与市场化程度对其他三大区域的影响也存在相似之处，都能够在一定程度上提高制造业集聚程度，而东北地区则在这两个变量上表现并不显著，这提示我们未来东北地区的发展应更好地发挥市场机制作用。

（4）影响东北地区的特殊变量方面，平均规模经济水平对东北地区制造业集聚的影响是负的，与东部与中部地区截然不同，过高的国企比重可能导致这一结果。

七、产业体系重构是衰退区域经济振兴的必要途径且模式多样

产业体系重构是一个地区重新培育具有竞争力产业的一种方式，凡是能够提高地区产业竞争力思路都可以归为重构，本书中重构包括产业转型升级，且不局

限于此，而是具有更广的思路。本书将产业体系重构模式主要分为从无到有式、从左到右式和从下到上式三种基础模式，并结合相应的国内外案例进行研究和分析，同时需要注意的是，现实中也经常存在且需要进行这三种模式混合并用的“多元复合式”。其中，从无到有式重构是指一个地区原来没有某种产业或者该产业对整个产业体系的发展不起关键作用，之后该地区通过发展路径的改变着重发展该种“新”产业，使其成为对地区发展发挥关键作用的主导或支柱性产业来增强区域产业竞争力，从而实现产业体系的重构。从无到有式的重构既可以通过外来引进某种产业的方式进行，也可以通过根据地区自身实际条件在当地从无到有、从小到大式地培育。从左到右式重构是指一个地区原来具备某种产业发展基础，同时选择对与该种产业邻近的相关产业着重发展以增强整个产业竞争力，从而实现产业体系重构。从下到上式重构指一个地区选择继续坚持发展原来的某些产业，同时在发展过程中不断根据市场的变化及时更新升级技术、调整经营方向、完善提高自身的产业链和价值链环节等，从而使原有产业实现转型升级，进一步增强产业竞争力，从而实现产业体系的重构。

八、不同的产业体系重构模式发展思路和重点不同

本书通过对三种重构模式进行案例研究和总结，发现不同的重构模式具有不同的思路和重点：对于从无到有式重构模式来讲，首先，地区产业重构可以不必局限于现有产业体系，充分利用不同产业发展对地区禀赋需求条件不同这一点来实现跳跃式的发展是完全可能的。其次，重构需要充分挖掘区域自身优势，随着经济社会的发展和产业革命的进行，区域内部所拥有的禀赋特征可能适合新兴产业的发展，因此地区应积极关注产业技术革命发展趋势，在遇到困境早期甚至尚未遇到困境时就及时采取措施去培育新的产业。最后，从无到有式重构模式需要政府引导和支持，政府应破除阻力，通过定位准、思路稳、措施狠三方面举措促进生产要素在地区内部的重新组合。对于从左到右式重构模式来讲，一是要充分利用现有产业基础，以取得事半功倍之效，而这也需要地区结合自身禀赋优势和外部发展环境进行产业选择。二是要坚持引进外部企业与自主创新相结合，招商引资等外部资源的引入快速见效，而自主技术创新则有利于产业链和价值链的高端实现和灵活发展。三是政府需要不断升级配套基础设施，主动为企业发展降低成本。四是该模式对政府尤其是领导人的能力也具有较高要求。对于从下到上式重构模式来讲，一是该种模式可能最为困难，需要在发展中保持耐心。二是该模

式要求中央政府和地方政府有战略定力，能够控制生产成本的增加速度。三是该模式要充分发挥市场和企业家在资源配置和发展产业过程中的决定性作用。

整体来讲，产业体系重构的重点归纳为以下几个方面：第一，目标产业的选择是重构的关键所在。第二，外部企业和产业引进是重构的重要手段。第三，产业的培育是重构的主要内容。第四，产业的升级是重构的永恒主题。第五，政府的作用是重构的重中之重。第六，要充分尊重市场和企业家的作用。

九、东北振兴中产业体系重构要以产业重构为核心，多方合力支撑

东北振兴中的产业体系重构思路：以产业重构为带动与根本，同时注重空间引领、政策支撑和环境保障，通过多方配合，形成合力，促进东北地区的产业体系重新焕发活力，助力东北振兴早日实现。

在产业层面，重构的潜力发展方向包括对农业、农副产品加工业、装备制造和旅游业等进行从下到上式重构模式；对以汽车产业为代表的制造业等进行从左到右式重构模式来增强竞争力；对生物医药、互联网制造、文化创意产业等新兴产业及其他地区自身尚未发展的产业根据实际情况进行从无到有式重构模式。同时东北地区要注重产业分工协作式的产业链整合，促进产业集群式发展，形成产业的整体优势以对抗其他区域的竞争。

在空间层面，主要从地级市层面对产业体系重构进行推动，同时要注意不同类型和特点城市的重构要有不同的侧重点，比如对于产业结构单一的资源型城市来说要特别重视从无到有式重构模式；同时要注意抓重点、促合作，重点确保沈阳、哈尔滨、长春、大连等东北中心城市的产业体系竞争力最快上升，吸引各种人才和产业资源要素并阻止其流出东北地区，从而带动整体区域发展，加强东北同外部区域的合作，积极参与并推动“一带一路”倡议、京津冀协同发展战略、东北亚区域合作等，从中获得更多发展机遇和推动力。

在政策支撑层面，一是要加强中央实质性政策支持和倾斜，形成东北区域相对于其他区域的比较优势，同时要充分发挥东北地方政府在产业体系重构中的自主性。二是要发挥地方政府各级官员的统率作用，既要有擅长发展经济的高级官员主政，又要各层级干部提高工作效率和服务能力。三是要增强金融对产业经济的服务功能，增强对中小民营企业的融资服务，探索将沈阳建设成为区域金融

中心。

在环境保障方面：一是要营造自由竞争的市场环境，高度重视市场和企业家的决定性作用，同时政府要进行服务型转型、改善政府作为、提高办事效率，建立问责机制。二是要优化国有企业发展，分类细化推进国企改革，同时壮大民营企业发展，放宽民间资本进入相关行业和领域，保障民营经济公开、公平、公正地参与市场竞争。

第二节　不足及未来研究方向

虽然本书对东北地区的经济发展问题进行产业角度的研究，得到了一些产业体系衰退和重构方面的结论和启示，取得了初步的成果，但是研究还存在一些不足，未来仍然需要进一步改进，这些不足和改进方向主要包括以下方面：

第一，区域研究尺度较大。本书对东北地区的研究主要集中于省和城市层次，对细分尺度区域比如县和区没有展开研究。由于东北地区内部经济非均质化，进一步细化的区域空间尺度研究将会有更细更深入的研究结论。

第二，产业研究层次较粗。由于数据可获得性和工作量的问题，本书研究的产业层次相对较粗，没有对制造业更细分地进行研究，今后可以对更细分的产业门类进行研究以得到更深入细致的结论。

第三，重构模式梳理不够。国内外老工业基地等各类地区产业体系重构的案例很多，本书只选取了几个典型案例进行研究，因此地区产业的重构模式梳理可能尚不够全面和深入，今后可以进一步丰富和深化对国内外产业体系重构模式的案例研究，以取得更深入全面的研究结论。

第四，研究结论不够丰富。由于本书主要集中于产业层次对东北地区问题进行研究，且受限于研究层次不够细化，也缺乏较多实地调研，因此对东北地区的产业体系重构研究建议不够细化和丰富，今后应该进一步细化研究层次，并通过更多实地调研来得到更多有针对性的重构建议。

参考文献

[1] Boschma, R., Lambooy, J. Why do Old Industrial Regions Decline? An Exploration of Potential Adjustment Strategies [Z]. First Draft Paper to Be Presented at the European RSA-congress Dublin, Ireland, August 23-27, 1999.

[2] Boschma, R., Lambooy, J. The Prospects of an Adjustment Policy Based on Collective Learning in Old Industrial Regions [J]. Geo Journal, 1999, 49: 391-399.

[3] Boschma, R., Frenken, K. Bathelt, H. et al. Technological Relatedness and Regional Branching. Beyond Territory: Dynamic Geographies of Knowledge Creation, Diffusion and Innovation [M]. Routledge Taylor & Francis group, 2011: 64-81.

[4] Boschma, R. Constructing Regional Advantage and Smart Specialization: Comparison of Two European Policy Concepts [J]. Science Regional, 2014, 13 (1): 51-68.

[5] Camagni, R (ed.). Innovation Networks: Spatial Perspectives [M]. Belhaven Press, London & New York, 1991.

[6] Clark, D. Urban decline [M]. Routledge: London and New York, 1989.

[7] Frenken, K., Van Oort, F. & Verburg, T. Related Variety, Unrelated Variety and Regional Economic Growth [J]. Regional Studies, 2007, 41: 685-697.

[8] Grabher, G. The Weakness of Strong Ties: The Lock-in of Regional Development in the Ruhr Area, in The Embedded Firm: On the Socio-economics of Industrial Networks [M]. Routledge, London, 1993, 255-277.

[9] Hassink, R. Shin D-H. The Restructuring of Old Industrial Areas in Europe and Asia: Guest Editorial [J]. Environment and Planning A, 2005, 37: 571-580.

[10] Hassink, R. What Distinguishes "Good" from "Bad" Industrial Agglomerations [J]. Erdkunde, 1997, 51: 2-11.

[11] Hassink, R. The Learning Region: A Fuzzy Concept or a Sound Theoretical Basis for Modern Regional Innovation Policies [J]. Zeitschrift Für Wirtschaftsgeographie, 2001, 45: 219-230.

[12] Hassink, R. The Strength of Weak Lock-ins: The Renewal of the Westmünsterland Textile Industry [EB/OL]. SAGE, http://epn.sagepub.com/content/39/5/1147.abstract, 2007.

[13] Hassink R. What does the Learning Region Mean for Economic Geography [D]. Paper presented at RSA Conference, Frankfurt, 1998: 18.

[14] Herrigel, G. B. Industrial Organization and the Politics of Industry: Centralized and Decentralized Production in Germany [D]. PhD Thesis MIT, Massachusetts, 1990.

[15] Kreichauf, R. Being on the Losing Side of Global Urban Development ? The Limits to Managing Urban Decline [J]. ERSA Conference Papers. European Regional Science Association, 2014.

[16] Lars Coenen, Jerker Moodysson, Hanna Martin. Path Renewal in Old Industrial Regions: Possibilities and Limitations for Regional Innovation Policy [J]. Regional Studies, 2015, 49 (5): 850 -865.

[17] Malmberg, A. and P. Maskell. Towards an Explanation of Regional Specialization and Industry Agglomeration [J]. European Planning Studies, 1997, 5: 25 -41.

[18] Markusen, A. Profit Cycles, Oligopoly and Regional Development [M]. London: MacMillan, 1985.

[19] Martin, R, Sunley, P. Paul Krugman's Geographical Economics and Its Implications for Regional Development Theory: A Critical Assessment [J]. Economic Geography , 1996, 72 (3) 259 -292.

[20] Maskell, P., Malmberg, A. Localised Learning and Industrial Competitiveness [J]. Cambridge Journal of Economics, 1999, 23: 167 -185.

[21] Morgan, K. The Learning Region: Institutions, Innovation and Regional Renewal [J]. Regional Studies, 1997, 31: 491 -503.

[22] Neffke, F., Henning, M., Boschma, R. How Do Regions Diversify Over Time? Industry Relatedness and the Development of New Growth Paths in Regions [J]. Economic Geography, 2011, 87 (3): 237 -265.

[23] Northam, R. M. Population Size, Relative Location and Declining Urban Centers: Conterminous United States, 1940 - 1960 [J]. Land Economics, 1969, 45 (3).

[24] Norton, R. D. City Life Cycles and American Urban Policy [M]. New

York: Academic Press, 1979.

[25] Olson, M. The Rise and Decline of Nations. Economic Growth, Stagflation and Social Rigidities [M] . New Haven: Yale University Press, 1982.

[26] Porter, M. E. The Competitive Advantage of Nations [M] . London: Macmillan, 1990.

[27] Rappaport, J. U. S. Urban Decline and Growth, 1950 to 2000 [J] . Economic Review, 2003, 88 (2) .

[28] Rees, J. Technological Change and Regional Shifts in American Manufacturing [J] . Professional Geographer , 1979, 31: 45 –54.

[29] Rowland, R. H. Russia's Disappearing Towns: New Evidence of Urban Decline, 1979 –1994 [J] . Post –Soviet Geography and Economics, 1996, 37 (2) .

[30] Saxenian A. Regional Networks: Industrial Adaptation in Silicon Valley and Route 128 [M] . Cambridqe (Mass): Harvard University Press, 1994.

[31] Saxenian, A. Regional Networks and Innovation in Silicon Valley and Route 128. In: Acs (ed.), Regional Innovation, Knowledge and Global Change [M] . London: Pinter Publishers, 2000: 123 –138.

[32] Schamp EWVernetzte Produktion: Industrie Geographie Aus Institutioneller Perspektive (Wissenschaftliche Buchgesellschaft, Darmstadt), 2000.

[33] Scott, A. J. Technopolis. High Technology Industry and Regional Development in Southern California [M] . Berkely: University of California Press, 1993.

[34] Steiner M. , Old Industrial Areas: A Theoretical Approach [J] . Urban Studies, 1985, 22: 387 –398.

[35] Storper, M. The Limits to Globalization; Technology Districts and Industrial Growth [J] . Economic Geography, 1992: 68: 60 –93.

[36] Tödtling F. , Trippl M. Like Phoenix from the Ashes? The Renewal of Clusters in Old Industrial Areas [J] . Urban Studies, 2004, 41 (5): 1175 –1195.

[37] Trippl M. & Otto A. How to Turn the Fate of Old Industrial Areas: A Comparison of Cluster-based Renewal Processes in Styria and the Saarland [J] . Environment and Planning A, 2009, 41: 1217 –1233.

[38] Vernon R. International Investment and International Trade in the Product Cycle [J] . Quarterly Journal of Economics, 1966, 80: 190 –207.

[39] Weaver, R. , Holtkamp, C. Geographical Approaches to Understanding

Urban Decline：From Evolutionary Theory to Political Economy and Back [J]. Geography Compass，2015，9（5）.

[40]《改革》服务中央决策系列选题研究小组. 新一轮东北振兴的体制机制、区域合作与资源型城市转型 [J]. 改革，2016，9：59-67.

[41] 巴俊宇. 中国中观经济发展梯度与改革开放走势的启示 [J]. 沈阳大学学报，1993，3：4-7.

[42] 包红君. 东北老工业基地地方政府职能存在的问题及原因剖析 [J]. 理论界，2010，4：58-59.

[43] 曾荣平，岳玉珠. 日本九州地区产业衰退与产业转型的启示 [J]. 当代经济，2007，12：106-107.

[44] 曾忠禄. 国家竞争优势理论及其意义 [J]. 当代财经，1997，5：29-35.

[45] 常健. 东北现象的根源是缺少创新机制 [J]. 经济研究参考，2016，4：52-56.

[46] 常修泽. "再振兴"东北战略思路探讨 [J]. 人民论坛，2015，11：18-21.

[47] 陈佳贵. 跨国公司的全球经济整合与东北老工业基地的市场经济重构 [J]. 学术月刊，2004，5：5-9.

[48] 陈建辉. 东北地区民营经济发展的困境与出路 [J]. 中国发展观察，2017，6：47-49.

[49] 陈建军. 关于打造现代产业体系的思考——以杭州为例 [J]. 浙江经济，2008，17：43-45.

[50] 陈晓红，宋玉祥. 东北地区产业分工与合作研究 [J]. 经济纵横，2007，5：44-45.

[51] 陈秀山，张可云. 区域经济理论 [M]. 北京：商务印书馆，2003.

[52] 陈耀，王宁. 新常态下振兴东北需要再造新优势 [J]. 党政干部学刊，2016，3：41-48.

[53] 陈耀. 全面振兴东北老工业基地要创新思路再造新优势 [J]. 中国发展观察，2016，2：12-14.

[54] 褚敏，踪家峰. 东北经济增长缘何艰难，体制藩篱还是结构扭曲？[J]. 财经问题研究，2017，4：114-121.

[55] 崔明轩. 东北经济增长乏力原因与对策分析 [J]. 沈阳干部学刊，

2016, 1: 30 –32.

［56］邓琦．东北三省老工业基地发展的制约瓶颈及对策分析［J］．商业经济，2008，1：17 –19.

［57］丁四保．东北地区资源型城市贫困问题的调查与分析［J］．开放导报，2005，6：28 –32.

［58］丁四保．克服“东北现象”的出路［J］．开放导报，2003，9：24 –26.

［59］丁晓燕．怎样改变“新东北现象”［J］．中国经济报告，2016，6：97 –100.

［60］杜亚书．东北地区区域差异分析：来自数量分析的实证［J］．吉林省教育学院学报，2005，2：33 –35.

［61］樊纲，王小鲁，马光荣．中国市场化进程对经济增长的贡献［J］．经济研究，2011，9：4 –16.

［62］冯凌，闵庆文，成升魁．价值、资本与产业重构——基于发展的新概念认识［J］．中国人口·资源与环境，2010，6：87 –91.

［63］冯昀．试论东北地区投资法律环境优化问题［J］．企业经济，2008，4：128 –130.

［64］傅沂．路径依赖经济学分析框架的演变——从新制度经济学到演化经济学［J］．江苏社会科学，2008，3：63 –70.

［65］干春晖，郑若谷，余典范．中国产业结构变迁对经济增长和波动的影响［J］．经济研究，2011，5：4 –16.

［66］刚晓丹，韩增林．东北地区产业结构相似性及布局调整［J］．国土与自然资源研究，2005，2：3 –5.

［67］高斌，丁四保．东北地区产业集群发展问题及战略研究［J］．东北师范大学学报，2008，2：74 –78.

［68］高斌，延光豪．东北地区企业发展问题及对策研究［J］．延边大学学报，2007，1：67 –71.

［69］高国力，刘洋．当前东北地区经济下行特征及成因分析［J］．中国发展观察，2015，10：77 –79.

［70］高国力．全面振兴东北老工业基地关键在于破除结构性和体制性约束［J］．中国发展观察，2016，2：9 –11.

［71］高长春，崔广彬．“东北现象”演变成“黑龙江现象”对策之研究

［J］．黑龙江社会科学，1995，6：7－12.

［72］龚绍东．产业体系结构形态的历史演进与现代创新［J］．产经评论，2010，1：21－28.

［73］关溪媛．浅谈城市软环境建设在东北振兴中的重要作用［J］．黑龙江对外经贸，2005，8：14－15.

［74］郭振，刘晓娟．供给侧结构性改革推进东北地区产业结构调整［J］．哈尔滨商业大学学报，2017，1：94－99.

［75］韩宇．美国中西部城市的衰落及其对策——兼议中国“东北现象”［J］．东北师范大学学报，1997，5：41－47.

［76］韩增林，张云伟．东北地区经济综合发展能力时空差异分析［J］．经济地理，2010，5：716－722.

［77］何春．东北经济失速的政策性因素——基于“东北振兴”政策效果的再考察［J］．经济体制改革，2017，1：44－49.

［78］贺灿飞，潘峰华．中国城市产业增长研究：基于动态外部性与经济转型视角［J］．地理研究，2009，3：726－737.

［79］贺灿飞，谢秀珍．中国制造业地理集中与省区专业化［J］．地理学报，2006，2：212－222.

［80］贺灿飞．中国制造业地理集中与集聚［M］．北京：科学出版社，2009：1－10.

［81］侯力，于潇．东北地区突出性人口问题及其经济社会影响［J］．东北亚论坛，2015，5：118－126.

［82］侯志茹．产业价值链视角下的东北地区产业集群发展问题研究［J］．经济纵横，2009，12：76－78.

［83］胡琦．资本密集型产业集聚区就业难问题与出路［J］．经济与管理研究，2005，1：31－35.

［84］胡仁霞，李晓乐．“一带一路”与东北经济的转型发展［J］．延边大学学报，2016，5：137－143.

［85］黄南，李程骅．产业发展范式创新、空间形态调整与城市功能变迁——基于现代产业体系的城市转型研究［J］．江海学刊，2015，1：77－83.

［86］黄群慧，石颖．东北三省工业经济下行的原因分析及对策建议［J］．学习与探索，2016，7：100－112.

［87］简新华．产业经济学［M］．武汉：武汉大学出版社，2001.

[88] 姜硕，刘玉梅．东北地区外商投资环境评估 [J]．沈阳工业大学学报，2006，1：107－111.

[89] 姜艳萍．我国东北地区区域经济协作发展问题研究 [J]．西北大学学报，2007，4：168－170.

[90] 蒋寒迪，陈华．从制度变迁看东北振兴的路径依赖与路径选择 [J]．企业经济，2005，3：113－114.

[91] 焦方义．论东北老工业基地的比较优势与结构优化战略 [J]．税务与经济，2004，2：4－7.

[92] 金凤君，陆大道．东北老工业基地振兴与资源型城市发展 [J]．科技导报，2004，10：4－6.

[93] 金煜，陈钊，陆铭．中国的地区工业集聚：经济地理、新经济地理与经济政策 [J]．经济研究，2006，4：79－89.

[94] 金哲，米娟．东北地区经济发展差异的时空分析 [J]．商业时代，2014，29：130－132.

[95] 靳继东，杨盈竹．东北经济的新一轮振兴与供给侧改革 [J]．财经问题研究，2016，5：103－109.

[96] 靳瑞雪．东北地区创新创业集群发展模式研究 [J]．经济师，2016，2：33－34.

[97] 景跃军．东北地区相对资源承载力动态分析 [J]．吉林大学社会科学学报，2006，4：104－110.

[98] 靖学青．产业结构服务化与经济增长——对长三角地区的实证分析 [J]．南通大学学报，2005，3：45－49.

[99] 课题组．东北老工业基地改造要以就业为突破口 [J]．管理世界，1997，2：186－190.

[100] 李诚固，李培祥，谭雪兰，刘文秀．东北地区产业结构调整与升级的趋势及对策研究 [J]．地理科学，2003，1：8－12.

[101] 李诚固，李振泉．“东北现象”特征及形成因素 [J]．1996，1：34－38.

[102] 李诚固．东北老工业基地衰退机制与结构转换研究 [J]．地理科学，1996，2：106－113.

[103] 李诚固．世界老工业基地衰退机制与改造途径研究 [J]．经济地理，1996，2：51－55.

［104］李春生，张连城．我国经济增长与产业结构的互动关系研究——基于VAR模型的实证分析［J］．工业技术经济，2015，6：28－35.

［105］李春艳、徐喆、刘晓静．东北地区大中型企业创新能力及其影响因素分析［J］．经济管理，2014，9：36－44.

［106］李广全．东北地区产业结构类型的诊断及其解释［J］．人文地理，2005，2：21－24.

［107］李国忠．破解“东北现象”三题［J］．辽宁经济，2000，10：9.

［108］李怀．“东北现象”：问题的实质与根源［J］．管理世界，2000，4：206－216.

［109］李晶，董丽晶．东北资源型城市贫困问题研究［J］．劳动保障世界，2011，8：10－12.

［110］李靖，张舜禹．东北地方政府创新动力之现状、原因与对策［J］．东北师范大学学报，2013，5：18－23.

［111］李静．东北老工业基地产业结构竞争力探析［J］．东北大学学报，2007，3：233－238.

［112］李南竹，程坤，刘爽．东北地区就业质量区域差异化研究——基于主成分分析法［J］．商业经济，2016，4：38－40.

［113］李培林．老工业基地的失业治理：后工业化和市场化［J］．社会学研究，1998，4：1－12.

［114］李汝资，王文刚，宋玉祥．东北地区经济差异演变与空间格局［J］．地域研究与开发，2013，8：28－32.

［115］李若建．角动量效应：东北人口变动分析［J］．学术研究，2016，8：55－62.

［116］李天籽．中国东北地区城市经济的空间分布与演化［J］．工业技术经济，2014，5：87－93.

［117］李小建．经济地理学［M］．北京：高等教育出版社，2002.

［118］李秀伟，修春亮．东北三省区域经济极化的新格局［J］．地理科学，2008，6：722－727.

［119］李许卡，杨天英，宋 雪．东北老工业基地转型发展研究——一个文献综述［J］．经济体制改革，2016，5：42－49.

［120］李勇辉，吴朝霞．世界老工业基地改造的模式与启示研究［J］．开发研究，2005，3：119－121.

[121] 李雨潼，张剑宇．从抚养比变化看东北地区人口老龄化［J］．人口学刊，2010，6：38－41.

[122] 李云．芜湖开埠与近代城市经济重构探究芜湖开埠与近代城市经济重构探究［J］．牡丹江师范学院学报，2013，6：77－80.

[123] 李政．当前东北地区经济增长问题成因与创新转型对策［J］．经济纵横，2015，7：14－17.

[124] 林昌华．以“互联网＋”推动福建产业重构的路径与对策［J］．中国发展，2016，3：55－58.

[125] 林木西，和军．东北振兴的新制度经济学分析［J］．求是学刊，2006，6：50－55.

[126] 林木西，张菁．后金融危机时期东北地区中小企业发展的难题及对策［J］．经济纵横，2011，6：65－67.

[127] 林秀梅，郝华．东北地区产业结构变化对经济增长贡献的实证研究［J］．税务与经济，2010，2：104－107.

[128] 林毅夫，付才辉．基于新结构经济学视角的吉林振兴发展研究［J］．社会科学辑刊，2017，6：5－20.

[129] 林毅夫．振兴东北，不能采取发动新一轮赶超的办法［J］．国际融资，2004，4：20－22.

[130] 刘柏．对东北经济衰退的深度解读［J］．人民论坛，2015，8：26－27.

[131] 刘建伟，赵闯，李飞．略论东北地区资源型城市政府职能转变［J］．党政干部学刊，2006，12：20－21.

[132] 刘静，刘国斌，赵儒煜．产业技术体系变革与东北振兴［J］．吉林大学社会科学学报，2005，6：86－92.

[133] 刘婷，平瑛．产业生命周期理论研究进展［J］．湖南农业科学，2009，8：93－96.

[134] 刘晓光，时英．东北应走出“单一经济结构困局”［J］．宏观经济管理，2016，6：46－50.

[135] 刘艳军，王颖．东北地区区域开发程度演化及其资源环境影响［J］．经济地理，2012，5：37－42.

[136] 刘洋，金凤君．东北地区产业结构演变的历史路径与机理［J］．经济地理，2009，3：431－436.

[137] 刘洋，刘毅．东北地区主导产业培育与产业体系重构研究［J］．经济地理，2006，1：50－54.

[138] 刘云中．人口流动与东北地区的增长活力［J］．中国发展观察，2016，2：18－19.

[139] 卢福财，李志波．江西产业结构变迁与经济增长——一个基于 VAR 模型的实证研究［J］．江西社会科学，2011，4：68－73.

[140] 卢学法，杜传忠．新常态下产业结构变动与经济增长——基于省级动态面板数据的 GMM 方法［J］．商业经济与管理，2016，2：58－67.

[141] 陆寒寅．亚洲区域经济重构效应探析——基于“一带一路”的战略视角［J］．复旦大学学报，2016，5：149－157.

[142] 吕政，任纪军，丁易．对英国老工业区衰退与重组的考察［J］．中国工业经济研究，1993，9：72－76.

[143] 吕政．对振兴东北老工业基地问题的分析［J］．经济管理，2003，23：6－7.

[144] 马楠，林迎星．产业结构与福建经济增长——基于 VAR 模型的实证分析［J］．福建论坛，2016，7：165－169.

[145] 马秀颖．市场分割对东北地区经济一体化的影响分析［J］．当代经济研究，2011，2：84－88.

[146] 孟宪生．东北地区劳动力就业存在的问题及对策［J］．经济纵横，2011，5：47－50.

[147] 慕晓飞，雷磊．东北经济重心演变及区域发展均衡性研究［J］．经济地理，2011，3：366－370.

[148] 潘慧，陈钊．转型国家的经济重构：兼论转型经济学的转型［J］．浙江学刊，2003，6：151－157.

[149] 邱振卓．东北地区产业升级的困境与出路［J］．开放导报，2015，1：57－60.

[150] 任保平．衰退工业区的产业重建与政策选择：德国鲁尔区的案例［M］．北京：中国经济出版社，2007.

[151] 施雪华，孙发锋．老工业基地振兴：欧美的经验及其对中国的启示［J］．黑龙江社会科学，2012，5：46－51.

[152] 时佳羽．从产业结构角度看东北经济的衰落［J］．合作经济与科技，2016，8：62－64.

［153］斯劲．现代产业体系的形成机理研究［J］．经济体制改革，2014，5：29－32.

［154］宋冬林，范欣．东北再振兴：单一结构城市转型之道［J］．求是学刊，2016，2：54－60.

［155］宋冬林．制约东北老工业基地创新创业的主要因素及建议［J］．经济纵横，2015，7：11－13.

［156］宋丽敏，穆怀中．东北老工业基地经济转型中的失业特征分析［J］．社会保障研究，2011，3：37－43.

［157］宋丽敏．就业与经济增长的一致性问题研究——“奥肯定律”在东北地区的适用性检验［J］．辽宁大学学报，2011，5：86－93.

［158］宋馨．产业重构背景下的复合型旅游业态研究［D］．上海师范大学硕士学位论文，2011.

［159］宋玉祥，满强．东北地区资源型城市经济结构转型研究［J］．世界地理研究，2008，4：91－97.

［160］孙广生．从产业结构的角度对“新东北现象”的分析：以辽宁省为例［J］．理论界，2015，10：4－8.

［161］孙贺．东北地区振兴的产业转型升级路径［J］．学术交流，2016，9：114－118.

［162］孙久文，姚鹏．单一结构地区转型的原因与路径探讨——以东北地区为例［J］．社会科学辑刊，2017，1：44－49.

［163］孙乃纪．中国东北地区经济的优势与困境——关于“东北现象”的思考［J］．东北亚论坛，1993，4：26－30.

［164］孙平军，修春亮，董超．东北地区经济空间极化及其驱动因子的定量研究［J］．人文地理，2013，1：87－93.

［165］孙少岩．从交易成本的角度看改善东北地区投资软环境［J］．经济与管理研究，2005，1：57－60.

［166］孙艳霜．东北老工业基地增加就业难题求解［J］．长白学刊，2003，5：81－83.

［167］谭俊涛，张平宇．“振兴东北”前后区域经济重心格局演变分析［J］．地理与地理信息科学，2013，6：68－72.

［168］唐葆君，胡玉杰，魏一鸣，李华楠，刘江鹏，杨东伟．我国东北地区能源、经济、环境、生态承载力研究［J］．中国能源，2015，1：31－36.

［169］王兵，陈雪梅．产业结构与广东经济增长——基于 VAR 模型的实证分析［J］．暨南大学学报，2006，4：46－50.

［170］王国平．发展方式实质性转变与现代产业体系的构建［J］．国家行政学院学报，2011，5：42－46.

［171］王惠文．偏最小二乘回归方法及其应用［M］．北京：国防工业出版社，1999.

［172］王薇．东北资源型城市经济转型障碍与对策研究［J］．经济纵横，2008，11：40－42.

［173］王喜刚，蒋莉．东北地区优化金融生态环境的有效途径［J］．新金融，2006，2：45－46.

［174］王晓峰，张正云，温馨．人口因素对东北地区经济增长的影响［J］．当代经济研究，2016，5：51－58.

［175］王晓雨，姜晓琳．制度安排与东北地区经济发展模式之转型［J］．学术交流，2013，8：106－110.

［176］王兆宇．我国产业重构的新态势与新思路［J］．宏观经济管理，2016，1：74－78.

［177］王志刚．东北实体经济如何应对“高”人工成本？［J］．地方财政研究，2017，2：27－33.

［178］魏后凯．东北经济的新困境及重振战略思路［J］．社会科学辑刊，2017，1：26－32.

［179］魏后凯．略论地区经济的衰退问题［J］．财经问题研究，1991，4：41－47.

［180］吴昊．论振兴东北老工业基地与地方政府职能转变［J］．吉林大学社会科学学报，2006，6：11－16.

［181］吴月越．产业集聚：东北老工业基地的困境与出路——基于新经济地理学的分析视角［J］．当代经济研究，2007，1：38－41.

［182］项后军．国家竞争优势与国家创新系统——一个比较的分析与思考［J］．科学学研究，2004，2：201－205.

［183］徐燕兰．美国老工业区改造的经验及其启示［J］．广西社会科学，2005，6：50－52.

［184］徐周舟．国内外资源型城市产业转型升级的相关研究综述［J］．中国市场，2011，41：136－137.

[185] 杨公朴，夏大慰．产业经济学教程［M］．上海：上海财经大学出版社，2008.

[186] 杨蓠．老工业区经济衰退与转型分析——德国鲁尔区的案例分析［D］．浙江大学硕士学位论文，2004.

[187] 杨明媚．消费结构、产业结构与经济增长的 VAR 模型分析——基于湖北省的实证研究［J］．统计与信息论坛，2009，4：32 -35.

[188] 杨雪，魏洪英．就业稳定性与收入差异：影响东北三省劳动力外流的动因分析［J］．人口学刊，2016，6：87 -98.

[189] 杨振凯．老工业基地的衰退机制研究——兼论中国东北老工业基地改造对策［D］．吉林大学博士学位论文，2008.

[190] 姚震寰．东北地区资源型城市经济转型中环境问题探讨［J］．经济视角，2013，9：17 -18.

[191] 叶时金．加快产业重构　推动区域发展［J］．政策瞭望，2010，3：24 -25.

[192] 叶振宇．东北地区经济发展态势与新一轮振兴［J］．区域经济评论，2015，6：61 -67.

[193] 衣保中，林莎．东北地区工业化的特点及其环境代价［J］．税务与经济，2001，6：48 -51.

[194] 衣保中．东北地区城市化中的生态环境问题与可持续发展对策［J］．南阳师范学院学报，2006，5：5 -11.

[195] 尹贻梅，刘志高，刘卫东．路径依赖理论及其地方经济发展隐喻［J］．地理研究，2012，5：782 -790.

[196] 尹贻梅，刘志高，刘卫东．路径依赖理论研究进展评析［J］．外国经济与管理，2011，8：1 -7.

[197] 于婷婷，宋玉祥，浩飞龙，李秋雨，朱邦耀．东北地区人口结构对经济增长的影响［J］．经济地理，2016，10：26 -32.

[198] 于潇．东北地区就业体制转换及其障碍分析［J］．人口学刊，2004，5：38 -41.

[199] 于潇．建国以来东北地区人口迁移与区域经济发展分析［J］．人口学刊，2006，3：29 -34.

[200] 虞斌．浙江省产业结构与经济增长动态分析［J］．财经论丛，2010，1：7 -11.

[201] 翟金良，何岩，邓伟．东北地区城市水资源环境问题及其对策［J］．城市环境与城市生态，2003，3：8－10.

[202] 张昉．东北地区产业结构现状及现阶段问题浅析［J］．农场经济管理，2015，6：25－27.

[203] 张国勇，娄成武，李兴超．论东北老工业基地全面振兴中的软环境建设与优化策略［J］．当代经济管理，2016，11：64－70.

[204] 张洪阳．区域创新系统下的产业路径演化分析［J］．工业技术经济，2015，4：59－68.

[205] 张可云．东北老工业基地振兴的难点与重构新思路［J］．中国经济观察，2016，2：15－17.

[206] 张可云．论老工业基地的内部“缺新”与外部“有新”——成因、适用理论与振兴新思路［J］．社会科学辑刊，2017，6：21－29.

[207] 张可云．区域经济政策理论基础与欧盟国家实践［M］．北京：中国轻工业出版社，2001.

[208] 张可云．区域经济政策［M］．北京：商务印书馆，2005.

[209] 张天维，姜瑞春，姜岩．2016 年东北地区经济发展综述［J］．辽宁经济，2017，1：24－33.

[210] 张拓．振兴东北的实践与政策效果研究［J］．现代经济信息，2016，5：11－13.

[211] 张伟，胡剑波．产品内分工、产业体系演变与现代产业体系形成［J］．产经评论，2014，4：5－17.

[212] 张伟东，刘哲宇．东北企业自我生存能力［J］．辽宁经济，2003，11：12－13.

[213] 张伟东．东北老工业基地制度分析：路径依赖与制度创新［J］．开发研究，2005，5：123－125.

[214] 张晓峰，孙力男．国外振兴老工业基地的经验与启示［J］．经济研究导刊，2014，8：44－46.

[215] 张耀辉．传统产业体系蜕变与现代产业体系形成机制［J］．产经评论，2010，1：12－20.

[216] 张耀辉．衰退地区经济振兴战略［M］．北京：中国计划出版社，1999.

[217] 张迎春．东北地区劳动力外移的经济影响［J］．大连海事大学学报，

2015，4：8－11.

［218］张嵎喆，周振．制度供给约束与新兴产业发展——基于东北地区经济振兴的逻辑［J］．宏观经济研究，2016，12：14－20.

［219］张越．产业技术轨道跃升与产业技术体系演进的互动机理及耦合模型研究［D］．吉林大学博士学位论文，2015.

［220］张占斌．经济新常态下的“新东北现象”辨析［J］．人民论坛，2015，8：14－17.

［221］张志元．东北地区制造业发展模式转型及路径研究［D］．西北大学博士学位论文，2011.

［222］赵昌文．对“新东北现象”的认识与东北增长新动力培育研究［J］．经济纵横，2015，7：7－10.

［223］赵福全．汽车产业重构解析［J］．汽车商业评论，2016，8：219－225.

［224］赵儒煜，马秀颖．东北地区经济一体化与长吉图开发开放先导战略［J］．社会科学辑刊，2010，4：126－130.

［225］赵儒煜，王媛玉．东北经济频发衰退的原因探析——从“产业缺位”到“体制固化”的嬗变［J］．社会科学战线，2017，2：48－57.

［226］赵儒煜，王媛玉．论“东北现象”的成因及对策［J］．南开大学学报，2017，6：56－64.

［227］赵伟．浙江经济：发展阶段转换与区域经济重构［J］．浙江社会科学，2003，1：36－37.

［228］赵伟晶．振兴东北经济的重要制约因素——人口问题［J］．牡丹江大学学报，2016，7：3－13.

［229］赵新宇，郑国强．东北地区单一结构城市产业转型的障碍与对策［J］．税务与经济，2016，5：1－5.

［230］赵新宇．东北地区生态足迹评价研究［J］．吉林大学社会科学学报，2009，2：60－65.

［231］赵妍．东北人口困局破解路径分析［J］．齐齐哈尔大学学报，2015，11：70－72.

［232］赵寅，张永庆．现代产业体系理论研究综述［J］．经济师，2010，1：40－41.

［233］赵映慧，修春亮，宋戈，程林．东北地区资源型城市经济发展差异分

析［J］．经济地理，2009，5：726－630.

［234］赵作权．空间格局统计与空间经济分析［M］．北京：科学出版社，2015.

［235］郑文范，秦树梅．东北现象的科技根源及其消解［J］．科技进步与对策，2006，8：48－50.

［236］中国财政科学研究院“降成本”东北调研组．东北三省实体经济企业成本与负担情况调研［J］．财政研究，2016，9：5－16.

［237］周明生，梅如笛．中国产业结构变迁与经济增长的关联性分析［J］．经济与管理研究，2013，6：14－20.

［238］朱华晟．匹兹堡地区的产业重构［J］．城市问题，2011，5：77－83.

［239］朱明春．区域经济理论与政策［M］．长沙：湖南科学技术出版社，1991.

附　　录

附表 1　1997～2015 年各省份市场潜能测算结果

省份＼年份	1997	1998	1999	2000	2001	2002	2003	2004	2005	2006	2007	2008	2009	2010	2011	2012	2013	2014	2015
北京市	0.0288	0.0299	0.0311	0.0322	0.0336	0.0349	0.0355	0.0355	0.0348	0.0350	0.0353	0.0344	0.0348	0.0341	0.0335	0.0328	0.0335	0.0343	0.0341
天津市	0.0177	0.0180	0.0183	0.0184	0.0184	0.0183	0.0186	0.0183	0.0190	0.0185	0.0180	0.0186	0.0182	0.0179	0.0176	0.0174	0.0177	0.0180	0.0183
河北省	0.0536	0.0528	0.0520	0.0520	0.0521	0.0518	0.0520	0.0533	0.0529	0.0521	0.0523	0.0526	0.0524	0.0522	0.0528	0.0528	0.0525	0.0524	0.0520
山西省	0.0210	0.0207	0.0204	0.0202	0.0201	0.0204	0.0211	0.0217	0.0216	0.0215	0.0218	0.0229	0.0223	0.0230	0.0207	0.0207	0.0215	0.0209	0.0212
内蒙古自治区	0.0158	0.0161	0.0163	0.0161	0.0161	0.0161	0.0164	0.0164	0.0162	0.0167	0.0174	0.0183	0.0183	0.0182	0.0161	0.0161	0.0164	0.0173	0.0177
辽宁省	0.0465	0.0477	0.0490	0.0494	0.0487	0.0478	0.0459	0.0429	0.0437	0.0432	0.0429	0.0436	0.0437	0.0439	0.0477	0.0477	0.0457	0.0461	0.0470
吉林省	0.0197	0.0199	0.0200	0.0209	0.0207	0.0209	0.0209	0.0207	0.0204	0.0204	0.0207	0.0204	0.0207	0.0205	0.0199	0.0199	0.0201	0.0204	0.0205
黑龙江省	0.0344	0.0342	0.0340	0.0339	0.0332	0.0323	0.0318	0.0316	0.0313	0.0307	0.0299	0.0294	0.0278	0.0281	0.0342	0.0342	0.0339	0.0329	0.0299
上海市	0.0467	0.0474	0.0480	0.0483	0.0476	0.0470	0.0475	0.0475	0.0465	0.0460	0.0451	0.0436	0.0438	0.0427	0.0474	0.0474	0.0462	0.0471	0.0468
江苏省	0.0902	0.0885	0.0867	0.0856	0.0855	0.0857	0.0861	0.0857	0.0883	0.0876	0.0870	0.0865	0.0871	0.0876	0.0885	0.0885	0.0873	0.0881	0.0879
浙江省	0.0627	0.0625	0.0622	0.0621	0.0627	0.0645	0.0663	0.0658	0.0640	0.0642	0.0637	0.0623	0.0624	0.0630	0.0625	0.0625	0.0624	0.0632	0.0613
安徽省	0.0320	0.0323	0.0327	0.0317	0.0324	0.0320	0.0318	0.0322	0.0313	0.0308	0.0310	0.0311	0.0318	0.0323	0.0323	0.0323	0.0308	0.0311	0.0318
福建省	0.0393	0.0390	0.0388	0.0384	0.0381	0.0379	0.0369	0.0361	0.0351	0.0345	0.0348	0.0339	0.0348	0.0342	0.0390	0.0390	0.0342	0.0351	0.0349
江西省	0.0210	0.0219	0.0229	0.0225	0.0224	0.0227	0.0224	0.0231	0.0229	0.0236	0.0239	0.0238	0.0236	0.0243	0.0219	0.0219	0.0221	0.0229	0.0233
山东省	0.0878	0.0861	0.0845	0.0837	0.0835	0.0835	0.0842	0.0859	0.0870	0.0881	0.0866	0.0873	0.0869	0.0856	0.0861	0.0861	0.0859	0.0870	0.0881
河南省	0.0534	0.0533	0.0533	0.0534	0.0534	0.0531	0.0531	0.0550	0.0568	0.0565	0.0571	0.0575	0.0571	0.0571	0.0533	0.0533	0.0550	0.0568	0.0565
湖北省	0.0391	0.0388	0.0385	0.0382	0.0383	0.0380	0.0381	0.0383	0.0381	0.0380	0.0387	0.0390	0.0399	0.0404	0.0388	0.0388	0.0383	0.0381	0.0380
湖南省	0.0372	0.0376	0.0380	0.0378	0.0373	0.0370	0.0369	0.0377	0.0374	0.0377	0.0384	0.0375	0.0389	0.0398	0.0376	0.0376	0.0377	0.0374	0.0377
广东省	0.1044	0.1039	0.1035	0.1058	0.1068	0.1064	0.1058	0.1039	0.1037	0.1038	0.1030	0.1016	0.1012	0.0991	0.1039	0.1039	0.1039	0.1037	0.1038
广西壮族自治区	0.0245	0.0238	0.0232	0.0223	0.0224	0.0224	0.0221	0.0228	0.0223	0.0228	0.0231	0.0233	0.0230	0.0235	0.0238	0.0238	0.0228	0.0223	0.0228
海南省	0.0059	0.0060	0.0061	0.0061	0.0059	0.0060	0.0059	0.0058	0.0057	0.0057	0.0056	0.0057	0.0057	0.0058	0.0060	0.0060	0.0058	0.0057	0.0057
重庆市	0.0183	0.0182	0.0181	0.0195	0.0196	0.0200	0.0200	0.0178	0.0195	0.0191	0.0188	0.0191	0.0191	0.0188	0.0182	0.0182	0.0178	0.0195	0.0191
四川省	0.0424	0.0427	0.0429	0.0418	0.0417	0.0416	0.0411	0.0412	0.0404	0.0408	0.0413	0.0418	0.0417	0.0413	0.0427	0.0427	0.0412	0.0404	0.0408
贵州省	0.0109	0.0112	0.0116	0.0115	0.0116	0.0117	0.0118	0.0118	0.0119	0.0120	0.0123	0.0128	0.0128	0.0127	0.0112	0.0112	0.0118	0.0119	0.0120
云南省	0.0226	0.0227	0.0227	0.0220	0.0218	0.0216	0.0213	0.0219	0.0215	0.0216	0.0220	0.0223	0.0220	0.0218	0.0227	0.0227	0.0216	0.0213	0.0219
西藏自治区	0.0014	0.0014	0.0014	0.0014	0.0015	0.0015	0.0015	0.0015	0.0014	0.0014	0.0014	0.0014	0.0014	0.0014	0.0014	0.0014	0.0015	0.0015	0.0015
陕西省	0.0187	0.0185	0.0184	0.0186	0.0187	0.0189	0.0189	0.0194	0.0201	0.0207	0.0207	0.0212	0.0213	0.0217	0.0185	0.0185	0.0189	0.0189	0.0194
甘肃省	0.0113	0.0114	0.0115	0.0113	0.0110	0.0109	0.0109	0.0112	0.0109	0.0112	0.0113	0.0113	0.0112	0.0116	0.0114	0.0114	0.0113	0.0112	0.0115
青海省	0.0032	0.0033	0.0034	0.0034	0.0034	0.0034	0.0034	0.0034	0.0034	0.0035	0.0036	0.0038	0.0037	0.0038	0.0033	0.0033	0.0038	0.0037	0.0038
宁夏回族自治区	0.0036	0.0036	0.0037	0.0037	0.0038	0.0038	0.0039	0.0040	0.0039	0.0040	0.0042	0.0045	0.0046	0.0047	0.0036	0.0036	0.0045	0.0046	0.0047
新疆维吾尔自治区	0.0134	0.0137	0.0140	0.0148	0.0148	0.0148	0.0151	0.0150	0.0152	0.0156	0.0154	0.0155	0.0149	0.0162	0.0137	0.0137	0.0155	0.0149	0.0162